ためしてわかる　実験・観察

理科総合大百科 2024

2022年度『理科教育ニュース』縮刷活用版

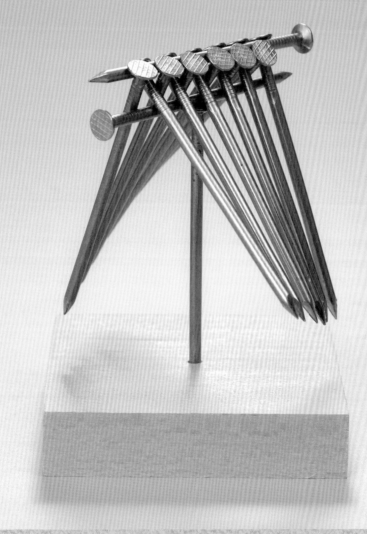

くぎの頭に何本のくぎが載る？（8ページ）

少年写真新聞社

ためしてわかる 実験・観察

理科総合大百科 2024

2022年度『理科教育ニュース』縮刷活用版

目次

Table of contents

※『理科教育ニュース』の掲示用写真ニュース、ためしてみよう、指導者用解説、連載の監修者・執筆者の所属、肩書き、および施設名、連絡先などは、ニュース発行当時のものです。

『理科総合大百科2024』は、2022年度の１年間に発行した『理科教育ニュース』
を縮刷し、活用版として１冊にまとめたものです。理科の授業や総合的な学習、
クラブ活動などにご活用ください。

指導者用解説

連 載

この本の使い方

本書では、2022年度に発行された32本の『理科教育ニュース』の掲示用写真
ニュースと指導者用解説付録の内容を、以下のように再構成しています。

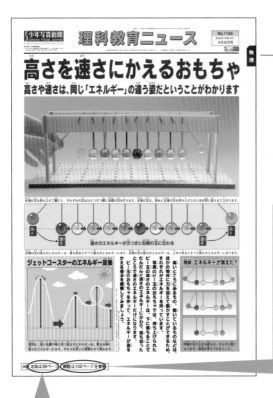

掲示用写真ニュース

B2判の掲示用写真ニュースの縮刷版のページです。写真とイラストで、実験や観察の概要がわかります。物理、化学、生物、地学の分野ごとに掲載しています。ページの下部には、「ためしてみよう」と「指導者用解説」が掲載されたページを記載しています。また、一部の実験・観察については、CD-ROM に動画を収録しています。

原理がわかる！ 指導者用解説

教員や保護者に向けて、実験の詳しい原理や子どもたちに教える際のこつなどを解説したページです。各分野の専門家や教員が執筆しています。指導の参考としてご覧ください。

方法がわかる！ ためしてみよう

掲示用写真ニュースで紹介した実験や観察の方法を順を追って説明しています。CD-ROMには PDF ファイルが収録されており、プリントしてそのまま教材としてお使いいただけます。また、一部の実験・観察については、134～141 ページに補足情報を掲載しています。

連載

主に学校の教員に向けて、さまざまな授業実践や教材・活動の紹介などの学校現場で役立つ情報を掲載しています。連載テーマごとにまとめています。

教材研究などに活用することができます。

少年写真新聞社
Juniors' Visual Journal
https://www.schoolpress.co.jp/
株式会社 少年写真新聞社
〒102-8232 東京都千代田区九段南4-7-16 市ヶ谷KTビルI
TEL 03 (3264) 2624　FAX 03 (5276) 7785

理科教育ニュース

No.1166
2022年(令和4年)
4月8日号

物理

高さを速さにかえるおもちゃ
高さや速さは、同じ「エネルギー」の違う姿だということがわかります

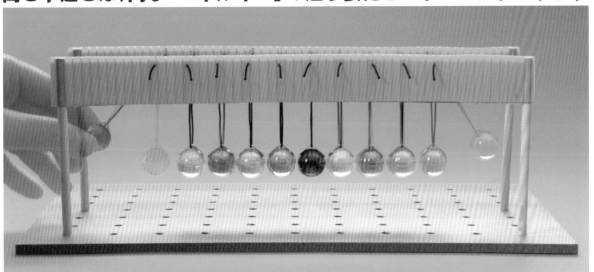

左端の玉を持ち上げて離すと、それぞれの玉はひとつずつ順に右隣の玉を打ちます。右端の玉は、初めに左端の玉を持ち上げたのとほぼ同じ高さまで上がります。

高さ → 速さ
速さのエネルギーが次つぎと右隣の玉に伝わる
速さ → 高さ

左端の玉の高さのエネルギーは、落ち切るとすべて速さのエネルギーになり、右端の玉の速さのエネルギーは、上がり切るとすべて高さのエネルギーになります。

ジェットコースターのエネルギー変換

車両は、高い位置の時に持つ高さのエネルギーを、落ちる時に速さのエネルギーにかえ、それらを互いに変換させて進みます。

高いところにあるもの、動いているものなどは、ほかの物体に力を加えて動かすことができるため、それぞれがエネルギーを持っています。

写真のビー玉の高さのおもちゃでは、持ち上げられたビー玉の高さのエネルギーは、下に落ちることでだんだんと速さのエネルギーにかわり、落ち切ったところで速さのエネルギーだけになります。

ビー玉のおもちゃを作って、エネルギーが姿をかえる様子を観察してみましょう。

参考〔工作〕佐賀県立宇宙科学館 ゆめぎんが「おうちで自由研究講座」「カチカチボール」
監修 東京工業大学附属科学技術高等学校 長谷川大和先生

発展 エネルギーが消えた?

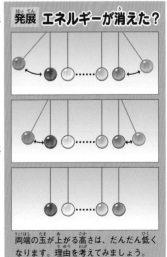

両端の玉が上がる高さは、だんだん低くなります。理由を考えてみましょう。

→方法は38ページ、解説は102ページを参照

少年写真新聞
Juniors' Visual Journal
https://www.schoolpress.co.jp/

株式会社 少年写真新聞社
〒102-8232 東京都千代田区九段南4-7-16市ヶ谷KTビルI
TEL 03（3264）2624　FAX 03（5276）7785

理科教育ニュース

No.1172
2022年（令和4年）
6月8日号
SDGs 1173

雨上がりに地面が鏡になる

水たまりができると鏡のように光を反射し、周囲の景色を映します

雨が降って歩道にできた水たまりに、建物が反転して映っていました。ふだんは映らないのに、どうして雨上がりにだけ建物が映るのでしょうか？

ぬれると映るのはどうして？

凹凸のある歩道に反射する光はさまざまな方向に進みますが、水面に反射する光は同じ方向に進みます。

光
歩道

光
水
歩道

晴れているときの歩道には像が映ることはありませんが、雨が降って歩道に水たまりができると、建物や空が映ることがあります。

凹凸が多い歩道に反射した光はさまざまな方向に向かうので像が映りませんが、水面は鏡と同じように表面が平らで滑らかなため、反射した光が同じ方向に進んで、建物や空の像が映ります。

雨上がりに、このように建物や空が映っている場所を探してみましょう。

監修　立命館慶祥中学校・高等学校　渡辺儀輝先生

➡ 方法は40ページ、解説は103ページを参照

株式会社 少年写真新聞社
〒102-8232 東京都千代田区九段南4-7-16 市ヶ谷KTビルI
TEL 03 (3264) 2624　FAX 03 (5276) 7785

https://www.schoolpress.co.jp/

理科教育ニュース

どうやってできたの？ 地面に映る虹の波

水槽で分光した太陽光が波で揺らぎ、地面に映ったと考えられます

晴れた日の地面や植え込みに、波打ったような不規則な形の虹が映っていました。周辺を見回して、このような光が映った原因を探してみましょう。

分光した光が水の波で揺らぐ

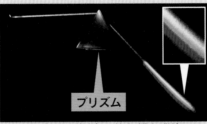

プリズムに当たった白色光は、赤色～紫色に分光します。

通路の上にある水槽がプリズムとなって太陽光を分光させ、できた虹が水の動きで揺れたと考えられます。

よく晴れた日に、波のように不規則な形をした虹のような光が、地面に映って揺らめいていました。

これは、白色光である太陽光が、偶然、水の入った水槽で分光して虹のようになり、水の揺れに合わせて波打っていたのだと考えられます。

ほかにも、水やガラスなどがプリズムの役割をして太陽光が分光し、虹のような光が映ることがあるので、探してみましょう。

監修　立命館守山中学校・高等学校　渡辺儀輝先生／撮影協力　サンシャイン水族館

➡ 方法は42ページ、解説は104ページを参照

少年写真新聞社
Juniors' Visual Journal
https://www.schoolpress.co.jp/
株式会社 少年写真新聞社
〒102-8232 東京都千代田区九段南4-7-16市ヶ谷KTビルI
TEL 03(3264)2624 FAX 03(5276)7785

理科教育ニュース

No.1179
2022年(令和4年)
9月8日号
8341

物理

くぎの頭に何本のくぎが載る？

支点と重心の関係を考え、できるだけ多くのくぎを載せてみましょう

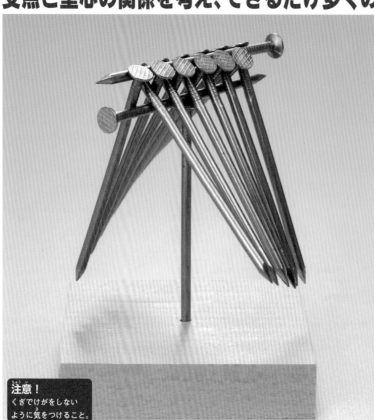

注意！
くぎでけがをしない
ように気をつけること。

全体の重心が、支点となるくぎの頭より下になるようにくぎを組むと、14本載せることができました。

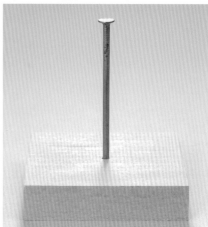

板に立てたくぎに、くぎを何本載せられるのでしょうか？

やじろべえ

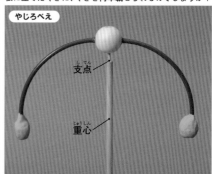

支点

重心

やじろべえのように重心が支点より下にあると安定します。

物体に働く重さを代表する点を「重心」といい、重心や重心の下を支えれば、物体は安定します。

やじろべえのように一見すると不安定に見える物でも、全体の重心が支点より下にあり、左右に偏っていなければ、バランスがとれます。

これを踏まえ、接着剤や磁石を使わず、くぎが板に触れないという条件のもとで、一本のくぎの頭に、重心が偏らないように工夫して、できるだけ多くのくぎを載せてみましょう。

監修 愛知物理サークル 杉本憲広先生／参考文献「いきいき物理わくわく実験2」（愛知・三重物理サークル 編著／日本評論社刊）

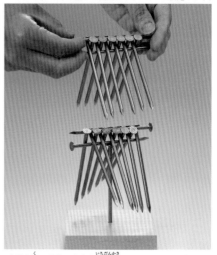

くぎを組んだものをもう一段重ねられるのでしょうか？

いろいろな載せ方を工夫しよう

バランスを考えながら載せていきましょう。

➡ 方法は44ページ、解説は105ページを参照

少年写真新聞
Juniors' Visual Journal
https://www.schoolpress.co.jp/

株式会社 少年写真新聞社
〒102-8232 東京都千代田区九段南4-7-16市ヶ谷KTビル I
TEL 03 (3264) 2624 FAX 03 (5276) 7785

カラー印刷の仕組みを学ぶ

シアン・マゼンタ・イエローに黒を加えた4色で色を表現します

さまざまな色が印刷されている本の表紙を拡大してみると、シアン・マゼンタ・イエロー・黒の4色の点の大きさを変えて色を表現しているのがわかります。

色の三原色に近い色で透明な板に描いた3枚の絵を重ねてみましょう。

色の三原色

シアン
青　緑
黒
マゼンタ　赤　イエロー

シアン・マゼンタ・イエローを混ぜるとさまざまな色になり、すべて混ぜると黒になります。

「光の三原色」である赤・緑・青をすべて混ぜると白くなるのに対して、「色の三原色」であるシアン・マゼンタ・イエローをすべて混ぜると黒くなります。

透明な板に、「色の三原色」に近い色の油性ペンで絵を描き、三枚を重ねると、混色を確認することができます。

カラー印刷は、「色の三原色」に黒さをより明確にするために黒を加えており、四色の点の面積を変えて重ねて印刷することにより、ほとんどの色を表現しています。

監修 日本分光株式会社 桑嶋幹氏

方法は46ページ、解説は106ページを参照

少年写真新聞
Juniors' Visual Journal
https://www.schoolpress.co.jp/
株式会社 少年写真新聞社
〒102-8232 東京都千代田区九段南4-7-16市ヶ谷KTビルI
TEL 03（3264）2624　FAX 03（5276）7785

理科教育ニュース

No.1184
2022（令和4年）
10月28日号
8341

プラスチックコップで作る 簡単モーター

アルミニウムはくに電流が流れると、磁界から力を受けて回転します

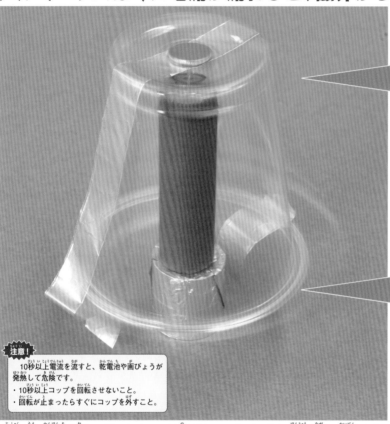

注意！
10秒以上電流を流すと、乾電池や画びょうが発熱して危険です。
・10秒以上コップを回転させないこと。
・回転が止まったらすぐにコップを外すこと。

画びょうがアルミニウムはくと乾電池に接しています。

アルミニウムはくでフェライト磁石を包んでいます。

磁石の上に乾電池を置き、プラスチックコップを載せると、アルミニウムはくに電流が流れて回転します。

電流を流すと発生する磁界

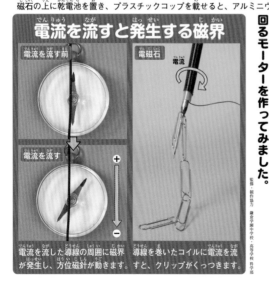

電流を流す前

電流を流す

電磁石
電流

電流を流した導線の周囲に磁界が発生し、方位磁針が動きます。

導線を巻いたコイルに電流を流すと、クリップがくっつきます。

監修・制作協力
鎌倉学園中学校・高等学校 科学部

画びょう、乾電池を使って、簡単なつくりでよく回るモーターを作ってみました。

プラスチックコップ、磁石、アルミニウムはく、乾電池を使って、簡単なつくりでよく回るモーターを作ることができます。

利用すると、モーターを作ることができます。これを上手に利用すると、

このとき、電流の向きと磁力線の向きによって力が働く方向は決まっているため、

アルミニウムはくに力が働きます。

磁界の中にあるアルミニウムはくに電流を流すと、

磁石の磁力が働いている空間を「磁界」といい、

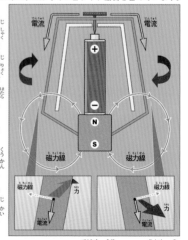

電流

磁力線

磁力線

力

電流

力

電流

アルミニウムはくに電流が流れると、磁石の磁界から力を受け、回転する方向に動きます。

➡ 方法は48ページ、解説は107ページを参照

少年写真新聞
Juniors' Visual Journal
https://www.schoolpress.co.jp/
株式会社 少年写真新聞社
〒102-8232 東京都千代田区九段南4-7-16 市ヶ谷KTビル1
TEL 03（3264）2624　FAX 03（5276）7785

電気を通す糸で作る 光るクリスマスツリー

導電糸でLEDをつないだツリーに電池入りの人形をつけると光ります

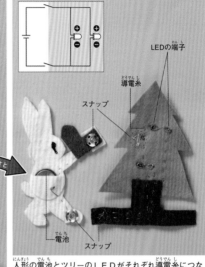

LEDの端子
導電糸
スナップ
裏返すと
電池
スナップ

人形の電池とツリーのLEDがそれぞれ導電糸につながっていて、スナップでつけると回路がつながります。

導電糸

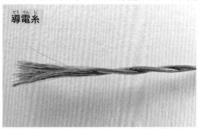

金属を混ぜた繊維でできているため、電気を通します。

2個のLEDを導電糸で縫いつけたツリーに電池入りの人形をつけると、電流が流れてLEDが点灯します。

導電糸を使っている身近な製品

手袋

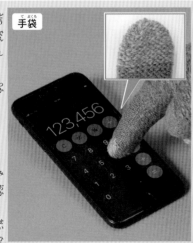

123,456

タッチペン

導電糸を編み込んだ手袋や、導電糸で織った布を使ったペンで、タッチパネルを操作することができます。

木綿や羊毛などから作られた普通の糸は電気を通しませんが、金属を混ぜた繊維で作られている導電糸には、電気を通す性質があります。

導電糸は、静電気の発生を防ぐ目的で作業服に使われるほか、直接触れなくてもタッチパネルを操作できる手袋やペンなどにも活用されています。

この性質を利用して、LEDと電池を導電糸でつないで回路を作り、クリスマスツリーの飾りを光らせてみましょう。

監修：立命館慶祥中学校・高等学校　渡辺儀輝先生

➡ 方法は50ページ、解説は108ページを参照

少年写真新聞
Juniors' Visual Journal
https://www.schoolpress.co.jp/
株式会社 少年写真新聞社
〒102-8232 東京都千代田区九段南4-7-16 市ヶ谷KTビルⅠ
TEL 03（3264）2624　FAX 03（5276）7785

物理

空気を入れずに膨らむ風船

ペットボトルをつぶすポンプを使って、フラスコ内の空気を抜きます

減圧ポンプ

少し膨らませた風船を三角フラスコに入れ、減圧ポンプで空気を抜くと、口を閉じているのに風船が膨らみます。

空のペットボトルをつぶすのに使われます。

つねに激しく動き回っている気体の分子が物にぶつかるときに物に及ぼす圧力を「気圧」といい、気体の分子が減ると気圧は低くなります。

空のペットボトルをつぶすための減圧ポンプでフラスコ内の空気を抜くと、気圧が低くなるため、風船を押す力が弱くなり、中の風船が膨らみます。

また、気圧を低くしたフラスコの中では気体の分子が水面を押す力が弱くなるため、水の分子が動きやすくなり、通常より低い温度で沸騰します。

監修　青森県板柳町少年少女発明クラブ　野呂茂樹先生

70℃でも水が沸騰する

70.1℃

注意！
やけどに気をつけること。

フラスコ内の空気を抜くと、水面を押す圧力が弱まって水が気体になりやすくなります。沸点も下がって、70℃でも沸騰しました。

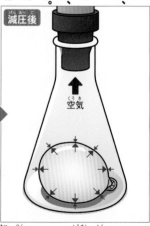

減圧後

空気

風船の内部の圧力は変わらず、周囲の気圧が低くなるため、風船は膨らみます。

➡方法は52ページ、解説は109ページを参照

少年写真新聞社
Juniors' Visual Journal
https://www.schoolpress.co.jp/
株式会社 少年写真新聞社
〒102-8232 東京都千代田区九段南4-7-16市ヶ谷KTビルI
TEL 03（3264）2624　FAX 03（5276）7785

理科教育ニュース

糸をのぼるクライミング人形

糸と厚紙に生じる摩擦力とゴムが元に戻ろうとする弾性力を利用します

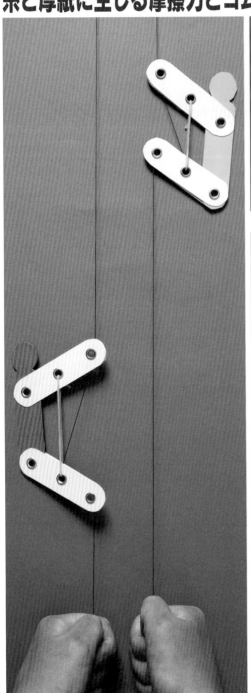

糸を下に引っ張ると、人形の足が動いて糸をのぼっていきます。

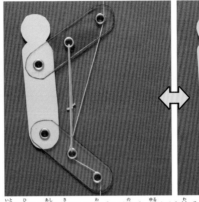

糸を引くと足が下がって輪ゴムが伸び、緩めると輪ゴムが戻って足が上がるのを繰り返します。

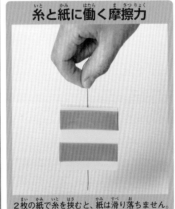

糸と紙に働く摩擦力

2枚の紙で糸を挟むと、紙は滑り落ちません。

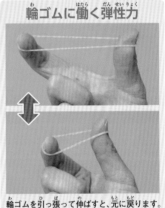

輪ゴムに働く弾性力

輪ゴムを引っ張って伸ばすと、元に戻ります。

2枚の厚紙をはとめで留めて、糸を挟んでいます。

物体同士をこすったときに反対方向に働く力を「摩擦力」といい、細い繊維から作られる糸や紙は、凹凸が多いため、摩擦力が大きくなる素材です。

また、物体に力を加えて変形させたときに元に戻ろうとして働く力を「弾性力」といい、輪ゴムを伸ばすと、弾性力が働いて元の形に戻ります。

糸と厚紙に生じる摩擦力と、伸ばした輪ゴムが元に戻ろうとする弾性力をうまく利用することで、糸をのぼっていく紙人形を作ることができます。

監修　青森県秋葉町少年少女発明クラブ　野呂茂敏先生　参考文献『手づくり玩具』（福田繁雄 著、誠文堂光社 刊）

➡方法は54ページ、解説は110ページを参照

少年写真新聞
Juniors' Visual Journal
https://www.schoolpress.co.jp/
株式会社 少年写真新聞社
〒102-8232 東京都千代田区九段南4-7-16市ヶ谷KTビルⅠ
TEL 03 (3264) 2624 FAX 03 (5276) 7785

理科教育ニュース

物理

くちばしでコップに載る鳥

重心がくちばしにあるため、不安定に見えてもバランスを崩しません

厚紙でできた2羽のバランスバードのくちばしをコップのふちに載せると、不安定に見えますが、バランスをとって落ちずに安定しています。

倒れないフォークのやじろべえ

組み合わせた2本のフォークに10円玉を差し込み、コップのふちに載せると、バランスをとります。

バランスバードの重心は?

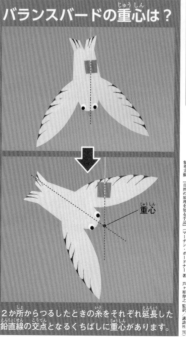

重心

2か所からつるしたときの糸をそれぞれ延長した鉛直線の交点となるくちばしに重心があります。

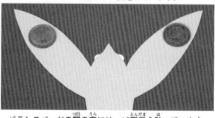

バランスバードの翼の裏には、10円玉を貼っています。

厚紙に硬貨のおもりをつけて製作した「バランスバード」のくちばしをコップに載せると、落ちそうですが、バランスをとって落ちません。

物体に働く重力を支えることができる一点を「重心」といい、バランスバードの重心はくちばしの位置にあるため、この点を支えれば安定させることができます。

バランスバードの硬貨をずらしたりフォークと硬貨でやじろべえを作ったりして、重心の位置を考えてみましょう。

監修 立命館慶祥中学校・高等学校 渡辺儀輝先生
参考文献『自然の原理を知る手品』(マーチン・ガードナー著 丙ヶ崎幹之 監訳 講談社刊)

➡ 方法は56ページ、解説は111ページを参照

株式会社 少年写真新聞社
https://www.schoolpress.co.jp/
〒102-8232 東京都千代田区九段南4-7-16市ヶ谷KTビルI
TEL 03 (3264) 2624　FAX 03 (5276) 7785

理科教育ニュース

No.1196
2023年(令和5年)
3月8日号

物理

物の動きを写真に撮る

カメラのインターバル撮影や連写の機能で動きをとらえられます

光の方向に曲がる植物

振り子の動き

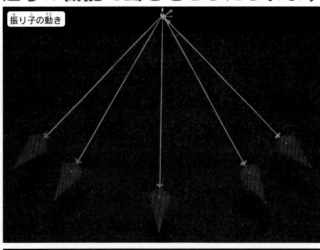

放物線

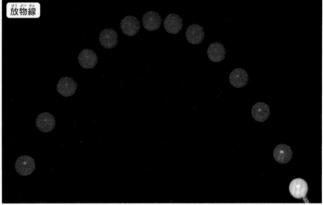

カイワレダイコンの芽に右から光を当て、少しずつ茎が曲がっていく様子をほぼ1時間ごとに定点撮影した写真を合成したものです。

揺れる振り子や投げたボールの軌跡を、カメラを固定し、一定の間隔で高速発光するストロボを用いて撮った写真です。高い位置では遅く、低い位置では速く動くのがわかります。

ミルククラウン

一瞬の動きをとらえる

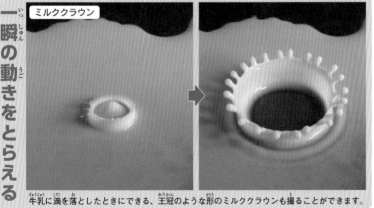

牛乳に滴を落としたときにできる、王冠のような形のミルククラウンも撮ることができます。

通常は、動いているボールや振り子を写真に撮るのは難しいですが、カメラを固定するなどのさまざまな工夫をすると、動きの軌跡を撮ることができます。

また、一見すると動いていないように見える植物を、一定の間隔を置いて撮るインターバル撮影で長い時間撮影すると、ゆっくりと動いているのがわかります。

タブレットのカメラの機能やアプリの画像加工の機能などを使い、動きのある物の科学写真を撮ってみましょう。

監修　科学写真家　伊知地国夫先生

➡方法は58ページ、解説は112ページを参照

15

少年写真新聞社
Juniors' Visual Journal
https://www.schoolpress.co.jp/
株式会社 少年写真新聞社
〒102-8232 東京都千代田区九段南4-7-16市ヶ谷KTビルI
TEL 03 (3264) 2624 FAX 03 (5276) 7785

化学

対流が作る細胞のような模様

細かい粉と油を使い、温度差によって起こる対流を見てみましょう

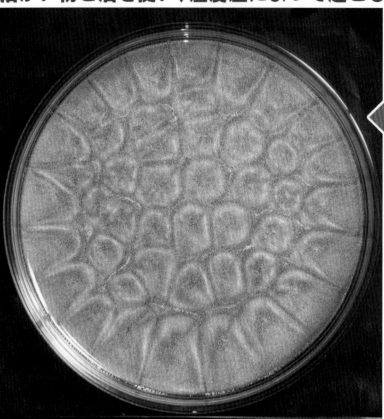

温度が上がるにつれて、粉が動いて細胞のような模様が現れ始め、やがて全体を埋め尽くしていきます。

油に細かい粉を混ぜ、ホットプレートで加熱します。

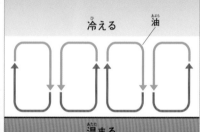

冷える　油

温まる

ホットプレートで加熱された油が上昇し、表面で空気に冷やされて沈むという小さな対流が全体で起こります。

液体や気体が加熱されると密度が小さくなって上へ移動する一方、上で冷やされた部分の密度が大きくなって沈む現象を「対流」といいます。

薄く広がった液体を下から全体的に加熱すると、液体の全面で小さい対流がたくさん起こるため、上から見ると、全体が細胞のような小さな図形で埋め尽くされているように見えます。

この現象を「レイリー・ベナール対流」といい、温かいみそ汁や太陽でも似た模様が見られます。

監修 北海道大学 大学院工学研究院 田坂裕司先生

対流によって現れる模様

みそ汁

みそ汁の表面が冷えていくにつれて全面で対流が起こるため、雲のような模様がたくさん現れます。

太陽の表面

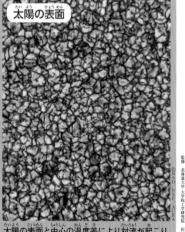

太陽の表面と中心の温度差により対流が起こり、「粒状斑」という模様が現れます。

方法は60ページ、解説は113ページを参照

少年写真新聞社
Juniors' Visual Journal
https://www.schoolpress.co.jp/
株式会社 少年写真新聞社
〒102-8232 東京都千代田区九段南4-7-16市ヶ谷KTビルI
TEL 03(3264)2624　FAX 03(5276)7785

理科教育ニュース

No.1178
2022年(令和4年)
8月28日号
8341

化学

酸やアルカリで色が変わる紙

紫キャベツの汁で染めた紙で作ったチョウの色を変化させてみましょう

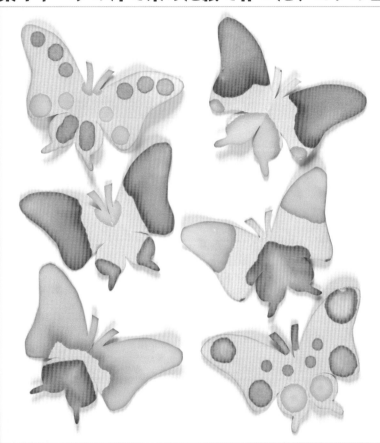

紫色のチョウをクエン酸水溶液と重曹水溶液につけて、さまざまな色や模様に染めてみましょう。

ほかの食品でも染めてみよう

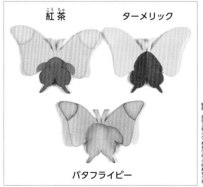

紅茶　ターメリック

バタフライピー

紅茶やターメリック、バタフライピーなどで染めた紙を同じように酸やアルカリにつけてみましょう。

監修　都留文科大学 教養学部 学校教育学科 山田裕司先生

ブルーベリーや紫キャベツなどに含まれる色素「アントシアニン」には、酸やアルカリで色が変わるという性質があります。

紫キャベツの抽出液で染めた紙から作った紫色のチョウを、酸性のクエン酸水溶液や、アルカリ性の重曹水溶液につけると、赤色や緑色に変わります。

紫キャベツのほかにも酸性やアルカリ性になると色が変わる食品を探して、紙を染めて色を変えてみましょう。

紫キャベツの抽出液に紙をつけて紫色に染めます。

酸性　中性　アルカリ性

紫キャベツの抽出液は、中性では紫色ですが、酸性では赤く、アルカリ性では緑～黄色に変わります。

クエン酸水溶液

クエン酸水溶液につけると、紙は赤く染まります。

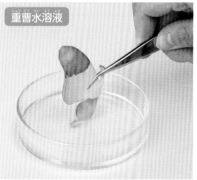

重曹水溶液

重曹水溶液につけると、紙は緑色に染まります。

方法は62ページ、解説は114ページを参照

17

少年写真新聞 Juniors' Visual Journal
https://www.schoolpress.co.jp/
株式会社 少年写真新聞社
〒102-8232 東京都千代田区九段南4-7-16市ヶ谷KTビルI
TEL 03（3264）2624　FAX 03（5276）7785

化学

二層に分かれて固まるゼリー

ジュースに含まれる酸で牛乳のタンパク質が固まるため、分離します

オレンジジュース　牛乳　生クリーム　ゼラチン

温めたオレンジジュース、牛乳、生クリーム、ゼラチンを混ぜると、最初は全体が混ざっていますが、固まるころには上が白、下がオレンジ色の二層に分かれます。

カゼイン

生クリーム

乳脂肪（バター）

水

牛乳

分離して二層に分かれるのはなぜ？

温めた牛乳に酸を加えると、カゼインが集まって沈殿します。また、生クリームに多く含まれる乳脂肪は水より軽いため、牛乳と生クリームを混ぜて酸を加えると、カゼインが乳脂肪を巻き込んで集まり、水に浮きます。

牛乳にはカゼインというタンパク質が含まれていて、通常は牛乳全体に散らばっていますが、酸を加えると、集まって分離し、沈殿するという性質があります。

このとき、水より軽い乳脂肪を多く含む生クリームが混ざっていると、カゼインが集まるときに乳脂肪も巻き込んで分離するため、沈殿せずに上に浮かびます。

この性質を利用し、牛乳と生クリームを混ぜたものを酸を含むジュースに加えて固めると、二層に分離します。

監修　料理研究家　平松サリー先生

➡ 方法は64ページ、解説は115ページを参照

少年写真新聞社
Juniors' Visual Journal
https://www.schoolpress.co.jp/
株式会社 少年写真新聞社
〒102-8232 東京都千代田区九段南4-7-16市ヶ谷KTビル1
TEL 03 (3264) 2624　FAX 03 (5276) 7785

理科教育ニュース

No.1190
2023年（令和5年）
1月8日号

化学

湖に咲く霜の花 フロストフラワー

寒くて風のない日、湖に張った氷の上に水蒸気が凝華して霜ができます

画像提供　PIXTA

北海道の湖に一面に広がるフロストフラワー。気温が低くて風が弱く、湖に張った氷に雪が積もっていないなどの条件を満たした日にだけ見ることができます。

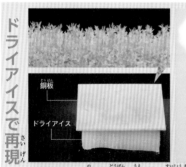

ドライアイスで再現

水蒸気

凝華　昇華

水

氷（霜）

ドライアイスに載せた銅板の上では、水蒸気が水にならず、凝華して霜ができます。

銅板

ドライアイス

画像提供　PIXTA

空気中の水蒸気が氷の上で霜となり、羽の形に似た結晶ができています。

身近な場所で見られる霜

寒い日の朝、植物の葉や金網などにできている霜を探してみましょう。

© Kenneth Jørgensen

冬、北海道などの寒い地域で、湖や海の上に張った氷の上に白い花のような霜が一面にできていることがあります。

これは、「フロストフラワー」と呼ばれる現象で、気温が低く風がないなどの条件がそろったときに、空気中の水蒸気が氷の上で凝華し、結晶となって霜ができるものです。

気温が氷点下となった冬の朝に、植物の葉の表面などにもこうした霜ができていることがあるため、身近な場所を探してみましょう。

監修　都留文科大学 教養学部 学校教育学科
山田暢司先生

▶方法は66ページ、解説は116ページを参照

少年写真新聞社
Juniors' Visual Journal
https://www.schoolpress.co.jp/
株式会社 少年写真新聞社
〒102-8232 東京都千代田区九段南4-7-16市ヶ谷KTビルI
TEL 03（3264）2624　FAX 03（5276）7785

理科教育ニュース

生物

自分より大きい物を運ぶアリ

アリは左右に開く大きいあごでえさをくわえて、巣まで運びます

アリが自分より大きな幼虫をあごでくわえて持ち上げ、巣まで引っ張っていきます。

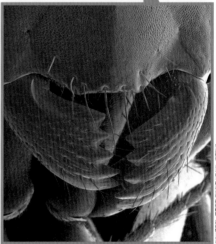

アリは、先が鋭いあごを左右に開いて物を挟みます。

写真提供　日本電子株式会社 技術顧問 近藤俊三先生

目的に適した形をした昆虫の口を観察

チョウ

ストローのような長い口で花の蜜を吸います。

カブトムシ

ブラシのような毛が生えた口で樹液をなめます。

監修　関西福祉大学 教育学部 児童教育学科 古澤朋理先生

アリは社会集団で生活する雑食性の昆虫で、巣の外で虫の死がいや植物の種子などを探して巣に持ち帰ります。左右に開く大きなあごを持つアリは、自分の体よりも大きいえさをしっかりとくわえて持ち運ぶことができ、一匹では運べないほど大きいえさは、複数のアリで協力して持ち帰ります。

アリを見つけたら、あごの形やえさを見つけたときの行動などを観察してみましょう。

一匹では運ぶことができないほど大きいミツバチなどは、複数のアリが協力して引っ張り、巣の方向に運びます。

➡ 方法は68ページ、解説は117ページを参照

株式会社 少年写真新聞社
〒102-8232 東京都千代田区九段南4-7-16 市ヶ谷KTビルI
TEL03 (3264) 2624 FAX 03 (5276) 7785
https://www.schoolpress.co.jp/

理科教育ニュース

生物

手すりにいる虫を探してみよう

地面より高い位置にあり探しやすく、観察が手軽にできます

エントツドロバチ

手すりの裏側の穴に、ハチが泥を運び込んでいます。中に泥で巣を作っていると考えられます。

手すりの裏にいるのは何でしょうか？近づいてみましょう。

自然が豊かな公園の通路に設置されている手すりは、樹木の近くにあるため、さまざまな昆虫やクモなどがいることがあります。

こうした手すりにいる昆虫やクモは、歩きながら見つけることができるので、地面にかがみ込んで探すよりも、手軽に観察することができます。

昆虫やクモがいたら、観察して図鑑で名前を調べたり、写真を撮ったりして、周辺の環境とともに記録に残しましょう。

監修 日本野虫の会・とよさきかんじ先生

いろいろな場所を探してみよう

成虫以外も見つけやすい

ベッコウハゴロモの幼虫

テントウムシ科のさなぎ

幼虫やさなぎが見つかることもあります。

マダラスジハエトリ

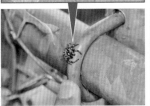

シオカラトンボ

Keep

ナミテントウ

周辺に樹木があり、日差しが強過ぎず風通しがよい手すりやロープは、昆虫やクモを見つけやすい場所です。

➡ 方法は70ページ、解説は118ページを参照

少年写真新聞社　Juniors' Visual Journal
https://www.schoolpress.co.jp/
株式会社 少年写真新聞社
〒102-8232 東京都千代田区九段南4-7-16市ヶ谷KTビルI
TEL 03(3264)2624　FAX 03(5276)7785

生物

草花マップを作ってみよう

マップにまとめると、草花の生育の仕方はさまざまだとわかります

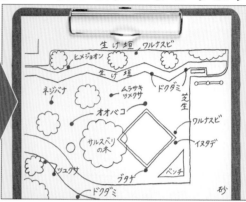

近所の公園や校庭などの簡単なマップを作り、見つけた草花を書き込みます。多く見られた種類や特徴のある種類は、写真やスケッチで記録し、図鑑で調べてまとめてみましょう。

環境による違いを比べてみよう

日当たり

踏みつけ

日当たりの良い悪い、踏みつけの多い少ないなど、環境ごとの草花の種類や育ち方の違いを観察してみましょう。

地面以外も探そう

草花は側溝、舗道や石垣の隙間、フェンスなどでも見つかるため、いろいろなところに目を向けて探しましょう。

私たちの周りでは、栽培されている草花のほかに、自然に生えている草花がたくさん見つかります。季節、日当たり、土の種類などの周囲の環境によって、よく生える草花は異なり、それぞれが工夫して うまく生きていることがわかります。

自然に生えた草花が多く見られ、よく訪れる場所で、季節、場所などを変えて草花マップ作りを繰り返すと、それぞれの草花の生育の特徴がよくわかります。

監修　国立科学博物館附属自然教育園　下田彰子先生

➡ 方法は72ページ、解説は119ページを参照

少年写真新聞
Juniors' Visual Journal
https://www.schoolpress.co.jp/
株式会社 少年写真新聞社
〒102-8232 東京都千代田区九段南4・7・16 市ヶ谷KTビルⅠ
TEL 03 (3264) 2624　FAX 03 (5276) 7785

理科教育ニュース

生物

タコとイカの吸盤の違い

どちらも同じ頭足類ですが、吸盤がくっつく仕組みに違いがあります

マダコ

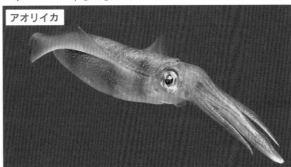

アオリイカ

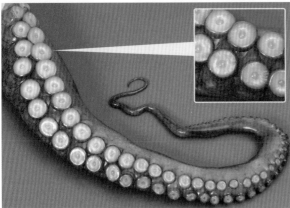

タコの吸盤は、内部の圧力を下げることで、外側からの水圧で吸いつきます。

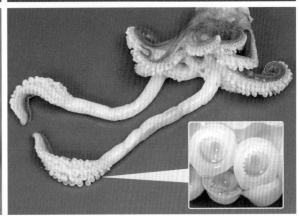

イカの吸盤は、圧力の変化に加え、たくさんのとげで引っかけてくっつきます。

タコの吸盤と同じ仕組みの日用品

壁につけるフックの吸盤もタコの吸盤と同様の仕組みです。

タコとイカはどちらも軟体動物の頭足類に属しており、足に吸盤を持ちますが、吸盤のつくりは異なります。

タコは吸盤を収縮させて内部の圧力を下げ、外からの水圧によって押されることで対象に吸いつくのに対して、イカの吸盤は、圧力の変化に加え、角質環についているたくさんのとげを対象に引っかけることでくっつきます。

水族館でタコやイカを購入して吸盤を調べたり、タコやイカが吸盤を使う様子を観察したり、してみましょう。

監修：城西大学 理学部 海洋自然科学科　池田讓先生

イカの角質環を取り出して観察

イカの吸盤からとげのある輪（角質環）を取り出してみましょう。

▶方法は74ページ、解説は120ページを参照

少年写真新聞社 Juniors' Visual Journal
https://www.schoolpress.co.jp/
株式会社 少年写真新聞社
〒102-8232 東京都千代田区九段南4-7-16 市ヶ谷KTビルI
TEL 03 (3264) 2624 FAX 03 (5276) 7785

生物

集めて学ぶ生物多様性

公園や砂浜などの身近な場所で生き物を集め、記録に残しましょう

セミのぬけがら

セミのぬけがらから、種類や性別を判別することができます。ぬけがらは動かないので集めやすく、その地域に生息するセミの生態を知る手がかりになります。

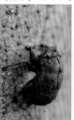

チリメンジャコの中の生き物

カワハギの仲間
タコ
イカ
メガロパ（カニの子ども）
タツノオトシゴ
エビ

チリメンジャコにまざっているシラス以外の生き物の種類は、産地やとった季節によって異なり、海の生態系を知る手がかりになります。

微小貝

大きさが1cmに満たない貝殻を「微小貝」と呼びます。採取する場所や時期によって見つかる種類が異なります。

地球上には、さまざまな環境で多様な生き物が関わり合って生きていることを「生物多様性」といい、私たちの身近な場でも学ぶことができます。
たとえば、公園でセミのぬけがらを探したり、砂浜で微小貝を集めたりして標本を作り、記録を続けると、その地域にどれくらい多様な生き物がいるのかを知る手がかりとなります。
夏休みをきっかけに、テーマを決めて生き物を集め、記録に残してみましょう。

監修 公益社団法人 大阪自然環境保全協会 田中広樹先生

➡ 方法は76ページ、解説は121ページを参照

少年写真新聞社
Juniors' Visual Journal
https://www.schoolpress.co.jp/
株式会社 少年写真新聞社
〒102-8232 東京都千代田区九段南4-7-16市ヶ谷KTビル1
TEL 03（3264）2624　FAX 03（5276）7785

生物

種子を遠くに運ぶ工夫❶ 風に乗って飛ぶ種子

翼を持つ軽い種子や果実は、滞空時間が長く、風で遠くに運ばれます

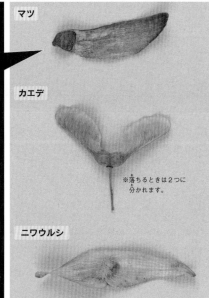

マツ

カエデ

※落ちるときは2つに分かれます。

ニワウルシ

キリ

翼を持つ種子や果実は、くるくると回転したり、ひらひらと舞ったりして、ゆっくりと地面に落ちます。

アオギリ

種子がついた舟のような形の果皮が回転しながら落ちます。

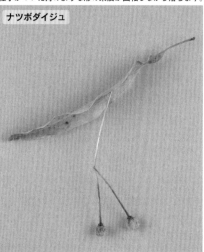

ナツボダイジュ

果実がおもりとなり、ヘリコプターのように回転します。

世界のおもしろい「飛ぶ種子」

ラワン

くるくると回転しながら落ちます。

アルソミトラ

薄い膜状の大きな翼を持ち、グライダーのように滑空します。

自分では動けない種子が、さまざまな方法で移動することを「種子散布」といい、風や動物、水などによって遠くに運ばれます。

その中でも、軽くて翼を持つ種子や果実は、くるくると回転しながらゆっくり落下したり、グライダーのように滑空したりして滞空時間を長くし、風で遠くへと運ばれていきます。

風で飛ぶ種子や果実のつくりを観察したり、実際に落として飛び方を確かめたりしましょう。

監修　福岡教育大学 教育学部　福原達人 先生

▶方法は78ページ、解説は122ページを参照

少年写真新聞
Juniors' Visual Journal
https://www.schoolpress.co.jp/
株式会社 少年写真新聞社
〒102-8232 東京都千代田区九段南4-7-16市ヶ谷KTビルⅠ
TEL 03（3264）2624　FAX 03（5276）7785

理科教育ニュース

No.1183
2022年（令和4年）
10月18日号
8341

生物

種子を遠くに運ぶ工夫❷

くっついて運ばれる種子

とげや粘液で動物の体にくっついて、運ばれた先で発芽します

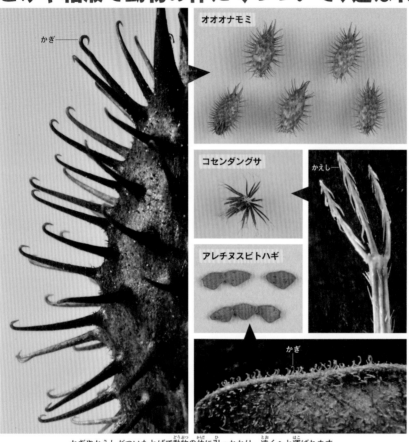

かぎ

オオオナモミ

コセンダングサ

かえし

アレチヌスビトハギ

かぎ

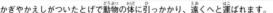

かぎやかえしがついたとげで動物の体に引っかかり、遠くへと運ばれます。

オオバコ

雨が降ると、種子が水を吸収して粘液に覆われ、動物などにくっついて運ばれます。

世界のおもしろい「くっつく種子」

ライオンゴロシ

ツノゴマ

かえしがついた大きなとげが四方に伸びています。

かぎ爪のような2本の大きな鋭いとげを持っています。

植物の種子や果実の中には、移動する動物にくっついて、遠くまで運ばれるものがあります。

こうした種子や果実は、かぎやかえしのあるとげがあったり、粘液に覆われていたりして、動物の毛にくっつきやすく、簡単にはとれない仕組みを持っています。

くっつく仕組みを持つ種子や果実を拡大して観察したり、実際に布などにつけてみたりして、どのようにくっつくのかを確かめてみましょう。

監修　福岡教育大学 教育学部　福原達人先生

➡ 方法は80ページ、解説は123ページを参照

少年写真新聞社
Juniors' Visual Journal
https://www.schoolpress.co.jp/
株式会社 少年写真新聞社
〒102-8232 東京都千代田区九段南4・7・16市ヶ谷KTビル1
TEL 03（3264）2624　FAX 03（5276）7785

理科教育ニュース

No.1186
2022年（令和4年）
11月18日号
8341

緑色から黄色になる イチョウの黄葉を観察

葉のクロロフィルが分解されてカロテノイドが残り、黄色くなります

生物

秋

夏

春

冬

春に生えたイチョウの葉は夏に濃い緑色になり、秋に黄葉して落葉します。そのまま冬を越し、春に再び若葉が生えます。

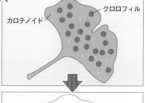

カロテノイド　クロロフィル

緑色のクロロフィルは分解されますが、黄色いカロテノイドは葉に残ります。

イチョウの葉には緑色のクロロフィル（葉緑素）と黄色いカロテノイドが含まれており、春から夏にはクロロフィルが多いため、緑色に見えます。秋になると、クロロフィルが分解される一方で、カロテノイドはそのまま葉に残るため、葉が黄色く見える「黄葉」が起こります。

葉が黄葉するイチョウと、葉が赤く紅葉する樹木、褐葉して茶色くなる樹木を比べてみましょう。

監修　横浜市立大学 木原生物学研究所　嶋田幸久先生

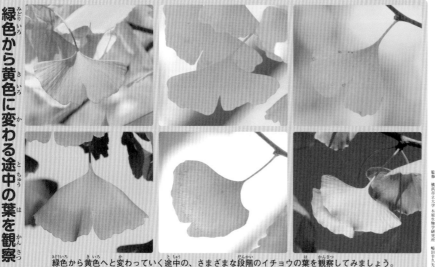

緑色から黄色に変わる途中の葉を観察

緑色から黄色へと変わっていく途中の、さまざまな段階のイチョウの葉を観察してみましょう。

方法は82ページ、解説は124ページを参照

27

少年写真新聞社
Juniors' Visual Journal
https://www.schoolpress.co.jp/
株式会社 少年写真新聞社
〒102-8232 東京都千代田区九段南4-7-16 市ヶ谷KTビルI
TEL 03（3264）2624 FAX 03（5276）7785

生物

海岸でも見られるカワウ

ウミウと似るカワウは河川や湖沼のほか、干潟などの海岸でも見られます

干潟の木のくいにとまるカワウ。繁殖期には頭と脚の付け根が白くなる「婚姻色」が見られます。

カワウは集団で水辺のそばの樹木に巣作りし、コロニーをつくります。

風に向かって翼を広げるカワウ。水に潜って魚を捕る鳥の中で、ウの仲間は羽の脂分が少ないため、羽を乾かす習性があります。

海の岩場をすみかとするウミウ

海に面した岩場に巣作りし、コロニーをつくります。

婚姻色はカワウと似ています。

日本の「鵜飼い」のウは、飼いならされた野生のウミウです。

監修：滋賀県立琵琶湖博物館・亀田佳代子先生　※写真提供：亀田佳代子

日本で見られるウは四種類で、その中でもカワウとウミウは区別がしにくい鳥です。

すみかとする場所や頭部の模様が違うこと以外は、主に水中に潜って魚を捕り、集まってコロニーをつくることなどの生態も似ています。

なお、河川が汚れたことなどで、カワウは一時期、大幅に数が減りましたが、現在では回復して生息域を広げています。

カワウとウミウの頭部を比較

カワウ

ウミウ

口角の黄色い部分に丸みがあるのがカワウ、とがるのがウミウ。

➡ 方法は84ページ、解説は125ページを参照

少年写真新聞社
Juniors' Visual Journal
https://www.schoolpress.co.jp/
株式会社 少年写真新聞社
〒102-8232 東京都千代田区九段南4-7-16 市ヶ谷KTビル1
TEL 03（3264）2624　FAX 03（5276）7785

卵黄と卵白が逆転した卵

遠心力で卵黄膜が破れ、水様性卵白と混ざった卵黄が先に固まります

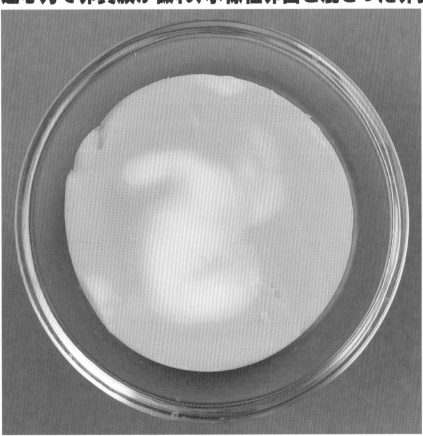

半分に切ると、外側が黄色で内側が白い、通常とは逆のゆで卵になっていることがわかります。

固まる温度が異なる卵黄と卵白

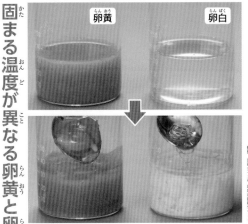

卵黄　卵白

同時に70℃で湯煎すると、卵黄はねっとりした状態で固まりましたが、卵白は一部が固まりきっていません。

卵には、卵黄と卵白を区切る卵黄膜があり、卵白には水様性卵白と濃厚卵白があります。卵を高速回転させると遠心力で卵黄膜が破れ、卵黄と水っぽい水様性卵白が混ざり合います。

この状態の卵を転がしながらゆでていくと、固まる温度が低い卵黄と水様性卵白が混ざったものが卵殻側で先に固まり、残った濃厚卵白が中心に集まって固まるため、通常のゆで卵とは反対の「黄身返し卵」が出来上がります。

監修　京都女子大学　地域連携研究センター　八田一先生

① 卵にライトを当てると、卵全体が明るく見えます。

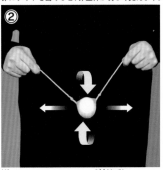
② 卵をぶんぶんごまのように高速回転させます。

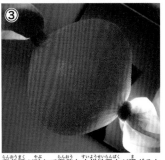
③ 卵黄膜が破れて卵黄と水様性卵白が混ざるため、ライトを当てると卵全体が暗く見えます。

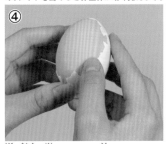
④ 卵の中身が偏らないように転がしながらゆでた後、殻をむくと表面に卵黄が見えます。

▶方法は86ページ、解説は126ページを参照

少年写真新聞社
Juniors' Visual Journal
https://www.schoolpress.co.jp/
株式会社 少年写真新聞社
〒102-8232 東京都千代田区九段南 4-7-16 市ヶ谷KTビルI
TEL 03 (3264) 2624　FAX 03 (5276) 7785

理科教育ニュース

No.1168
2022年（令和4年）
4月28日号

地学

観察して考える石の歴史

川原で拾った石の特徴から、そこへたどり着いた経緯を考えてみよう

色・光沢
ピンクや赤など、特徴的な色
→多く含まれている成分？

角度を変えながらよく見るとキラキラしている。

模様
きれいなしまもよう
→小さな粒が積もってできた？

波のような自然なもようが入っている。
→でき方に関係がある？

粒の大きさ
大きさや形が違う粒がたくさん入っている。

全体に似た大きさの粒がくり返し入っている。

手触り・形
形の違う穴が多くあり、ぼこぼこしている。

薄い層が何枚も重なっているかのように、段があり、でこぼこしている。

全体的に丸くて、細長い。さわると、小さな粒を感じる。

川原の石のひとつひとつをじっくりと観察してみると、色、光沢、模様、手触り、形、粒の大きさなど、さまざまな違いがあることがわかります。

川原や海岸の石のでき方

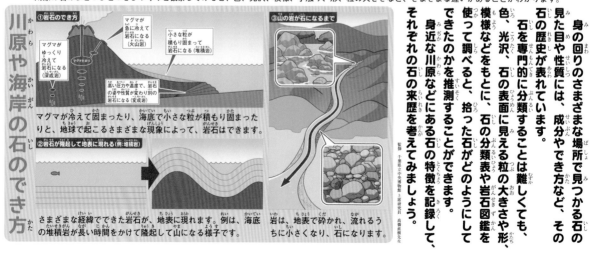

①岩石のでき方

マグマが急に冷えて岩石になる（火山岩）

小さな粒が積もり固まって岩石になる（堆積岩）

マグマがゆっくり冷えて岩石になる（深成岩）

高い圧力や温度で、岩石の姿や性質が変わり別の岩石になる（変成岩）

マグマが冷えて固まったり、海底で小さな粒が積もり固まったりと、地球で起こるさまざまな現象によって、岩石はできます。

②岩石が隆起して地表に現れる（例：堆積岩）

さまざまな経緯でできた岩石が、地表に現れます。例は、海底の堆積岩が長い時間をかけて隆起して山になる様子です。

③山の岩が石になるまで

岩は、地表で砕かれ、流れるうちに小さくなり、石になります。

身の回りのさまざまな場所で見つかる石の見た目や性質には、成分やでき方など、その石の歴史が表れています。

石を専門的に分類することは難しくても、色、光沢、石の表面に見える粒の大きさや形、模様などをもとに、石の分類表や岩石図鑑を使って調べると、拾った石がどのようにしてできたのかを推測することができます。

身近な川原などにある石の特徴を記録して、それぞれの石の来歴を考えてみましょう。

監修
千葉県立中央博物館 上席研究員
高橋直樹先生

➡方法は88ページ、解説は127ページを参照

少年写真新聞
Juniors' Visual Journal
https://www.schoolpress.co.jp/
株式会社 少年写真新聞社
〒102-8232 東京都千代田区九段南4-7-16市ヶ谷KTビル I
TEL 03（3264）2624　FAX 03（5276）7785

入浴剤で火山の噴火を再現

水を空気に見立てて、成分の違う入浴剤で噴煙と火砕流を作ります

地学

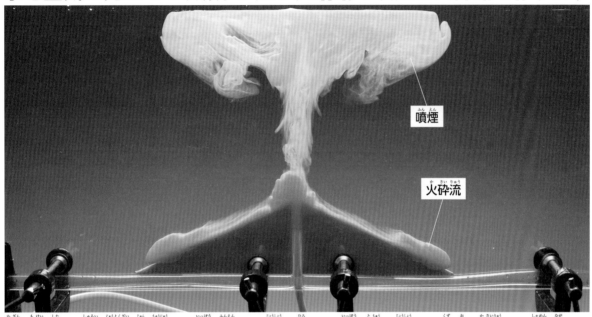

噴煙

火砕流

火山の模型に下から2種類の入浴剤を順に注入すると、一方は噴煙のように上昇して広がり、もう一方は途中まで上昇してから崩れ落ち、火砕流のように斜面を流れます。

噴煙

写真提供：
海上保安庁 再編火山データベース

火山灰や軽石が、火山ガスとともに広がりながら空高く上昇します。

火砕流

大量の熱い火山灰や軽石が、高速で山の斜面を流れ下ります。

油脂系
入浴剤

水

水より密度が低い油脂系入浴剤で
噴煙を再現します。

水

無機塩類
系入浴剤

水より密度が高い無機塩類系入浴剤で火砕流を再現します。

薄めた入浴剤を、チューブを通して水槽内に入れます。

火山が噴火すると、熱いガスや火山灰、軽石が混ざった噴出物が放出されます。噴出物に取り込まれた空気が熱で膨張して周囲の空気より密度が低くなると、噴煙となって空高く上昇していく一方、噴出物が空気より重いと、火砕流となり高温のまま斜面を高速で流れ下ります。

薄い水槽の中に火山の模型を作って、密度の異なる二種類の入浴剤を噴出物に見立てて流し入れ、噴煙と火砕流を再現してみましょう。

監修　北海道大学 教育文化学部　横山先生・秋田大学 大学院教育学研究科　林信太郎先生

▶方法は90ページ、解説は128ページを参照

少年写真新聞社
Juniors' Visual Journal
https://www.schoolpress.co.jp/
株式会社 少年写真新聞社
〒102-8232 東京都千代田区九段南4-7-16市ヶ谷KTビルI
TEL 03 (3264) 2624　FAX 03 (5276) 7785

地学

養老川上流の砂岩泥岩の互層

関東が広く海だったことを示す「上総層群」の露頭が多く見られます

養老川にかかる橋から望む「懸崖境」。露頭に見える砂岩泥岩の互層がよくわかります。

「川廻し」の素掘りのトンネル。砂岩や泥岩の層が、その中にも見られます。

養老川の河床は平らで滑らかな岩盤が多く、ここにも層が見られます。

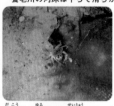

蛇行する緩やかな清流では、サワガニやカジカガエルなどが観察できます。

千葉県・養老川上流の上総丘陵には、砂岩や泥岩などからなる「上総層群」と いう地層の露頭が多く見られます。約二五〇〜四五万年前にできた新しい地層で、深い海底でできましたが、隆起して現在の丘陵をつくっています。

また、この上総層群には、かつて地球の地磁気が逆転していたことを示す証拠があったことなどから、日本の地名に由来する地質時代の認定にも寄与しました。

監修　千葉大学教育学部理科教育講座　泉賢太郎先生

日本初の国際境界模式地（GSSP）となった地磁気逆転地層を含む地層

地球の地磁気は、今までに何度か逆転しています。この「養老川流域田淵の地磁気逆転地層」には、かつて逆磁極期から正磁極期に移り変わったことが記録されています。

鍵層となる白尾火山灰層。

Chibanian
Calabrian

千葉県

火山灰の鍵層にゴールデンスパイクが打たれ、「チバニアン期」という地質年代を定義する国際的な模式地であることが示されました。

➡ 方法は92ページ、解説は129ページを参照

株式会社 少年写真新聞社
https://www.schoolpress.co.jp/
〒102-8232 東京都千代田区九段南4-7-16市ヶ谷KTビルI
TEL 03（3264）2624　FAX 03（5276）7785

理科教育ニュース

No.1191
2023年（令和5年）
1月18日号
8341

地学

宇宙望遠鏡がとらえた 新たな星の誕生

ジェイムズ・ウェッブ宇宙望遠鏡は、星の誕生や宇宙の起源を探ります

© NASA, ESA, CSA, STScI, Joseph DePasquale (STScI), Anton M. Koekemoer (STScI), Alyssa Pagan (STScI)

わし星雲にある「創造の柱」と呼ばれるガスとちりの塊では、新しい星が生まれつつあります。柱の先にある複数の赤い光は、形成中の星から噴出したジェットがガスやちりにぶつかってできたものです。

より鮮明に見えるようになった「宇宙の崖」

ハッブル宇宙望遠鏡

© NASA, ESA, and The Hubble Heritage Team (STScI/AURA), N. Smith（University of California, Berkeley）

ジェイムズ・ウェッブ宇宙望遠鏡

© NASA, ESA, CSA, STScI

星が生まれる場であるカリーナ星雲「宇宙の崖」を比べると、若い星がハッブル宇宙望遠鏡より鮮やかに見えます。

ジェイムズ・ウェッブ宇宙望遠鏡は、ハッブル宇宙望遠鏡の後継機として昨年から宇宙を観測しています。

主に赤外線を観測するこの望遠鏡は、何千光年も離れたかすかな光をとらえることができ、「創造の柱」や「宇宙の崖」と名づけられた、星が生まれる領域にある若い星を鮮やかにとらえています。

今後、星の誕生や銀河の構造、地球外生命の存在、宇宙の初期の姿を解明する手がかりを得ることが期待されています。

監修　東京工業大学 地球生命研究所 関根康人先生

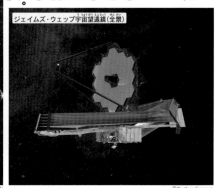

ジェイムズ・ウェッブ宇宙望遠鏡（全景）

© Northrop Grumman

18枚の鏡を組み合わせた口径6.5mの主鏡を持ち、地球から150万km離れた位置で大気の影響を受けずに観測します。

➡ 方法は94ページ、解説は130ページを参照

33

少年写真新聞社 Juniors' Visual Journal
https://www.schoolpress.co.jp/
株式会社 少年写真新聞社
〒102-8232 東京都千代田区九段南4-7-16市ヶ谷KTビルI
TEL 03（3264）2624　FAX 03（5276）7785

地学

花粉がつくり出す虹色の輪

飛散した大量のスギの花粉で太陽光が回折して「花粉光環」が現れます

注意！
・絶対に太陽を直視せず、必ず建物などで太陽を隠して観察します。
・長時間の観察はしないようにしましょう。

スギの花粉が飛散する時期の晴れた日には、太陽の周囲に「花粉光環」が現れることがあります。

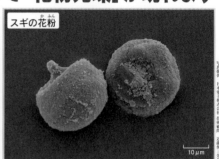

スギの花粉

風媒花であるスギの雄花は、全体が丸くてとげのある小さな花粉を、2月から4月にかけて大量に飛ばします。

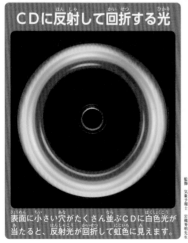

CDに反射して回折する光

表面に小さな穴がたくさん並ぶCDに白色光が当たると、反射光が回折して虹色に見えます。

光は、小さい粒に当たると後ろに回り込む性質があり、この現象を「回折」といいます。大気中に小さな水滴や氷の粒などが大量にあると、太陽光が粒に当たって回折する際に分光するため、太陽の周囲に虹のような輪ができる「光環」という現象が起こります。花粉が大量に飛散する時期には、太陽光が花粉で回折して「花粉光環」が見られることがあり、大きさがそろっている花粉で回折してできる光環は、何重もの虹色の輪となります。

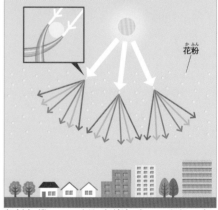

花粉

大気中に漂うスギの花粉に太陽光が当たって回折する際、光の波長によって回折する程度が異なるため、分光します。

➡ 方法は96ページ、解説は131ページを参照

少年写真新聞
Juniors' Visual Journal
https://www.schoolpress.co.jp/

株式会社少年写真新聞社
〒102-8232 東京都千代田区九段南4-7-16 市ヶ谷KTビルI
TEL 03（3264）2624　FAX 03（5276）7785

地下に眠る「大きな溝」 フォッサマグナ

その痕跡が残る、山梨県早川町新倉の糸魚川－静岡構造線の逆断層

凝灰岩

粘板岩

← 力の方向
← ずれの方向

早川町新倉の逆断層。糸魚川－静岡構造線の断層の一部で、左（西）の粘板岩などの古い地層が右（東）の火山由来の新しい凝灰岩類の地層にのし上がっています。

地形・地質からわかるフォッサマグナ

糸魚川－静岡構造線

新しい地層
古い地層

貝の化石

早川町新倉

Google Earth

糸魚川－静岡構造線は衛星写真からもわかり、隆起した新しい地層からは海生生物の化石が見つかっています。

日本列島には、新潟～長野・山梨～南関東・伊豆を結ぶ地下に「大きな溝」があることが調査でわかっています。

この溝をフォッサマグナといい、大陸から離れた日本列島が一度二つに裂け、隆起して再び一つになったことを示しています。

その痕跡は、由来の異なる地層の逆断層として、山梨県や新潟県などで見られます。

監修 静岡大学学術院理学領域・延原尊美先生

大陸から分断してできた日本列島

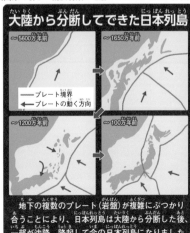

～5600万年前

～1650万年前

～1200万年前

～100万年前

プレート境界
プレートの動く方向

地下の複数のプレート（岩盤）が複雑にぶつかり合うことにより、日本列島は大陸から分断した後、一部が沈降、隆起して今の日本列島になりました。

参考文献　野田芳和・後藤道治『日本列島の古地理復元と恐竜博物館における展示』『福井県立恐竜博物館紀要』3：47-63, 2004
※上の図は、文献内の図をベースに編集部で作成。

➡ 方法は98ページ、解説は132ページを参照

昭和47年3月14日第三種郵便物認可 2022年5月18日発行 第1170号 旬刊 毎月3回(8・18・28日)発行 1年年間購読料15,140円
©少年写真新聞社2022年 ※著作権法により、本紙の無断複写・転載は禁じられています。

少年写真新聞社
Juniors' Visual Journal
https://www.schoolpress.co.jp/

No.1170
2022年(令和4年)
5月18日号
1173

常掲用特大版

雲の種類

理科教育ニュース

雲の分類「十種雲形」

地学

★定形月旬発は祝のる期間を予定しない行り物です。午完が終わりまして、経過計とのお年しあがい場合、引き延ニュースをご送付申しあげます。

上層雲（13000～5000m）

巻雲（すじ雲） 最も高い場所にできる繊維状の雲で、風に流されて細長く伸びた形になる。

巻層雲（うす雲） 空高く薄く広がる雲で、空の青さが透けて見えることが多い。

巻積雲（うろこ雲） 真っ白、もしくは小さな雲の群れが空

中層雲（7000～2000m）

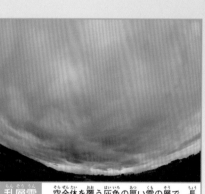

乱層雲（あま雲） 空全体を覆う灰色の厚い雲の層で、長時間にわたって弱い雨を降らせる。

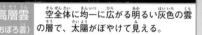

高層雲（おぼろ雲） 空全体に均一に広がる明るい灰色の雲の層で、太陽がぼやけて見える。

高積雲（ひつじ雲） 白や灰色の雲のかたまりが、一つの雲が

下層雲（2000m～地表付近）

層雲（きり雲） 最も低い位置にできる雲で、山や建物に接することも多い。

層積雲（くもり雲・まだら雲） 大きいかたまり状やうね状の雲が連なって、低い位置に広がる。

積雲（わた雲） 白く大きなかたまり、陽光が当たらないの

雲は、できる高さや形、雨を降らせるかどうかといった基準により、大きく10種類の雲形（十種雲形）に分けられ、それ

雲の分類表「十種雲形」

成長

積乱雲（入道雲）
縦方向に発達した巨大な雲の柱。雲の下は暗く、強い雨や雷を伴う。さらに成長すると、雲の上部が横方向に広がり、「かなとこ雲」をつくることもある。

い白の粒状の
る。

が広範囲に散
より大きい。

の雲。雲底は太
になる。

の雲の特徴により、さらに細かく分類されます。

空気が上昇して冷えることでできる雲

低 → 高（気圧）

膨張

空気

水や氷の粒

空気は上昇して周囲の気圧が下がると、膨張して温度が下がります。このとき、空気に含まれる水蒸気が水滴や氷の粒に変化します。

監修・写真提供：石川県立大学客員研究員、気象予報士　村井昭夫先生

雲は、大気に含まれる水蒸気が上空で冷えてできた、水滴や氷の小さい粒が集まったものです。

雲は、空気に含まれる水蒸気の量や上昇気流の強さ、上空の風向などによりどんどん変化していき、時として雨や雪を降らせることもあります。

高さや形などによって分類する「十種雲形」を知ってから雲を観察すると、その特徴をもとに上空の大気の状態を推定して、先の天気の変化を予測できるようになります。

前線の接近に伴って変化する雲

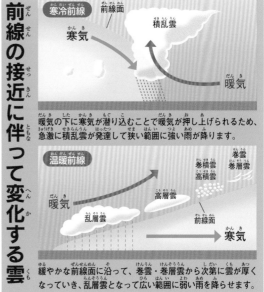

寒冷前線
前線面
積乱雲
寒気
暖気

暖気の下に寒気が潜り込むことで暖気が押し上げられるため、急激に積乱雲が発達して狭い範囲に強い雨が降ります。

温暖前線
巻雲
巻層雲
巻積雲
高積雲
高層雲
暖気
乱層雲
前線面
寒気

緩やかな前線面に沿って、巻雲・巻層雲から次第に雲が厚くなっていき、乱層雲となって広い範囲に弱い雨を降らせます。

➡方法は100ページ、解説は133ページを参照

だれでもできる ためしてみよう たのしい 実験

（　）年（　）組　氏名（　　　　　　　　　）

監修　東京工業大学附属科学技術高等学校　長谷川大和先生
参考（工作）佐賀県立宇宙科学館 ゆめぎんが 「おうちで自由研究道場」【カチカチビー玉】

物理

高さを速さにかえるおもちゃ

ビー玉でおもちゃを作り、高さが速さにかわる様子、動いているものが止まっているものにぶつかって速さを伝える様子や、速さが高さにかわる様子を観察しましょう。

用意するもの

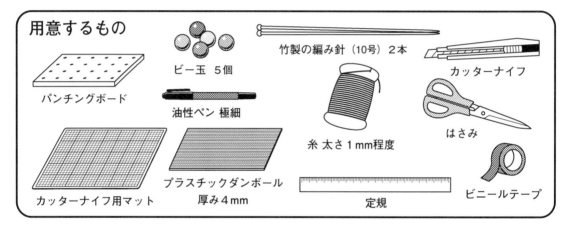

ビー玉　5個

竹製の編み針（10号）2本

カッターナイフ

油性ペン 極細

糸 太さ1mm程度

はさみ

パンチングボード

プラスチックダンボール
厚み4mm

カッターナイフ用マット

定規

ビニールテープ

おもちゃの仕組み

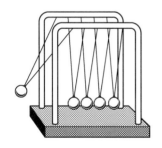

いくつかの金属製の玉が一列につり下げられているおもちゃがあります。端の玉を持ち上げて離すと、玉は落ちるにつれてだんだんと速くなり、落ち切った時に最も速くなります。速さは次つぎと隣（となり）の玉に伝わり、反対側の端の玉を高い位置に上げます。これをくり返して、しばらく動き続けます。金属製の玉をビー玉で代用して、同じ仕組みのおもちゃを作り、動きを観察してみましょう。

ビー玉で同じ仕組みのおもちゃを作ってみよう

①
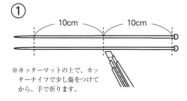
10cm　10cm
※カッターマットの上で、カッターナイフで少し傷をつけてから、手で折ります。

②
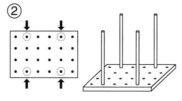

③
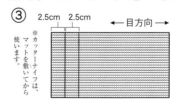
2.5cm　2.5cm　←目方向→
※カッターナイフは、マットを敷いてから使います。

　2本の編み針から、10cmの長さの棒を4本切り出します。玉の部分は使いません。

　パンチングボードに、①の棒4本を、棒と棒の間に穴が2つずつ並ぶように差します。

　プラスチックダンボールを、目方向と垂直に、2.5cm幅（はば）で2枚切り出します。

　この紙面は、コピーすると、理科の授業や科学クラブの「実験テキスト」として配れるように編集

④

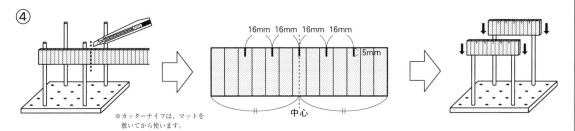

※カッターナイフは、マットを
敷いてから使います。

16mm　16mm　16mm　16mm

5mm

中心

③で切り出した2枚のプラスチックダンボールを、図のように、②で差し込んだ棒の間隔よりも1cm以上長いところで切ります。長さを調整したプラスチックダンボールの中心とその左右に、16mm間隔で計5か所、5mmほどの切れ込みを入れ、編み針にしっかりとはめ込みます。

⑤

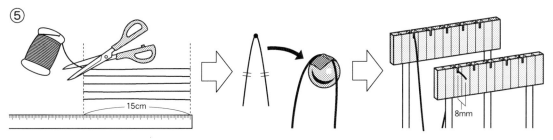

15cm

8mm

糸を15cmの長さに5本切ります。それぞれの糸のちょうど真ん中のところを、ビー玉にビニールテープで固定します。図のように、ビー玉に固定された糸の両端から約8mmの位置を目安にして、それぞれの端をさし込みます。

⑥

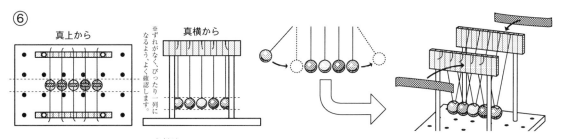

真上から

真横から

※ずれがなく、ぴったり一列に
なるよう、よく確認します。

真上と真横から交互に確認しながら、図のようにビー玉を整列させます。端のビー玉を持ち上げて離し、他端のビー玉が同じくらいの高さまで上がることを確認し、外側に余っている糸を、両側ともビニールテープで固定して完成です。ビー玉の動きを観察してみましょう。

発展　考えてみよう

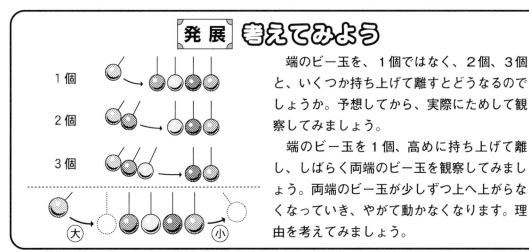

1個

2個

3個

大　　　小

端のビー玉を、1個ではなく、2個、3個と、いくつか持ち上げて離すとどうなるのでしょうか。予想してから、実際にためして観察してみましょう。

端のビー玉を1個、高めに持ち上げて離し、しばらく両端のビー玉を観察してみましょう。両端のビー玉が少しずつ上へ上がらなくなっていき、やがて動かなくなります。理由を考えてみましょう。

だれでもできる ためしてみよう たのしい実験

（　）年（　）組　氏名（　　　　　　　　）

監修　立命館慶祥中学校・高等学校　渡辺儀輝先生

水たまりに風景が映る理由を探る

　雨上がりの地面にできた水たまりには、建物や空が映っていることがあります。実験でその理由を確かめるとともに、実際にそのような風景を探してみましょう。

物理

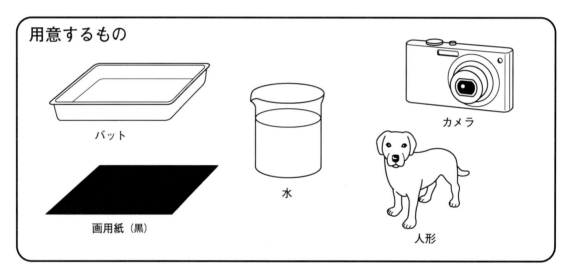

用意するもの

バット

画用紙（黒）

水

カメラ

人形

水たまりに像が映るのはなぜ？

光
地面

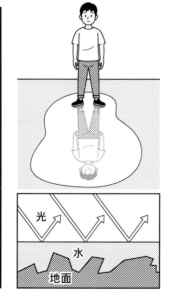

光
水
地面

　晴れているときの地面には、像は映りません。これは、地面にはたくさんの凹凸（おうとつ）があり、光が当たるとさまざまな方向に反射して散乱するためです。多くの物は、地面と同じように表面に無数の凹凸があるため、像は映りません。
　一方、雨が降ると、地面に水たまりができます。水面には凹凸がないため、光が当たると、反射する光は同じ方向に進み、鏡と同じように像が映ります。地面が乾（かわ）いているときとぬれているときで、比べてみましょう。

この紙面は、コピーすると、理科の授業や科学クラブの「実験テキスト」として配れるように編集

実験で確かめてみよう

①

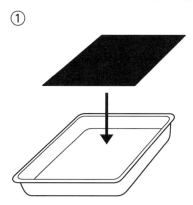

バットの中に黒い画用紙を置きます。

②

紙の上に人形を置いてみましょう。紙に人形は映っていません。紙には細かい凹凸があるためです。

③

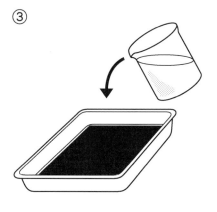

バットに深さ1〜2mmほどの水を入れます。

④

紙の上に人形を置くと、水面に人形が反転して映ります。水面が鏡のように平らで滑らかなためです。

雨が上がったら探してみよう

雨が降ると、さまざまな場所に水たまりができます。雨が降っているときは水面は波立っていますが、雨がやむと鏡のようになり、周辺にあるさまざまな物が映ります。雨が上がったら、ぬれた地面に建物が映ったり、水たまりに空が映ったりしている場所を探してみましょう。

だれでもできる ためしてみよう たのしい実験

( ) 年 ( ) 組　氏名 (　　　　　　　)

監修　立命館慶祥中学校・高等学校　渡辺儀輝先生

物理

「地面に映る虹（にじ）」を探してみよう

　街の中で、地面などに虹色の光が映っていることがあります。こういった虹を見つけたら、何が光を分光させているのかを確かめてみましょう。

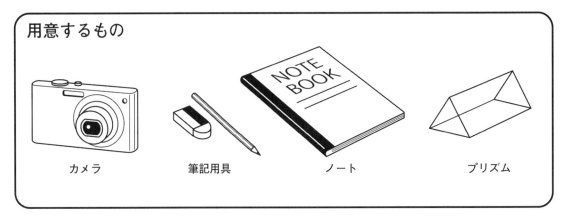

用意するもの

カメラ　　　筆記用具　　　ノート　　　プリズム

さまざまな色の光が混ざった白色光

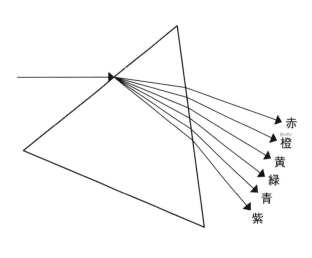

赤
橙（かんだい）
黄
緑
青
紫（むらさき）

　太陽光などの白色光には、さまざまな色の光が混ざっています。細い白色光をプリズムに当ててみましょう。白色光がプリズムの内部で屈折（くっせつ）する際に、赤〜紫の色に分かれて出てきます。これは、色によって屈折率が異なり、赤い光より紫色の光のほうが大きく屈折するために起こる「分光」という現象です。

　分光は、身の回りでも起こることがあります。たとえば、雨が上がった後に空に現れる虹は、空気中に無数にある小さい水滴（すいてき）一つ一つがプリズムとなって光を分光させています。また、街の中でも、偶然（ぐうぜん）、プリズムとなる物で太陽光が分光し、地面などに虹が映ることがあります。

「地面に映る虹」が現れる条件

● 晴れている

● 光を屈折させる物がある

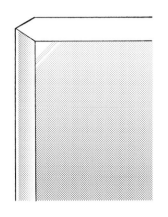

● 映る場所が暗い

よく晴れた日で、太陽が真上にある正午付近ではなく朝か午後の斜めから太陽光が差す時間帯のほうが、虹が見つかる確率が高くなります。

無色透明のガラス板やアクリル板などに光が当たると、屈折して分光します。特に、端や角の部分に光が当たると虹が現れやすくなります。

分光して虹ができても、映る場所が日なたで明るいと、あまりよく見えません。日陰に映っている虹の方がはっきりと見えます。

「虹色」を探してみよう

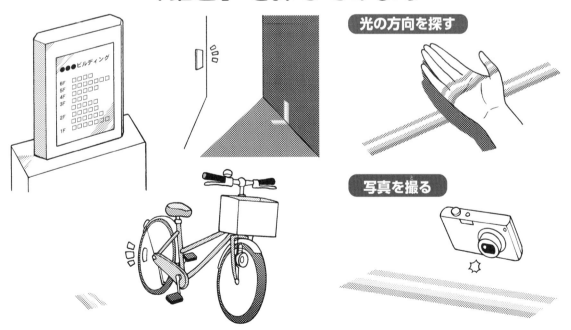

光の方向を探す

写真を撮る

季節や時刻によって、太陽光が看板や窓に当たって分光し、地面や壁に虹が映ることがあります。中には、自転車の反射板で分光することもあります。見つけたら、手をかざしてどこから光が当たっているのかを確かめたり、写真を撮ったりするとともに、そのときの状況を記録しましょう。

だれでもできる ためしてみよう たのしい 実験

（　）年（　）組　氏名（　　　　　　　　　　）

監修　愛知物理サークル　杉本憲広先生

できるだけ多くのくぎを載せてみよう

板に立てた1本のくぎの頭に、くぎを何本載せられるのでしょうか？ くぎを組むと、たくさん載せることができます。いろいろな載せ方でためしてみましょう。

物理

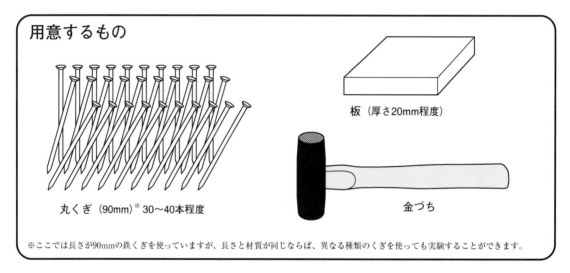

用意するもの

丸くぎ（90mm）※ 30～40本程度

板（厚さ20mm程度）

金づち

※ここでは長さが90mmの鉄くぎを使っていますが、長さと材質が同じならば、異なる種類のくぎを使っても実験することができます。

重心の位置

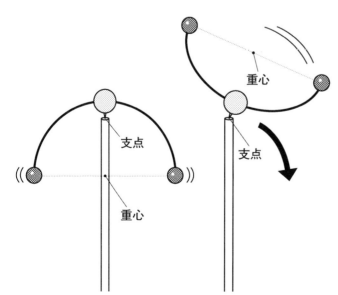

支点

重心

重心

支点

物体の重さを代表する点を「重心」といい、重心より上に支える点（支点）があると、物体は安定します。

やじろべえを例に考えてみましょう。やじろべえは、一見すると不安定に見えますが、おもりは下にあり、重心が支点より低いため、安定しています。少し傾いても、おもりは元の位置に戻ります。

もし、おもりが支点より上にあるとどうなるのでしょうか？ 重心が高いため、少しでも傾くと、バランスを崩してしまいます。

この紙面は、コピーすると、理科の授業や科学クラブの「実験テキスト」として配れるように編集

くぎを載せてみよう

①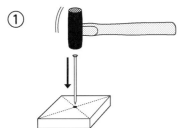

板の中心に、くぎを垂直に刺します。

②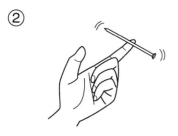

1本のくぎを指に載せて、どこでバランスがとれるのかを確かめましょう。

③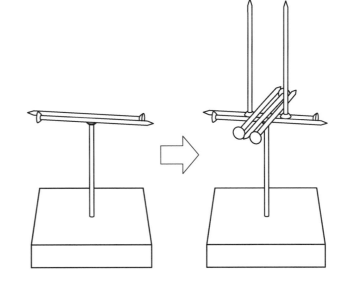

くぎの頭に、落ちないようにくぎを載せていきます。前後左右のバランスをとりながら、片方に偏らないように、両側に少しずつ載せます。

くぎを組んで載せる

①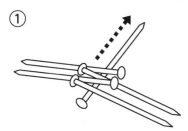

一本のくぎの上に、頭の向きを交互に逆にして、垂直にくぎを並べます。

②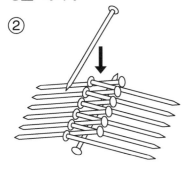

下のくぎと反対の向きのくぎを、いちばん上に載せます。

③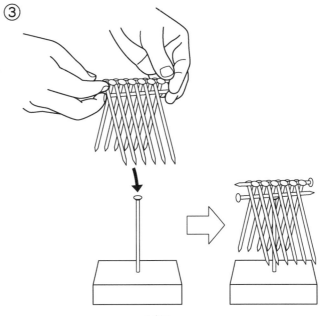

くぎが外れないように両端を持ち上げ、中心のあたりをくぎの頭に載せると、重心が支点より下にあるため、安定します。さらに、②と同じように組んだくぎを、もう一段重ねられるのか、ためしてみましょう。

だれでもできる ためしてみよう たのしい実験

（　）年（　）組　氏名（　　　　　　　　　　）

監修　日本分光株式会社　桑嶋幹氏

「色の三原色」の混色を確かめよう

　3色の油性ペンを使って、「色の三原色」の混色を再現します。また、カラー印刷を拡大して観察し、4色の細かい点の組み合わせで色を表現しているのを確かめます。

物理

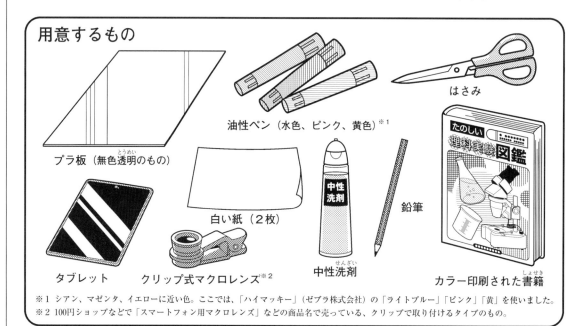

用意するもの

- プラ板（無色透明のもの）
- 油性ペン（水色、ピンク、黄色）※1
- はさみ
- タブレット
- 白い紙（2枚）
- クリップ式マクロレンズ※2
- 中性洗剤
- 鉛筆
- たのしい理科実験図鑑
- カラー印刷された書籍

※1　シアン、マゼンタ、イエローに近い色。ここでは、「ハイマッキー」（ゼブラ株式会社）の「ライトブルー」「ピンク」「黄」を使いました。
※2　100円ショップなどで「スマートフォン用マクロレンズ」などの商品名で売っている、クリップで取り付けるタイプのもの。

「色の三原色」とは？

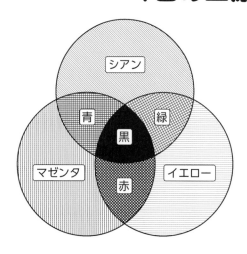

シアン・青・緑・黒・マゼンタ・赤・イエロー

　シアン・マゼンタ・イエローの3色を「色の三原色」といいます。これらを混ぜるとさまざまな色を表現することができます。多くの色を混ぜるほど暗い色になっていき、3色をすべて混ぜると黒になります。

　なお、カラー印刷ではシアン・マゼンタ・イエローに加えて黒のインクを使います。実際のシアン・マゼンタ・イエローのインクを混ぜても完全な黒にはならないため、より黒く見せる目的で黒が追加されています。

「色の三原色」で絵を描く

①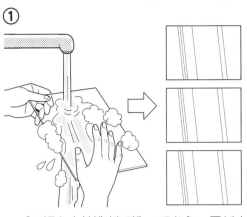

プラ板を中性洗剤で洗ってから、同じ大きさに3枚切り出します。

②

紙に下絵を描き、表を参考に配色を考えます。

色の組み合わせ

【色の三原色】
- シアン：水色
- マゼンタ：ピンク
- イエロー：黄色

【混色の組み合わせ】
- 青：水色＋ピンク
- 赤：ピンク＋黄色
- 緑：水色＋黄色
- 黒：水色＋ピンク＋黄色
- 白：塗らない（紙の色）

③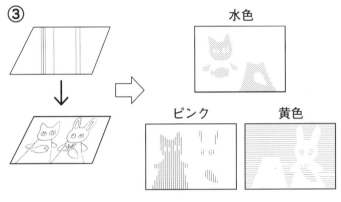

3枚のプラ板を「水色」「ピンク」「黄色」に割り当て、②で考えた配色に合わせてどの部分を塗ればよいのかを考え、それぞれのプラ板を下絵に重ねて1色ずつ塗ります。

④

白い紙の上で3枚を重ねると、2色あるいは3色が重なった部分が混ざり、絵が完成します。

カラー印刷を拡大してみよう

タブレットの背面カメラにクリップ式マクロレンズをつけて、カラー印刷に近づけ、カメラの倍率を最大にしてみましょう。シアン・マゼンタ・イエロー・黒の細かい点が集まってさまざまな色が表現されているのがわかります。印刷される色によって、どの色が使われているのか、点の面積がどう違うのかなどを比べてみましょう。

だれでもできる ためしてみよう たのしい実験

（　）年（　）組　氏名（　　　　　　　　　　　）

監修・制作協力　鎌倉学園中学校・高等学校 科学部

物理

プラスチックコップで簡単モーターを作ろう

　身近な材料であるプラスチックコップ、アルミニウムはく、画びょう、乾電池、フェライト磁石を使って、よく回るモーターを作ってみましょう。

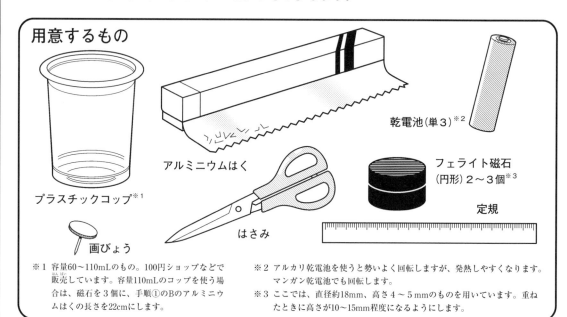

用意するもの

アルミニウムはく

乾電池(単3)※2

フェライト磁石
(円形) 2〜3個※3

プラスチックコップ※1

定規

はさみ

画びょう

※1 容量60〜110mLのもの。100円ショップなどで販売しています。容量110mLのコップを使う場合は、磁石を3個に、手順①のBのアルミニウムはくの長さを22cmにします。

※2 アルカリ乾電池を使うと勢いよく回転しますが、発熱しやすくなります。マンガン乾電池でも回転します。

※3 ここでは、直径約18mm、高さ4〜5mmのものを用いています。重ねたときに高さが10〜15mm程度になるようにします。

コップが回転するのはなぜ？

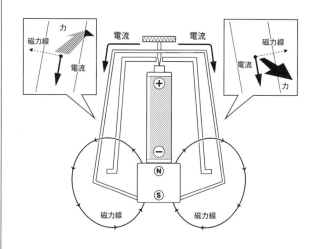

力
磁力線
電流

電流　電流

磁力線
電流
力

＋

－

N

S

磁力線　　　磁力線

　磁石の磁力が働く空間を「磁界」といい、磁界の中で電流が流れる物には、力が働きます。このときに働く力の方向は、電流の向きと磁力線の向きによって決まります。

　今回作るモーターが動く仕組みを見てみましょう。プラスチックコップにつけたアルミニウムはくが、磁石を包むアルミニウムはくに触れると、電流が流れます。このとき、アルミニウムはくは下に置いた磁石の磁界の中にあるため、回転する方向に力が働き、コップが回転します。

この紙面は、コピーすると、理科の授業や科学クラブの「実験テキスト」として配れるように編集

簡単モーターを作ってみよう

①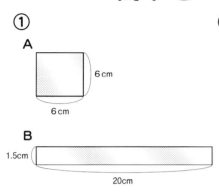

アルミニウムはくを、図のＡ、Ｂの２種類の大きさに切ります。

②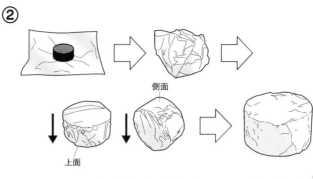

Ａのアルミニウムはくに重ねたフェライト磁石を載せ、包みます。アルミニウムはくのでこぼこを平らな所で押さえつけて、表面（特に側面）をなめらかにします。

③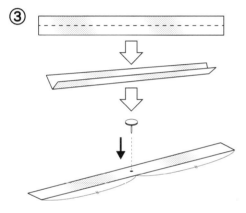

Ｂのアルミニウムはくはさらに細長くなるように半分に折り、中心に画びょうを刺します。

④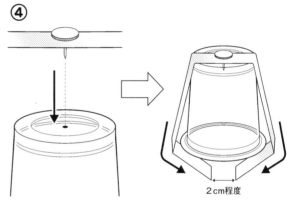

③の画びょうをコップの底の中心に刺し、コップから余ったアルミニウムはくは内側に折り、両はしの間が２cm程度になるように形を整えます。

⑤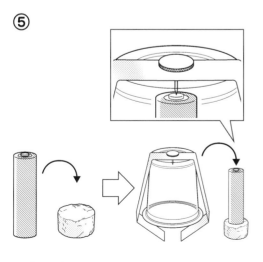

②の磁石に乾電池を載せ、乾電池の＋極に④の画びょうの針を載せます。

⑥

注意！

10秒以上電流を流すと、乾電池や画びょうが発熱して危険です。

・10秒以上コップを回転させないこと。

・回転が止まったらすぐにコップを外すこと。

※コップのアルミニウムはくの形は、必ず電池から外して整えてください。載せたまま整えると、画びょうが熱くなったり、針先がさびたりします。

コップのアルミニウムはくが磁石を包むアルミニウムはくに一瞬触れるだけで大きな電流が流れ、コップがビュンと回転します。

だれでもできる **ためしてみよう** たのしい実験

（　）年（　）組　氏名（　　　　　　　　　）

監修　立命館慶祥中学校・高等学校　渡辺儀輝先生

導電糸でＬＥＤを光らせてみよう

金属を編み込んで電気が通るようにした糸「導電糸」を使ってＬＥＤと電池をつないで回路を作り、フェルト製のクリスマスツリーを光らせてみましょう。

物理

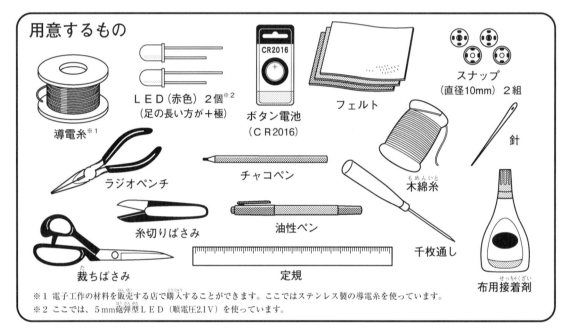

用意するもの

- 導電糸※1
- ＬＥＤ（赤色）２個※2（足の長い方が＋極）
- ボタン電池（ＣＲ2016）
- フェルト
- スナップ（直径10mm）２組
- 針
- 木綿糸
- ラジオペンチ
- チャコペン
- 油性ペン
- 千枚通し
- 糸切りばさみ
- 裁ちばさみ
- 定規
- 布用接着剤

※1 電子工作の材料を販売する店で購入することができます。ここではステンレス製の導電糸を使っています。
※2 ここでは、5mm砲弾型ＬＥＤ（順電圧2.1V）を使っています。

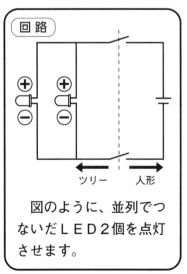

回路

図のように、並列でつないだＬＥＤ２個を点灯させます。

ツリー　人形

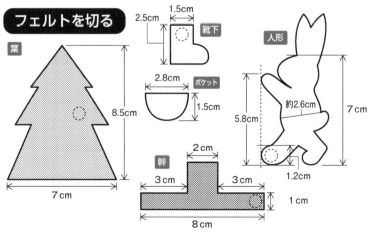

フェルトを切る

葉　8.5cm　7cm
靴下　2.5cm　1.5cm
ポケット　2.8cm　1.5cm
人形　7cm　5.8cm　約2.6cm　1.2cm
幹　2cm　3cm　3cm　8cm　1cm

図の大きさを目安にして、フェルトを切ってツリーの葉、幹、人形、ポケット、靴下を作ります。

ツリーを作る

①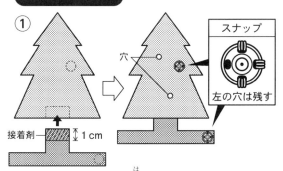

接着剤

1cm

スナップ

穴

左の穴は残す

ツリーの葉を幹に貼ります。スナップ2個を縫いつけ、LEDの位置に穴を開けます。

②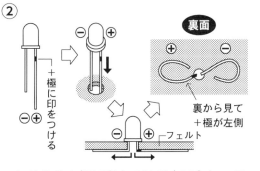

＋極に印をつける

裏面

裏から見て＋極が左側

フェルト

LEDの＋極に印をつけて穴に入れ、フェルトの裏側で曲げて図のように輪にします。

③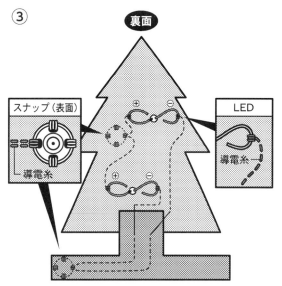

裏面

スナップ（表面）

導電糸

LED

導電糸

※LEDとスナップをつなぐ導電糸同士が回路の途中で交わると回路がショートして発熱する可能性があるため、糸同士は離すこと。
※余った糸はほかの糸に触れないように短く切ること。
※接着剤で貼った部分は針を通しづらいため、避けて糸を通す。

2個のLEDの＋極と上のスナップを、導電糸で縫ってそれぞれつなぎます。－極と下のスナップも同様に縫ってつなぎます。

人形を作る

①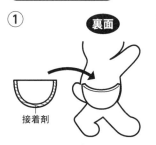

裏面

接着剤

接着剤でポケットを裏側の腹に貼ります。

②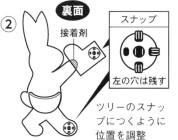

裏面

接着剤

スナップ

左の穴は残す

ツリーのスナップにつくように位置を調整

足と靴下にスナップをつけ、靴下を手に貼ります。

③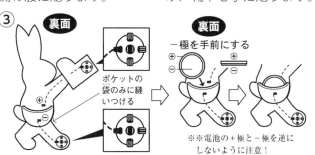

裏面

ポケットの袋のみに縫いつける

裏面

－極を手前にする

※※電池の＋極と－極を逆にしないように注意！

足のスナップとポケット、ポケットの上と靴下のスナップを導電糸でつなぎ、電池をポケットに入れます。

点灯させる

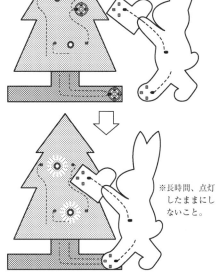

※長時間、点灯したままにしないこと。

人形とツリーのスナップをつけると、LEDが点灯します。

だれでもできる ためしてみよう たのしい実験

（　）年（　）組　氏名（　　　　　　　　）

監修　青森県板柳町少年少女発明クラブ　野呂茂樹先生

物理

減圧ポンプで気圧の実験をしてみよう

　ペットボトルをつぶすのに使う減圧ポンプは、さまざまな容器の中の空気を抜くことができます。フラスコ内の空気を抜いて気圧を下げると風船や湯がどうなるのかを確かめてみましょう。

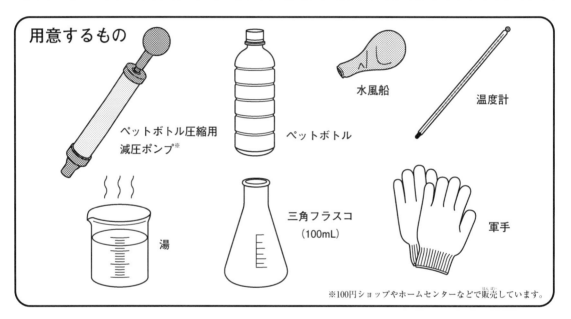

用意するもの

- ペットボトル圧縮用 減圧ポンプ※
- ペットボトル
- 水風船
- 温度計
- 湯
- 三角フラスコ（100mL）
- 軍手

※100円ショップやホームセンターなどで販売しています。

ペットボトルをつぶす減圧ポンプ

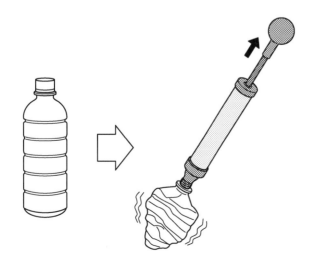

　空のペットボトルをつぶすための減圧ポンプは、自転車のタイヤなどに空気を入れる通常のポンプとは逆に、空気を抜くことができます。空のペットボトルの口に当てて、持ち手を何度か引くと、次第に空気が抜けてペットボトルがへこみ、つぶれて小さくなります。

　この減圧ポンプは、ペットボトル以外にも口径が合う容器に使うことができるため、さまざま実験を行うことができます。ここでは、フラスコ内の空気を抜いてみましょう。

この紙面は、コピーすると、理科の授業や科学クラブの「実験テキスト」として配れるように編集

風船を膨らませる

①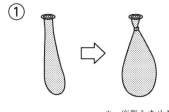

※一度膨らませた後
の風船の方が膨らみ
やすくなります。

水風船をマスカットの粒くらいの大きさに膨らませ、口を閉じます。

②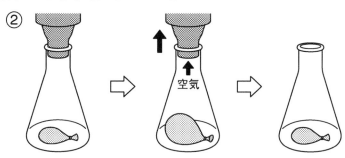

空気

三角フラスコに風船を入れ、口に減圧ポンプを当てて持ち手を何度か引くと、次第に風船が膨らんできます。減圧ポンプを外すと、風船は元の大きさに戻ります。

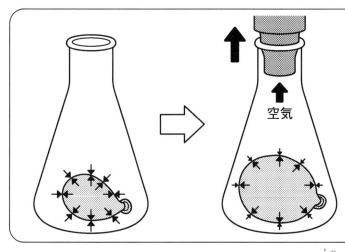

空気

気体を構成する分子は、つねに激しく動き回っており、物にぶつかるときに圧力を及ぼします。これを「気圧」といいます。気体が減ると、気圧は低くなります。

減圧ポンプでフラスコ内の空気を抜くと、気圧が低くなるため、風船を押す力が弱くなって中の風船が膨らみます。

100℃以下の湯を沸騰させる

①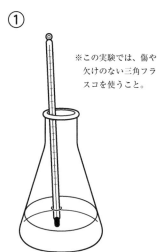

※この実験では、傷や
欠けのない三角フラス
コを使うこと。

フラスコに、70〜75℃の湯60mLを入れます。

②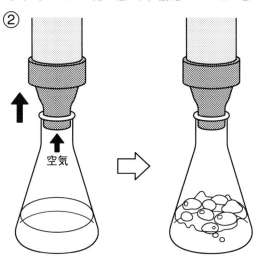

空気

注意!
・やけどに注意すること。
・必ず軍手をして実験すること。
・フラスコが倒れないようにしっかりと押さえること。

口に減圧ポンプを当てて持ち手を何度か引くと、加熱していないのに湯の内部から泡が出て、沸騰します。

だれでもできる ためしてみよう たのしい実験

（　）年（　）組　氏名（　　　　　　　　　）

監修　青森県板柳町少年少女発明クラブ　野呂茂樹先生
参考文献　『手づくり玩具』福田繁雄 著／駸々堂出版 刊

糸を引くとのぼるクライミング人形を作ろう

　糸と厚紙に働く摩擦力と、輪ゴムが元に戻ろうとする弾性力を利用すると、足を動かして糸をのぼっていく人形を作ることができます。実際に作って動かしてみましょう。

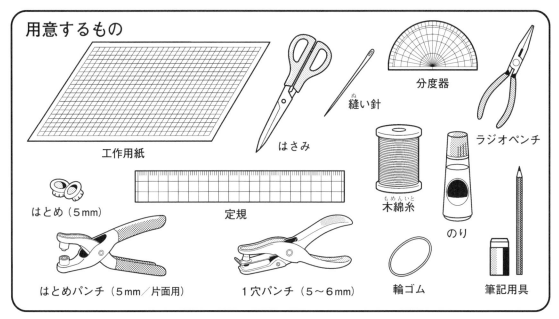

用意するもの

- 工作用紙
- はさみ
- 縫い針
- 分度器
- ラジオペンチ
- はとめ（5mm）
- 定規
- 木綿糸
- のり
- 筆記用具
- はとめパンチ（5mm／片面用）
- 1穴パンチ（5～6mm）
- 輪ゴム

① ※○は穴の位置

胴　腕　足

2cm

2cm　2cm

7.5cm

9.5cm

7cm

2枚　2枚　4枚

工作用紙に図のように胴、腕、足を描いて穴の位置に印をつけ、切り取ります。

②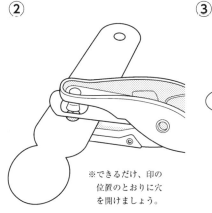

※できるだけ、印の位置のとおりに穴を開けましょう。

胴、腕、足の印の位置に1穴パンチで穴を開けます。

③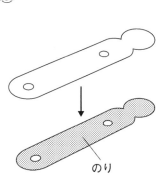

のり

2枚の胴の穴の位置を合わせて、のりで貼り合わせます。

物理

この紙面は、コピーすると、理科の授業や科学クラブの「実験テキスト」として配れるように編集

④

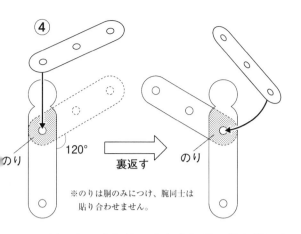

※のりは胴のみにつけ、腕同士は
　貼り合わせません。

　胴の上の穴と腕の穴を合わせ、腕と胴の角
度が120°になるようにのりで貼ります。裏返
して、もう片方の腕も同様に胴に貼ります。

⑤

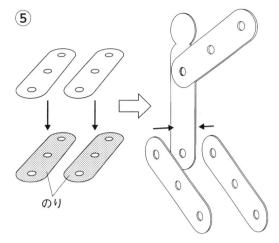

　足を2枚ずつ貼り合わせます。両足を胴の
両側から挟み、穴の位置を合わせます。

⑥

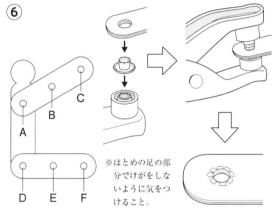

※はとめの足の部
　分でけがをしな
　いように気をつ
　けること。

　図のA〜Fの6か所の穴に、はとめを留め
ます。きつく締めず、紙の間に隙間ができる
程度に軽く留めましょう。

⑦

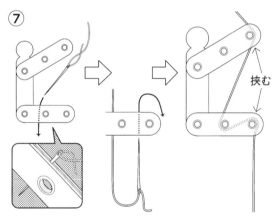

挟む

　針に糸を通し、足の紙の隙間に糸を通しま
す。糸の両端は、腕と足の先の紙に挟みます。

⑧

✂切る

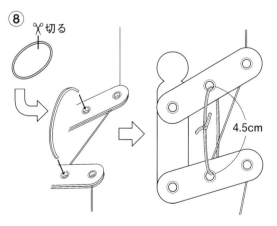

4.5cm

　輪ゴムを切り、両端を腕と足の中央の穴に
通し、穴と穴の距離が4.5cm程度になるよう
に結びます。

⑨

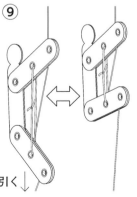

引く↓

　糸をつるして、下の
糸を小刻みに引くと、
人形が少しずつ糸をの
ぼっていきます。

調整方法

　人形がのぼらな
いときは、腕の先
（⑥のC）のはとめ
をラジオペンチで
少しだけ締めて、
もう一度ためして
みましょう。糸を
持ってつり下げて
も人形が落ちず、
かつ糸を引っ張る
と腕が糸をのぼる
程度が目安です。

だれでもできる ためしてみよう たのしい実験

（　）年（　）組　氏名（　　　　　　　　　　　）

監修　立命館慶祥中学校・高等学校　渡辺儀輝先生

参考文献　『自然の原理を知る手品』（マーチン・ガードナー 著　芦ヶ原伸之 監訳／講談社 刊）

物理

バランスバードを作ってみよう

　物の重さを支えることができる点を「重心」といいます。工作用紙に硬貨をつけて作る「バランスバード」は、くちばしが重心になっているため、不安定に見えても倒れません。

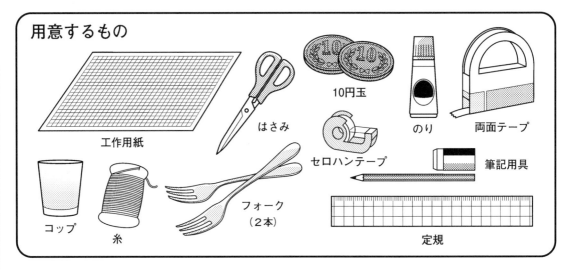

用意するもの

工作用紙　　はさみ　　10円玉　　のり　　両面テープ　　セロハンテープ　　筆記用具　　コップ　　糸　　フォーク（2本）　　定規

バランスバードを作る

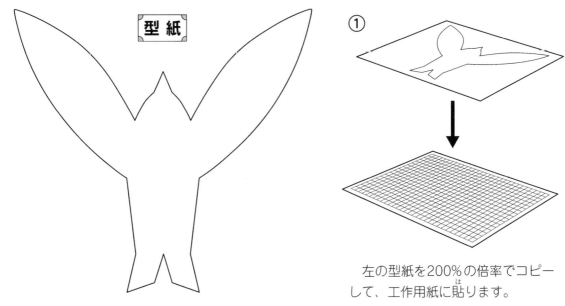

型紙

①

左の型紙を200％の倍率でコピーして、工作用紙に貼ります。

　この紙面は、コピーすると、理科の授業や科学クラブの「実験テキスト」として配れるように編集

②

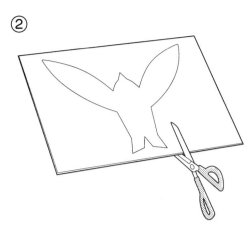

型紙の線に沿って工作用紙を切ります。

③

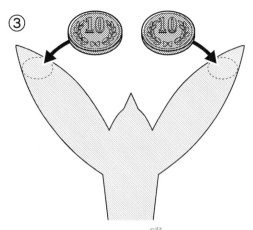

②を裏返して、両方の翼（つばさ）の先に両面テープで10円玉を貼ります。

④

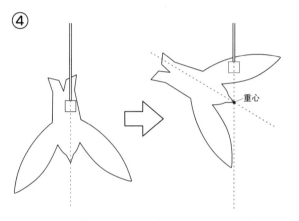

重心

バランスバードを2か所からつるして、糸を延長した鉛直線（えんちょくせん）の交点が重心です。くちばしの近辺が重心となることを確かめます。

⑤

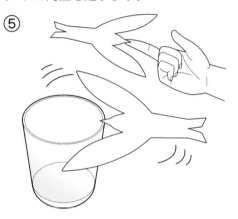

バランスバードの口を指やコップのふちに載（の）せてみましょう。鳥が落ちてしまうときは、10円玉の位置を調整します。

フォークと10円玉でバランスをとる

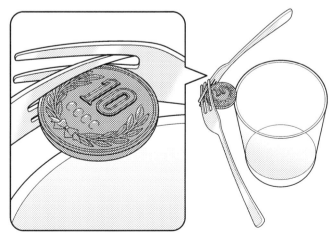

2本のフォークを組み合わせて、隙間（すきま）に10円玉を差し込みます。うまくバランスをとると、10円玉の端（はし）をコップのふちに載せても落ちない、不思議なやじろべえができます。フォークの角度や10円玉の位置を変えて、ためしてみましょう。

だれでもできる ためしてみよう たのしい実験

（　）年（　）組　氏名（　　　　　　　　）

監修　科学写真家　伊知地国夫先生

タブレットで動きを撮る科学写真に挑戦！

タブレットについているカメラの機能やアプリを使って工夫すると、一瞬の動きをとらえたり、ゆっくり動く物のわずかな動きを写真に撮ったりすることができます。

物理

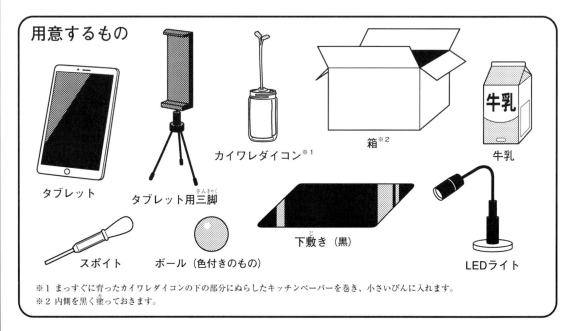

用意するもの

タブレット

タブレット用三脚

カイワレダイコン※1

箱※2

牛乳

スポイト

ボール（色付きのもの）

下敷き（黒）

LEDライト

※1 まっすぐに育ったカイワレダイコンの下の部分にぬらしたキッチンペーパーを巻き、小さいびんに入れます。
※2 内側を黒く塗っておきます。

タブレットを固定する

動いている物の写真を撮るときは、タブレットを手で持って撮ると、ぶれてしまうことが多く、うまくいきません。タブレットを固定して撮ることが重要です。三脚にタブレットを取りつけて、位置や角度を決めてから撮影しましょう。

三脚がない場合は、厚い本でタブレットを挟んだり、重い物に固定したりするなどの動かないようにする工夫をしましょう。

この紙面は、コピーすると、理科の授業や科学クラブの「実験テキスト」として配れるように編集

いろいろな「動き」を撮ってみよう

曲がるカイワレダイコン

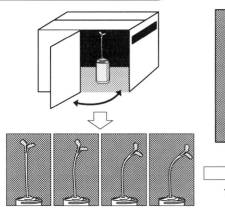 

合成

　箱の側面に窓となる穴を開け、手前を切り開いて開閉できるようにします。明るい場所に置き、窓から光が入るようにします。カイワレダイコンに箱をかぶせ、タブレットを置き、5〜20分に一度、手前を開けて写真を撮り、撮影時以外は閉めておきます。写真が撮れたら、アプリで写真を合成すると、曲がっていく様子が一枚の写真になります。

※画像加工アプリ「Snapseed」(Google LLC)の二重合成機能などを繰り返し使うと、写真を重ねることができます。

花が咲く様子

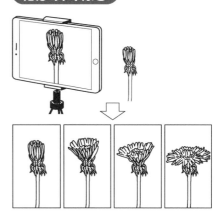

　花が咲く直前のつぼみの前にタブレットを置き、一定の間隔で撮影するインターバル撮影を行うと、次第に開く様子を撮ることができます。

※「TimeLapse Free」(xyster.net LLC)などのインターバル撮影が可能なアプリを使うと、自動で撮影することができます。保存する際に、写真や動画など任意の形式で保存することができます。

ミルククラウン

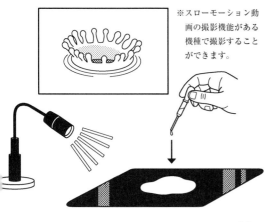

※スローモーション動画の撮影機能がある機種で撮影することができます。

　黒い下敷きに牛乳を少したらして、指で薄くのばします。タブレットのカメラを向けて、牛乳の部分に明るさを合わせます。スポイトで牛乳を2〜3滴たらし、スローモーション動画(120fps)で、牛乳がはねる様子を撮影します。動画を再生し、ミルククラウンができている場面でスクリーンショットを撮ります。

ボールの軌跡

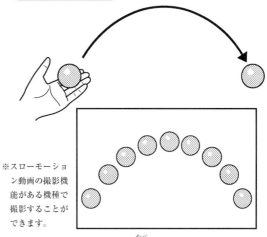

※スローモーション動画の撮影機能がある機種で撮影することができます。

　明るい場所で、白い壁などの前でカメラを固定し、ボールを投げる様子をスローモーション動画で撮影します。撮影した動画をアプリで加工すると、ボールが動いた軌跡を一枚の写真に合成することができます。

※スローモーション動画から軌跡を合成するアプリ「ActShot」(Aceca Corp.)などで加工すると、ボールの軌跡が一枚の連続写真になります。

だれでもできる ためしてみよう たのしい実験

（　）年（　）組　氏名（　　　　　　　　　　　　）

監修　北海道大学 大学院工学研究院　田坂裕司先生

対流で細胞のような模様を作る

サラダ油に細かい粉を混ぜると、油の流れ方を目に見えるようにすることができます。ホットプレートで加熱して、油が対流する様子を確認してみましょう。

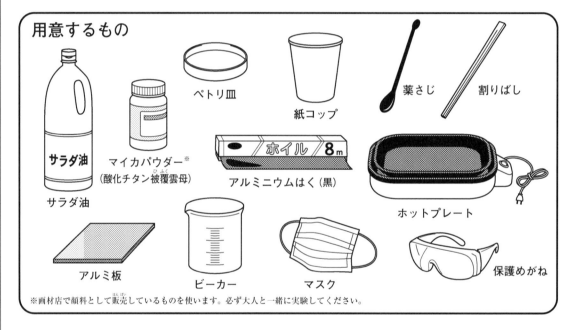

用意するもの

ペトリ皿

紙コップ

薬さじ　割りばし

サラダ油

マイカパウダー※
（酸化チタン被覆雲母）

アルミニウムはく（黒）

ホットプレート

アルミ板

ビーカー

マスク

保護めがね

※画材店で顔料として販売しているものを使います。必ず大人と一緒に実験してください。

熱によって起こる対流

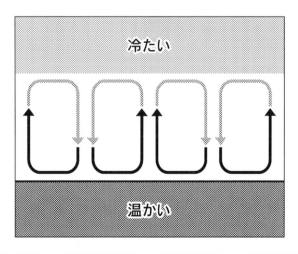

冷たい

温かい

液体や気体が加熱されると密度が小さくなって上へ移動する一方、上で冷やされた部分の密度が大きくなって沈む現象を「対流」といいます。薄く広がった液体を下から全体的に加熱すると、全面で小さい対流がたくさん起こり、全体が細胞のような小さな模様で埋め尽くされます。この現象を「レイリー・ベナール対流」といいます。

ここでは、マイカパウダーを混ぜて流れ方を見えるようにした油を加熱し、対流を起こします。

　　　　この紙面は、コピーすると、理科の授業や科学クラブの「実験テキスト」として配れるように編集

レイリー・ベナール対流を作ってみよう

①
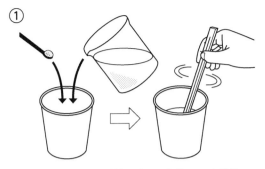

※マイカパウダーを使うときには必ずマスクと保護
めがねを着用して実験してください。

薬さじの小さい方のさじ1杯のマイカパ
ウダーとサラダ油60mLを紙コップに入れ、
割りばしでよく混ぜます。

②

①をペトリ皿の底から3～4mmほどの
高さまで注ぎます。

③
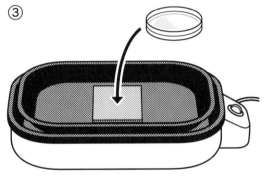

※やけどに注意すること。

ホットプレートに黒いアルミニウムはく
を敷いたアルミ板を置き、上に②を載せて
「保温（約80℃）」で加熱します。

④
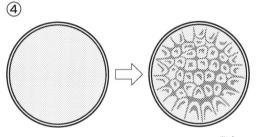

※使用後の油は流しに捨てず、紙に吸わせてから廃棄
してください。
※実験後はよく手を洗ってください。

数分すると、マイカパウダーが動いて模
様が現れます。全体に広がったところでホッ
トプレートのスイッチを切ります。

みそ汁や雲でも見られる対流

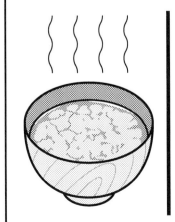

レイリー・ベナール対流は、ほ
かの場所でも見ることができま
す。たとえば、温かいみそ汁が冷
めていくときに内部と表面に温度
差ができるため、全体に細かい対
流が起こって、みそが動きます。
　また、巻積雲（うろこ雲・さば
雲）は、空の広い範囲で小さな対
流がたくさん起こるために、うろ
このように小さい雲がたくさん並
びます。

だれでもできる ためしてみよう たのしい実験

（　）年（　）組　氏名（　　　　　　　　　　）

監修　都留文科大学 教養学部 学校教育学科　山田暢司先生

紫キャベツで染めた紙の色を変える

紫キャベツからアントシアニンを抽出して染めた紫色のろ紙を、酸性のクエン酸水溶液やアルカリ性の重曹水溶液につけて、色を変えてみましょう。

用意するもの

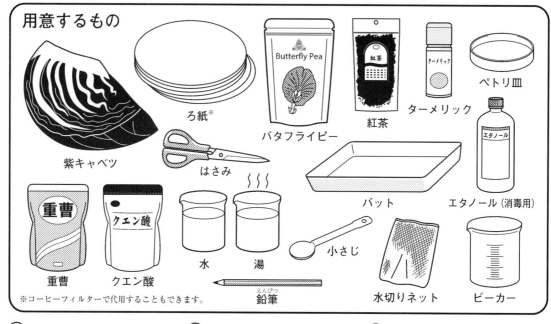

ろ紙※

Butterfly Pea バタフライピー

紅茶

ターメリック

ペトリ皿

紫キャベツ

はさみ

バット

エタノール（消毒用）

重曹

クエン酸

水

湯

小さじ

鉛筆

水切りネット

ビーカー

※コーヒーフィルターで代用することもできます。

①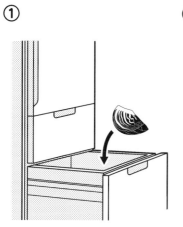

紫キャベツを冷凍庫に1日ほど入れて、凍らせます。

②

①の紫キャベツを1〜2枚ほどちぎってビーカーに入れ、ひたる程度の水を入れます。

③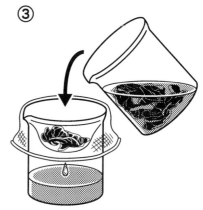

1時間ほど常温に置いてから、水切りネットでこして色素を抽出します。

この紙面は、コピーすると、理科の授業や科学クラブの「実験テキスト」として配れるように編集

④ ※チョウの形に切らなくても
実験はできます。

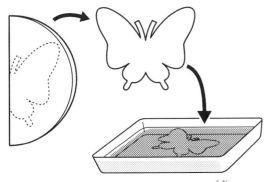

半分に折ったろ紙にチョウの形を描いて切り取り、パットに入れた③の抽出液につけてから乾燥させます。

⑤

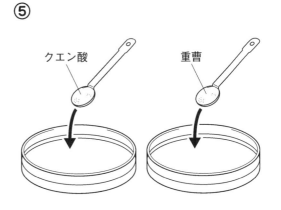

クエン酸　　重曹

ペトリ皿の片方にクエン酸を、もう片方に重曹を小さじ1杯ずつ入れ、小さじ7〜8杯程度の水で溶かします。

⑥

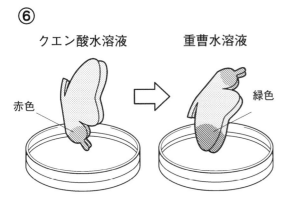

クエン酸水溶液　　重曹水溶液

赤色　　緑色

④のチョウを酸性のクエン酸水溶液につけると赤色に、アルカリ性の重曹水溶液につけると緑色に染まります。

⑦

赤色と緑色に染める部分や面積を変えて、紫色のチョウをいろいろな模様に染めてみましょう。

ほかの食品でも染めてみよう

バタフライピー

少量の水に10分ほどつけて、色素を抽出します。

紅茶

少量のお湯に数分つけて、色素を抽出します。

ターメリック

※火気のない場所で行うこと。

少量のエタノールに数分つけて、色素を抽出します。

だれでもできる ためしてみよう たのしい実験

(）年（ ）組　氏名（　　　　　　　　　　）

監修　料理研究家　平松サリー先生

ひとりでに二層に分かれるゼリーを作ろう

温めたオレンジジュース、牛乳、生クリーム、ゼラチンを混ぜて冷やすだけで、分離して白色とオレンジ色の二層のゼリーができます。いろいろな飲み物でためしてみましょう。

用意するもの

牛乳　／　生クリーム※1　／　粉ゼラチン　／　オレンジジュース※2　／　砂糖　／　鍋　／　スプーン　／　計量カップ　／　ガラス容器※3　／　ボウル　／　はかり　／　ガスこんろ

※1 乳脂肪分が35％以上のもの　※2 果汁100％のもの　※3 耐熱性のあるもの

牛乳・生クリームに含まれるカゼインと乳脂肪

カゼイン（カッテージチーズ）

牛乳

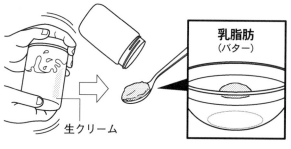

乳脂肪（バター）

生クリーム

牛乳にはカゼインというタンパク質が含まれ、通常は全体に散らばっています。温めた牛乳に酸を加えると、カゼイン同士が集まってかたまりとなり、沈澱します。この沈澱は、カッテージチーズとして食べられています。

一方、牛乳から作られる生クリームには、乳脂肪が多く含まれており、生クリームを激しく振ると集まって固まり、バターとなって分離します。これは水より軽いため、水に浮きます。

牛乳と生クリームを混ぜて酸を含むジュースに加えると、カゼインが集まる際に乳脂肪を巻き込むため、分離して浮き、上に白い層ができます。

この紙面は、コピーすると、理科の授業や科学クラブの「実験テキスト」として配れるように編集

二層に分かれるゼリーを作る

①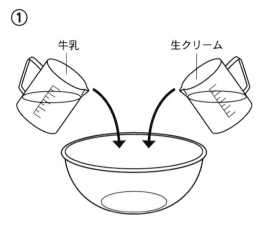

牛乳50mL、生クリーム50mLを混ぜて、常温に戻しておきます。

②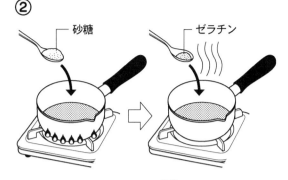

※火を使うときは、必ず大人と一緒に行ってください。

ジュース250mLと砂糖20gを鍋に入れて中火で加熱し、沸騰する直前で火を止めます。ゼラチン5gを全体に振り入れ、混ぜて溶かします。

③

②を再び加熱して、周辺が泡立ち始めて沸騰する直前になったら火を止めて①を一気に加え、よく混ぜます。

④

③を容器に注ぎ入れ、10〜20分ほど置いて冷まします。少したつと、容器の底のほうが少し分離し始めます。

⑤

触れるくらいの温度になったら、冷蔵庫で1〜2時間ほど冷やします。固まるころには、上が白、下がオレンジ色の二層に分かれます。

ほかの飲み物で作ると？

ブドウジュース、パイナップルジュースなどの酸を含む飲み物や、紅茶などの酸を含まない飲み物で作ると、どうなるのでしょうか？

だれでも
できる
ためしてみよう
たのしい
実 験

（　）年（　）組　氏名（　　　　　　　　）

監修　都留文科大学 教養学部 学校教育学科　山田暢司先生

水蒸気からできる霜を観察しよう

北海道の湖にできる「フロストフラワー」のように、水蒸気が水にならずに凍ると、霜ができます。霜を作ったり、身近なところで探したりしてみましょう。

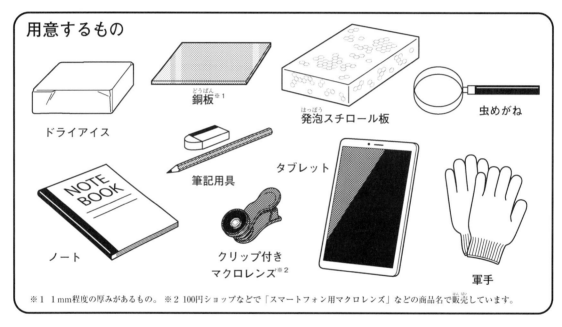

用意するもの

ドライアイス　　銅板※1　　発泡スチロール板　　虫めがね

筆記用具　　タブレット

ノート　　クリップ付きマクロレンズ※2　　軍手

※1 1mm程度の厚みがあるもの。　※2 100円ショップなどで「スマートフォン用マクロレンズ」などの商品名で販売しています。

水蒸気が凍ってできる霜

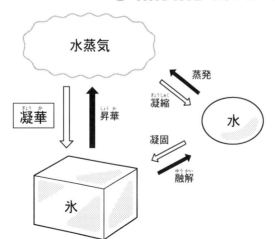

水蒸気

蒸発
凝縮
凝華
昇華
凝固
融解
水
氷

水は、気体（水蒸気）、液体（水）、固体（氷・霜）のいずれかの状態をとり、加熱や冷却によって状態が変化します。通常は、水蒸気が冷えると凝縮して水となりますが、水蒸気が冷えて水にならず氷となることもあります。この変化を「凝華」といいます。

空気に含まれる水蒸気が凝華し、氷の結晶となって地面にある物に付着し、霜ができます。風が弱い冬の夜に気温が氷点下になるときなどに多く発生します。

この紙面は、コピーすると、理科の授業や科学クラブの「実験テキスト」として配れるように編集

ドライアイスと銅板で霜を作る

①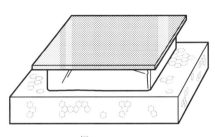

※ドライアイスを扱う際は、必ず軍手をつけること。

発泡スチロール板の上にドライアイスを置き、銅板を載せて数分待ちます。

②

銅板の表面が白くなって、霜ができます。虫めがねなどで霜の結晶を観察しましょう。

冬の湖にできるフロストフラワー

北海道の阿寒湖や屈斜路湖などで、氷の上に花のような霜ができる「フロストフラワー」という現象が起こることがあります。これは、以下のように水蒸気が凝華しやすい条件がそろったときにだけ起こります。

・気温が−15℃以下
・風がない、または弱い
・湖面に氷が張っている
・水温が比較的高い
・湖面に雪が積もっていない

身の回りの霜を観察してみよう

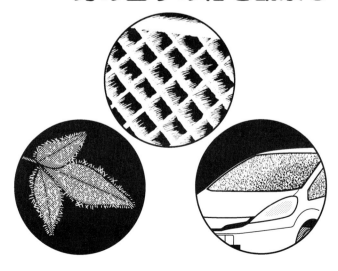

フロストフラワーが見られる地域は限られていますが、それ以外の地域でも霜は発生します。気温が低い冬の朝などに、草の葉や金網、車のフロントガラスなどの身近な場所に霜ができていることがあります。

　気温が上がる昼には霜がとけてしまうため、朝のうちに霜がないか、探して観察してみましょう。

だれでもできる ためしてみよう たのしい 観察

（　）年（　）組　氏名（　　　　　　　　）

監修　関西福祉大学 教育学部 児童教育学科　吉澤樹理先生

アリを探して観察してみよう

アリは集団で生活し、役割を分担する「社会性昆虫」です。アリの体のつくりや、えさを探して、ほかのアリと協力して運ぶ様子などを観察してみましょう。

用意するもの

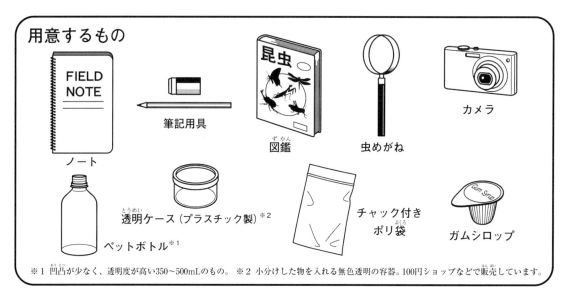

FIELD NOTE

ノート

筆記用具

昆虫

図鑑

虫めがね

カメラ

透明ケース（プラスチック製）※2

ペットボトル※1

チャック付き
ポリ袋

ガムシロップ

※1 凹凸が少なく、透明度が高い350～500mLのもの。　※2 小分けした物を入れる無色透明の容器。100円ショップなどで販売しています。

服装

・タオル
・虫よけ
・水
なども用意

長袖、長ズボンで肌を保護し、帽子をかぶって日差しを防ぎます。荷物は背負い、両手を使えるようにします。

アリがいる場所

歩くアリを探す

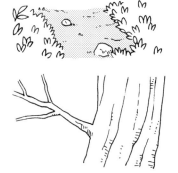

巣を探す

土がむき出しになった地面や草地を探し、木の枝や幹もよく見てみましょう。

土が盛り上がった巣穴、石や落ち葉の下の巣穴を探してみましょう。

生物

この紙面は、コピーすると、理科の授業や科学クラブの「観察テキスト」として配れるように編集

アリを「足止め」する

ふたを取ったペットボトルをアリに向けてかぶせ、ふたを閉めて観察します。

ケースやポリ袋に入れる

※アリをつぶさないように注意！

ペットボトルの中のアリを小さい透明ケースに移すと、より観察しやすくなります。また、チャック付きポリ袋に移し、空気を抜いて閉じるとアリの動きが止まります。

体のつくりを観察する

体

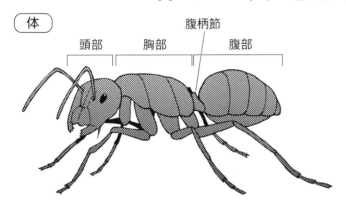

頭部　胸部　腹柄節　腹部

体は頭部、胸部、腹部の３つに分かれており、胸部から６本の足が生えています。胸部と腹部の間の膨らみは「腹柄節」といい、アリだけが持つ特徴です。

頭部

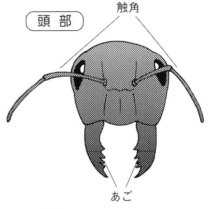

触角

あご

触角は味やにおいを感じる重要な器官です。鋭いあごは左右に開き、物を挟みます。

えさを見つけたアリの行動を観察する

えさに集まる

※砂糖水やかつおぶしでも構いません。

巣の近くにガムシロップを少したらすと、アリが集まって飲み始めます。

えさを運ぶ

えさとなる虫などをあごで挟み、巣に運びます。えさが大きい場合は、複数のアリで運んだり、１匹で運べる大きさに切り分けたりします。

だれでもできる ためしてみよう たのしい観察

（　）年（　）組　氏名（　　　　　　　　）

監修　日本野虫の会　とよさきかんじ先生

手すりにいる虫を探してみよう

公園や水辺などの手すりやロープには、昆虫やクモがいることがあります。歩きながらでも見つかるので、地面を探すより手軽に観察することができます。

用意するもの

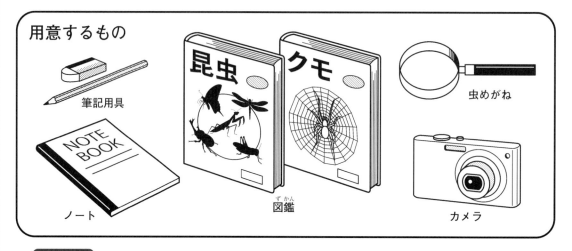

筆記用具

ノート

昆虫

クモ

図鑑

虫めがね

カメラ

準備

・タオル、虫よけ、水、防犯ブザーなどを用意する。
・必ず大人と一緒に行く。
・明るく人通りの多い場所で探す。
・探すのに夢中になって通行人の邪魔にならないように気をつける。

長袖、長ズボンを着て歩きやすい靴をはきます。帽子をかぶって日差しを防ぎます。

虫が多い

虫が少ない

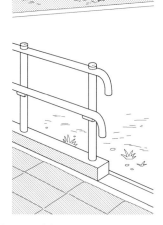

木の枝が上にあり、明るく風通しが良い場所にある手すりが適しています。木や草が少なく乾燥した場所の手すりでは、あまり見つかりません。

この紙面は、コピーすると、理科の授業や科学クラブの「観察テキスト」として配れるように編集

探して観察してみよう

探し方のこつ①

遠くから手すり全体を見て、出っぱったものや動くものを見つけたら、昆虫やクモを驚かさないようにゆっくり近づいてみましょう。

探し方のこつ②

手すりの上だけではなく、側面や裏側で見つかることもあるので、忘れずに確かめてみましょう。

観察する

昆虫やクモを見つけたら、虫めがねで観察したり、さまざまな角度から写真を撮ったりしましょう。

調べる・記録する

◎月〇日 晴れ

◆▲公園

遊歩道の手すり

・エントツドロバチ

・マダラスジハエトリ

・クロオオアリ

見つけた昆虫やクモの名前を図鑑で調べます。場所や周辺の環境も合わせてノートに記録しましょう。

状況に合った方法で観察しよう

何人かで探す

何人かで探すと、一人だけでは見落としていた昆虫やクモを見つけることができます。

制限時間を設ける

10分

「10分」など、時間を区切って、時間内に何匹の虫を見つけることができるのかをためしてみましょう。

だれでもできる ためしてみよう たのしい観察

（　）年（　）組　氏名（　　　　　　　　　）

監修　国立科学博物館附属自然教育園　下田彰子先生

草花マップで研究を始めよう

　草花マップ作りは、身近な場所で見つかる草花の名前を記録するだけで、気軽に始められますが、じっくり取り組むと、種類による草花の生育の仕方の違いがよくわかります。

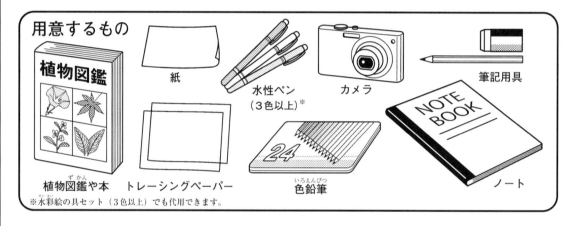

用意するもの

植物図鑑や本　トレーシングペーパー　紙　水性ペン（3色以上）※　カメラ　色鉛筆　筆記用具　ノート

※水彩絵の具セット（3色以上）でも代用できます。

草花マップを作ろう

① 　近所の公園、校庭、土手、川原、通学路などを歩いて、できるだけたくさんの草花が自然に生えている、草花マップ作りにちょうどよい場所を探しましょう。なかなか見つけられない場合は、理科の先生や家族に相談しましょう。場所が決まったら、そこに生えている草花の量を考えて、1時間程度で調べられそうな範囲を決めましょう。

② 　①で決めた範囲の大まかな地図を作ります。施設、道、大きな木、低木など、目印となるものを記号で書き込みます。

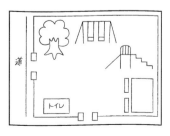

③（A）　（B）

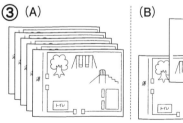

　コピー機で、②の地図を3〜5枚程度コピーします（A）。また、トレーシングペーパーと鉛筆で、②の地図を1枚写します（B）。

この紙面は、コピーすると、理科の授業や科学クラブの「観察テキスト」として配れるように編集

④

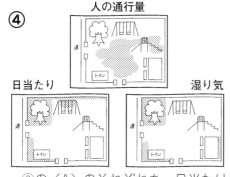

③の（A）のそれぞれを、日当たり、地面の種類、湿り気、人の通行量などの、草花の生育に関係が深そうな環境の違いで、ペンなどで大まかに塗り分けます。

⑤

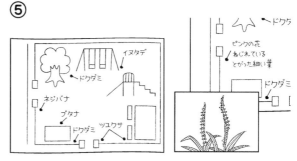

③の（B）に、図鑑を参考にして、見つけた草花の名前を書き込みます。多く見られる数種類に絞って記録してもよいでしょう。名前がわからないものは、写真やスケッチで記録しましょう。

⑥

⑤で書き込んだ植物について、スケッチしたり、図鑑で詳しく調べたりします。花や根のつくり、近い仲間、原産地、生き残り増えるための工夫などについて調べましょう。

⑦

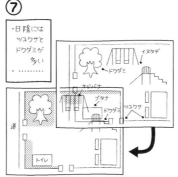

④で塗り分けた地図のそれぞれに⑤の地図を重ねて、違う環境では草花の種類や育ち方がどのように違うのかについて、気がついたことを自由にノートに記録しましょう。

⑧

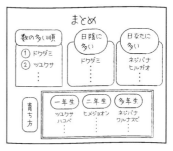

⑥で観察したり調べたりしたことを使って、⑦で気がついたことを説明できないかを考えながら、まとめてみましょう。不思議に思ったことも書き留めましょう。

発展 マップ作りを深めよう

アイデア❶

よく見られた草花の種類を一つ決めて、探す範囲を広げてみましょう。別の公園、隣町、旅行先では、その花はどのくらい見つかるでしょうか。

アイデア❷

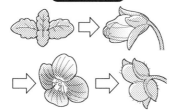

同じ場所で、1日もしくは数日おきにマップ作りをしてみましょう。それぞれの草花の前回からの変化を観察して、スケッチしましょう。

アイデア❸

同じ場所で、季節を変えて（1〜4か月おきに）マップを作り、季節ごとに目立つ草花の種類の違いをまとめてみましょう。

だれでもできる ためしてみよう たのしい観察

（　　）年（　　）組　氏名（　　　　　　　　　）

監修　琉球大学 理学部 海洋自然科学科　池田譲先生

タコとイカの吸盤を調べてみよう

タコとイカはどちらも吸盤を持ちますが、つくりは異なります。水族館でタコやイカを観察したり、店でタコやイカを購入したりして、吸盤のつくりを調べてみましょう。

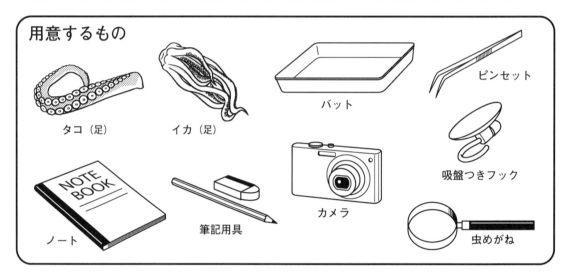

用意するもの

タコ（足）　　イカ（足）　　バット　　ピンセット

吸盤つきフック

NOTE BOOK　　　筆記用具　　カメラ　　虫めがね

ノート

タコとイカは頭足類

タコとイカは軟体動物で、頭部から足（腕）が生えている「頭足類」に属しています。どちらも長い足にたくさんの吸盤がついています。

海底を移動するタコは、吸盤を使って海底に張りつき、海流に流されずに進むことができます。また、えさを捕まえる際にも吸盤を使います。

イカは、水中ですばやく動いて魚などを捕まえて、逃がさないように足の吸盤でしっかりととらえます。

タコとイカの吸盤は、つくりが異なります。観察して確かめてみましょう。

この紙面は、コピーすると、理科の授業や科学クラブの「観察テキスト」として配れるように編集

タコとイカの吸盤を観察

タコ

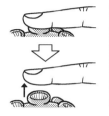
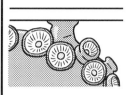

死んだタコは筋肉が収縮しないので、吸盤は指につきません。水族館などの生きたタコの吸盤は壁などに吸いつきます。

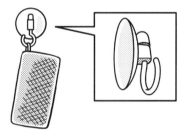

タコの吸盤は軟らかく、半球状の部分を対象に密着させ、筋肉を収縮させて内部の圧力を下げ、外側の水圧によって押されることで吸いつきます。

壁などにくっつけて物をかける吸盤つきフックも、中の圧力を下げて外側の大気圧で押されることで吸いついています。

イカ

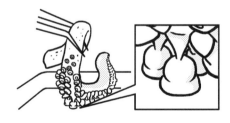

イカの吸盤をバットにつけて足を持ち上げると、底にくっつきます。吸盤の根元は細い柄のようになっています。

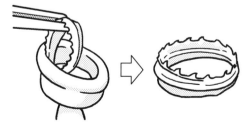

イカの吸盤は、おわんのような形をしていて、ふちにとげが並んでいます。圧力の変化に加え、このとげを対象に引っかけることでくっつきます。

ピンセットで吸盤からとげのある輪（角質環）を取り出して観察してみましょう。硬い材質で、とげが内側に向いています。

だれでもできる ためしてみよう たのしい 観察

（　）年（　）組　氏名（　　　　　　　　）

監修　公益社団法人 大阪自然環境保全協会　田中広樹先生

身近な場所で生き物を集めてみよう

　身近な場所でも、生き物の多様さを学ぶことができます。セミのぬけがらやチリメンジャコの中の生き物、小さな貝殻（微小貝）を探して集め、記録に残してみましょう。

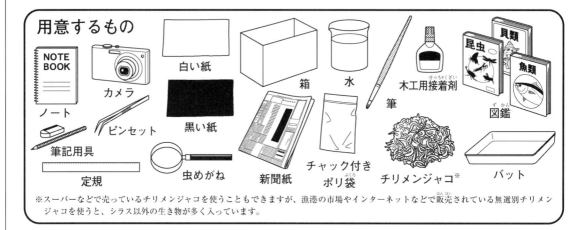

用意するもの

ノート　カメラ　白い紙　箱　水　筆　木工用接着剤　図鑑（昆虫・貝類・魚類）
筆記用具　ピンセット　黒い紙　新聞紙　チャック付きポリ袋　チリメンジャコ※　バット
定規　虫めがね

※スーパーなどで売っているチリメンジャコを使うこともできますが、漁港の市場やインターネットなどで販売されている無選別チリメンジャコを使うと、シラス以外の生き物が多く入っています。

生物

● セミのぬけがら

①

②

　公園や校庭などで範囲を決め、枝の先や幹、葉の裏などでぬけがらを探して集めます。

　ぬけがらからセミの種類や性別を調べ、日時や採集場所とともに数を記録します。

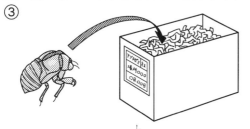

③

　細く切った新聞紙を敷いた箱にぬけがらを入れ、ラベルをつけて保存します。

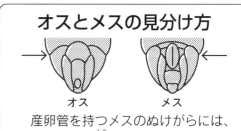

オスとメスの見分け方

オス　　　メス

　産卵管を持つメスのぬけがらには、腹の先に縦に溝があります。

　この紙面は、コピーすると、理科の授業や科学クラブの「観察テキスト」として配れるように編集

● チリメンジャコの中の生き物

①

チリメンジャコをバットに入れ、シラス（カタクチイワシ）以外の生き物を探します。

②

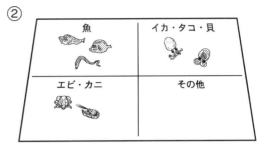

集めた生き物を大まかに分類して、紙に置いておきます。

③

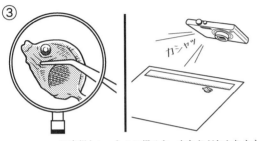

※定規といっしょに撮ると、大きさがわかります。

虫めがねで観察し、写真を撮って記録します。わかる範囲で種類を調べてみましょう。

④

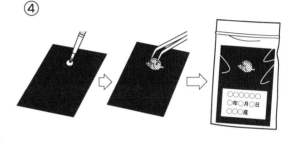

薄めた木工用接着剤を筆で紙につけて生き物を接着し、ラベルをつけて保存します。

● 微小貝

①

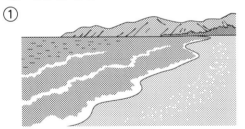

※貝を取り出した後の砂は、できるだけ元の砂浜に戻しましょう。

貝殻が多く落ちている砂浜で、手でひとつかみ程度の砂を持ち帰ります。

②

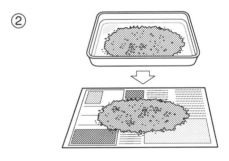

パットに砂と水を入れて一晩置いてから、砂を新聞紙に広げて乾かします。

③

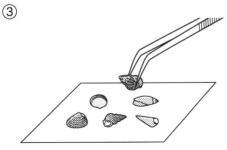

砂の中から1cmに満たない大きさの貝殻を探して、1か所に集めます。

④

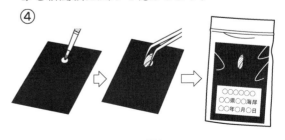

※貝の種類がわからない場合は、空欄や「○○の仲間」で構いません。

薄めた木工用接着剤を筆で紙につけて貝を接着し、ラベルをつけて保存します。

だれでもできる ためしてみよう たのしい観察

（　）年（　）組　氏名（　　　　　　　　）

監修　福岡教育大学 教育学部　福原達人先生

風によって運ばれる種子を観察しよう

　種子は、さまざまな方法で遠くへと運ばれます。ここでは、風によって遠くへと運ばれる種子や果実のつくり、落ちる様子を観察してみましょう。

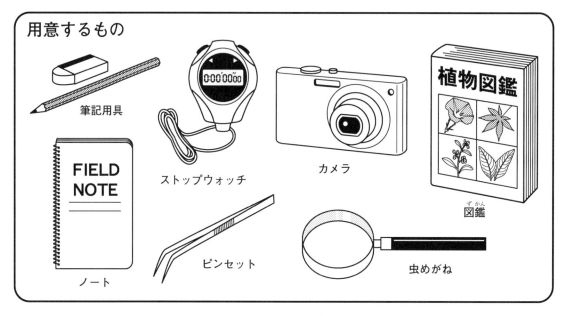

用意するもの

筆記用具　　ストップウォッチ　　カメラ　　植物図鑑　図鑑

FIELD NOTE　ノート　　ピンセット　　虫めがね

風によって運ばれる種子

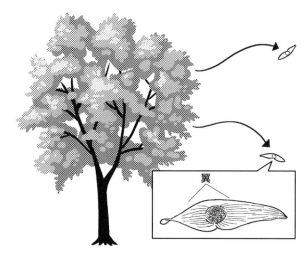

翼

　自分では動くことができない種子が、風や動物、水などによって遠くに運ばれることを「種子散布」といいます。

　その中でも、風によって運ばれる種子や果実の多くは、それ自体が軽いのに加え、薄く広い「翼」を持つために、くるくると回転したり、ひらひらと舞ったりします。こうして、地面に落ちるまでの時間が長くなるので、風でより遠くへと運ばれます。

　ほかにも、タンポポのようにパラシュートのような冠毛を持つ種子や果実も、風によって遠くへ運ばれます。

この紙面は、コピーすると、理科の授業や科学クラブの「観察テキスト」として配れるように編集

生物

形を観察してみよう

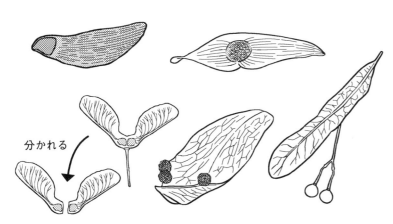

分かれる

公園などに、翼を持つ種子や果実が落ちていたら、拾って図鑑で種類を調べてみましょう。また、翼の部分の形や大きさ、種子との位置関係などがどうなっているのかを観察して、記録します。さらに、枝についた状態の種子や果実を見つけたら、どのような形で枝についているのかもあわせて観察しましょう。

実際に落としてみよう

マ　ツ	ニワウルシ	アオギリ	ボダイジュ

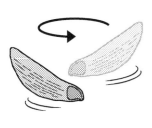 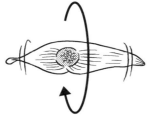 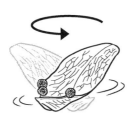 

翼を持つ種子や果実を、手を伸ばして上から落としたり、垂直方向に投げ上げたりしてみましょう。実際に見る、あるいは動画を撮影して、「どこを中心に回転しているのか」「どの方向に回転しているのか」を観察します。また、一定の高さから地面に落ちるまでの時間を、ストップウォッチで測ってみましょう。

翼を外して落とすと？

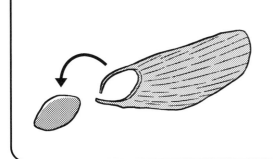

翼を外して、種子だけを落としてみましょう。落ちるまでの時間を測り、翼がついている状態で落としたときと比べてみましょう。

（　）年（　）組　氏名（　　　　　　　　　）

監修　福岡教育大学 教育学部　福原達人先生

くっついて運ばれる種子を観察しよう

種子散布の中には、動物にくっついて運ばれるものもあります。ここでは、とげでくっついて運ばれる種子や果実の形を観察してみましょう。

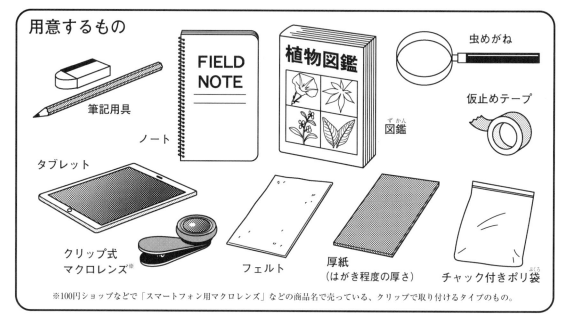

用意するもの

筆記用具

ノート

FIELD NOTE

植物図鑑

図鑑（ずかん）

虫めがね

仮止めテープ

タブレット

クリップ式マクロレンズ※

フェルト

厚紙（はがき程度の厚さ）

チャック付きポリ袋（ぶくろ）

※100円ショップなどで「スマートフォン用マクロレンズ」などの商品名で売っている、クリップで取り付けるタイプのもの。

動物にくっついて運ばれる種子

犬の散歩などで草原や林の中を通ったときに、知らないうちに服や犬の毛に種子や果実がくっついていることがあります。

種子の中には、このように人や動物の体にくっついて遠くへ運ばれる「動物散布」をするものがあり、こうした種子や果実には引っかかりやすいとげがついています。

とげのほかにも、オオバコのように粘液（ねんえき）を出して動物にくっつき、運ばれる種子や果実もあります。

この紙面は、コピーすると、理科の授業や科学クラブの「観察テキスト」として配れるように編集

とげを観察してみよう

オオオナモミ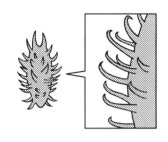
コセンダングサ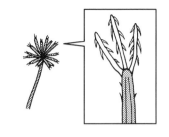
アレチヌスビトハギ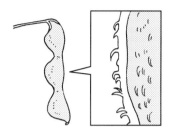

　くっつく種子や果実を拾ったら、とげの部分を虫めがねやクリップ式マクロレンズをつけたタブレットで拡大して観察してみましょう。多くの場合、とげの先端にかぎやかえしがついていて、引っかかりやすく、取れにくい仕組みになっています。

※オオオナモミ・コセンダングサ・アレチヌスビトハギは、いずれも外来種です。在来種の生育地に広がらないよう、観察に使った果実は「燃えるごみ」として廃棄しましょう。

フェルトにくっつけてみよう

①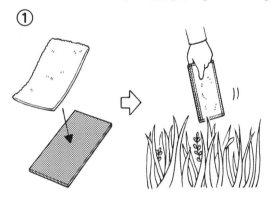
②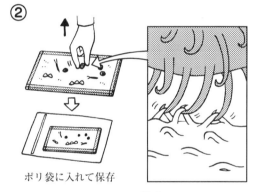
ポリ袋に入れて保存

　厚紙と同じ大きさに切ったフェルトを仮止めテープで厚紙に貼り、持ったまま草原や林の中を歩くと、種子や果実がくっつきます。

　種子や果実のとげが繊維に引っかかっている様子を、虫めがねやクリップ式マクロレンズをつけたタブレットで観察してみましょう。

くっつく果実をヒントに作られた製品

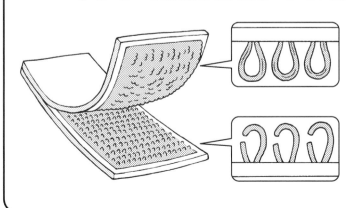

　接着剤を使わなくてもくっつけることができる「面ファスナー」は、かぎが先端についたとげでくっつく果実がヒントとなり、開発されました。輪がある面と、かぎがある面がセットになっていて、合わせるとかぎが輪に引っかかり、面同士がくっつきます。

だれでもできる ためしてみよう たのしい 観察

（　）年（　）組　氏名（　　　　　　　　　）

監修　横浜市立大学　木原生物学研究所　嶋田幸久先生

イチョウの黄葉を観察してみよう

　秋になると、イチョウの葉が緑色から黄色に変わります。葉の色の変化を観察するとともに、1年間を通じてイチョウの木がどのように変わっていくのかも記録してみましょう。

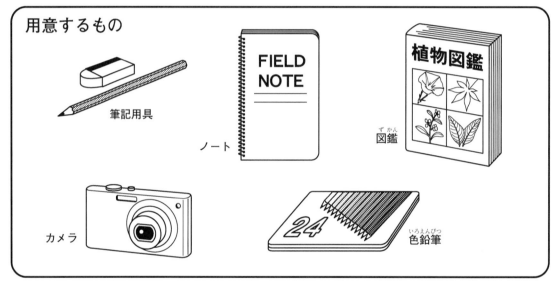

用意するもの

FIELD NOTE

植物図鑑

筆記用具

ノート

図鑑（ずかん）

カメラ

色鉛筆（いろえんぴつ）

葉が黄色くなるのはなぜ？

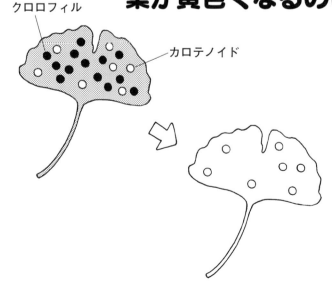

クロロフィル

カロテノイド

　葉には緑色のクロロフィル（葉緑素）と黄色のカロテノイドが含まれており、春から夏の間はクロロフィルが多いため、緑色に見えます。秋になると、葉のクロロフィルが分解される一方、カロテノイドは葉に残るため、葉は黄色く見えるようになります。これを「黄葉」といいます。クロロフィルと結合していたタンパク質が養分として幹に吸収されると、葉は枝から切り離され、落葉します。
　イチョウのほか、イタヤカエデやエノキなども黄葉します。

　この紙面は、コピーすると、理科の授業や科学クラブの「観察テキスト」として配れるように編集

イチョウの葉の１年間の変化を観察

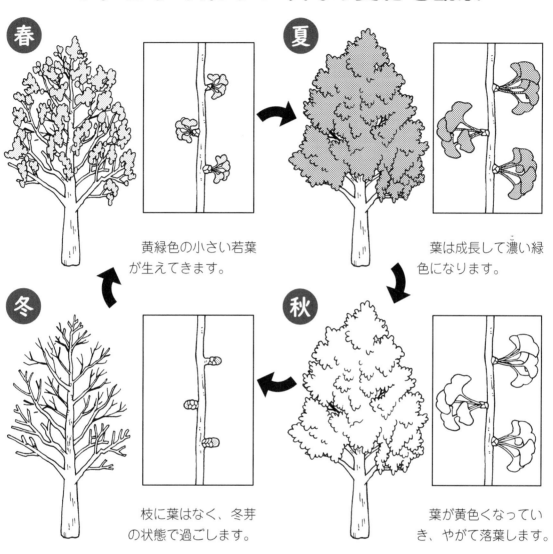

春 黄緑色の小さい若葉が生えてきます。

夏 葉は成長して濃い緑色になります。

秋 葉が黄色くなっていき、やがて落葉します。

冬 枝に葉はなく、冬芽の状態で過ごします。

いろいろな段階の黄葉を見てみよう

　黄葉が始まる時期は日当たりや気温によって異なるため、黄葉の様子は木の状況により異なります。また、同じ木でも黄葉がいっせいに始まるわけではありません。緑色から黄色に変わる途中のさまざまな葉を観察してみましょう。

だれでもできる ためしてみよう たのしい観察

（　）年（　）組　氏名（　　　　　　　　　　）

監修　滋賀県立琵琶湖博物館　亀田佳代子先生

日本に生息するウの仲間の観察

ウは「鵜飼い」でもよく知られる水鳥で、水の中に潜って魚を捕まえます。国内にはカワウ、ウミウ、ヒメウ、チシマウガラスの４種類がすみ、中でもよく見られるカワウとウミウはよく似ています。どのような水鳥か、調べて観察してみましょう。

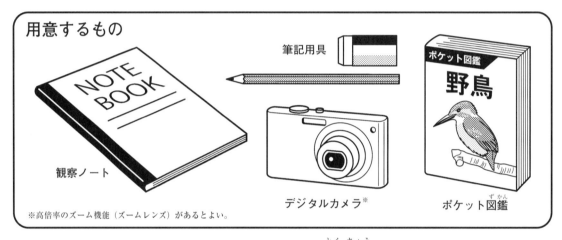

用意するもの

観察ノート

筆記用具

デジタルカメラ※

ポケット図鑑

※高倍率のズーム機能（ズームレンズ）があるとよい。

ウの仲間の特徴

日本国内で見られるウは４種類で、どのウも姿が全体的に黒く、水中に潜って魚を捕まえます。また、同じ水鳥のカモ類と比べると羽に脂分が少なく水をはじかないので、翼を広げて羽を乾かす姿がよく見られます。１か所に集まって巣作りし、コロニー（集団繁殖地）をつくります。

この紙面は、コピーすると、理科の授業や科学クラブの「観察テキスト」として配れるように編集

日本で見られる 主なウの仲間

◎主に見られるのは、下の3種類。ほとんどが留鳥か季節移動をする鳥で、国内の越冬地と繁殖地の間で小さな渡りをします。

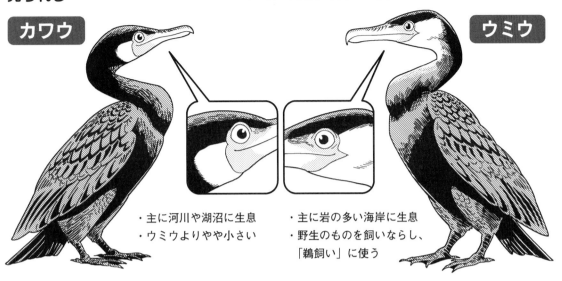

カワウ
・主に河川や湖沼に生息
・ウミウよりやや小さい

ウミウ
・主に岩の多い海岸に生息
・野生のものを飼いならし、「鵜飼い」に使う

生息場所の違い

カワウは木の上、ウミウとヒメウは岩場に巣作りします。

ヒメウ

頭の婚姻色の違い

カワウ　ウミウ　ヒメウ

・主に岩の多い海岸に生息
・ウミウ、カワウより小さい

繁殖期に入ると、頭や足の付け根の色や形が変わります。

生息域を広げるカワウ

　もともと日本の各地で見られていたカワウですが、1960～70年代に河川の水質悪化で餌となる魚が減り、有害物質の影響も受けたほか、土地開発により巣作りの場所が消失したことなどで激減しました。しかし、1980年代以降に回復して数が増えると生息域が拡大し、人の生活圏と重なる地域では、漁業や住環境への影響が心配されています。

だれでもできる ためしてみよう たのしい実験

（　）年（　）組　氏名（　　　　　　　　　）

監修　京都女子大学 名誉教授「鶴と卵の研究所」所長　八田一

卵黄と卵白が逆転した「黄身返し卵」を作ろう

通常のゆで卵は内側が黄色で外側が白色ですが、殻を割らずに卵黄と卵白が混ざった状態でゆでると、固まる温度の違いから、卵黄と卵白が逆転した「黄身返し卵」を作ることができます。

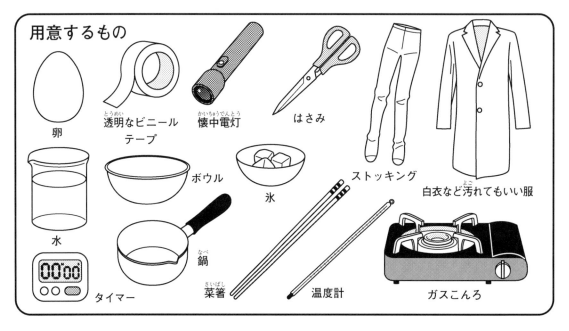

用意するもの

卵　／　透明なビニールテープ　／　懐中電灯　／　はさみ　／　ストッキング　／　白衣など汚れてもいい服　／　水　／　ボウル　／　氷　／　鍋　／　タイマー　／　菜箸　／　温度計　／　ガスこんろ

殻を割らずに卵を混ぜるには？

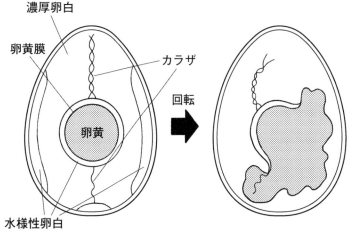

濃厚卵白　／　卵黄膜　／　カラザ　／　卵黄　／　回転　／　水様性卵白

カラザによって卵の中央に固定された卵黄の周りには、粘度が異なる水様性卵白と濃厚卵白があります。通常は、卵黄を包む卵黄膜によって、卵黄と2種類の卵白が勝手に混ざることはありません。

しかし、卵をぶんぶんごまのように高速で回転させると、カラザが切れて卵黄膜が破れるため、殻を割らなくても卵黄と粘度が低い水様性卵白が混ざります。

生物

この紙面は、コピーすると、理科の授業や科学クラブの「実験テキスト」として配れるように編集

卵黄と卵白の固まる温度の違い

温度

- 80℃ — 完全に固まる（卵白）
- 完全に固まる（卵黄）
- 70℃ — 卵白／卵黄
- 固まり始める（卵黄）
- 60℃ — 固まり始める（卵白）

水様性卵白と濃厚卵白は約60℃になると固まり始め、80℃で完全に固まります。一方、卵黄は約65℃から固まり始め、75℃付近で完全に固まります。完全に固まるのは卵黄の方が早いため、卵黄と水様性卵白が混ざった状態の卵をゆでると、外側で水様性卵白と混ざった卵黄が先に固まり、残った濃厚卵白が内側で固まるため、「黄身返し卵」が出来上がります。

黄身返し卵を作ろう

①
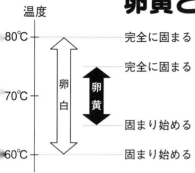

※卵黄と卵白が分かれた状態の卵は光を通します。

卵が割れないように隙間なくテープを巻きつけ、ストッキンの中央に入れて両側を固く結びます。この状態の卵に下からイトを当てると、全体的に明るく見えます。

②
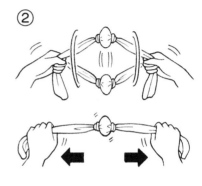

※卵が割れて中身が飛び散ることがあるので、周りに人がいない場所で行いましょう。

ストッキングの両端を持って100回以上回してから左右に引くと、「ブーン」と鳴って回転します。これを5〜6回行います。

③
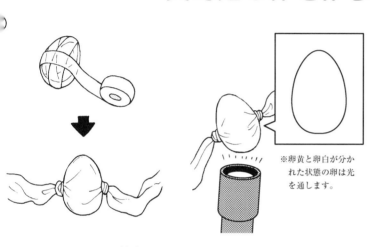

※卵全体に行き渡った卵黄は光を通しません。

④

※火を使う時は、必ず大人と一緒に行ってください。

⑤
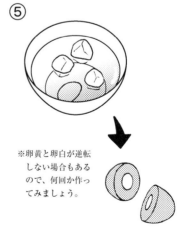

※卵黄と卵白が逆転しない場合もあるので、何回か作ってみましょう。

卵に下からライトを当て、よりも暗くなっていたら、を取り出します。

水と卵を鍋に入れ、転がしながら中火で加熱します。85℃になったら、温度を保ちながら10分間ゆでます。その後、火を止めて5分間置いておきます。

卵を氷水で冷やし、殻をむいて割ります。外側が黄色、内側が白色になっていたら完成です。

ります。なお、本紙面のすべてまたは一部にかかわらずインターネット上への転載はできません。

だれでもできる ためしてみよう たのしい観察

（　）年（　）組　氏名（　　　　　　　　）

監修　千葉県立中央博物館 上席研究員　高橋直樹先生

参考『全農教　観察と発見シリーズ　石ころ博士入門』高橋直樹・大木淳一 著 全国農村教育協会 刊

観察して石の歴史を考えよう

　川原で拾うことができる石は、どれも長い時間をかけてそこにたどり着いたものです。石を観察し、チャートや図鑑ででき方を予想し、石の歴史を考えてみましょう。

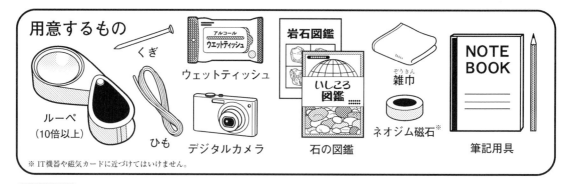

用意するもの

くぎ　ウェットティッシュ　岩石図鑑　いしころ図鑑　雑巾　ネオジム磁石※　NOTE BOOK

ルーペ（10倍以上）　ひも　デジタルカメラ　石の図鑑　筆記用具

※ IT機器や磁気カードに近づけてはいけません。

地学

準備

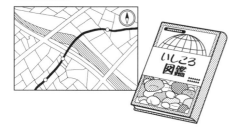

　理科の先生、家族、博物館などに相談しながら、身近な川原で石の観察ができるところを探してみましょう。行き方や危ないところ、気をつけることについても、あらかじめ確認します。観察場所が決まったら、当日の観察をより楽しむために、右の「石のでき方考察チャート」に加えて、川原の石の図鑑や、石について詳しく学ぶことができる本を準備しておきましょう。

石を拾って観察してみよう

①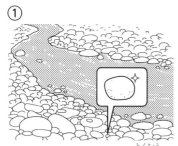

　川原で、いろいろな特徴を持った石を拾います。特徴がよくわかるように、ぬらしながら採集しましょう。

②-1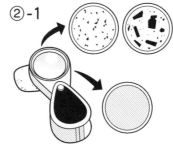

　石のほこりを洗い流し、雑巾で拭いてから、ルーペで石の表面の様子をよく観察します。写真も撮りましょう。

②-2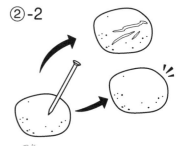

　粒が見えなかった石は特に、くぎでしっかりと引っかいてから手で拭い、傷がついたかどうかを確認します。

この紙面は、コピーすると、理科の授業や科学クラブの「観察テキスト」として配れるように編集

石のでき方考察チャート

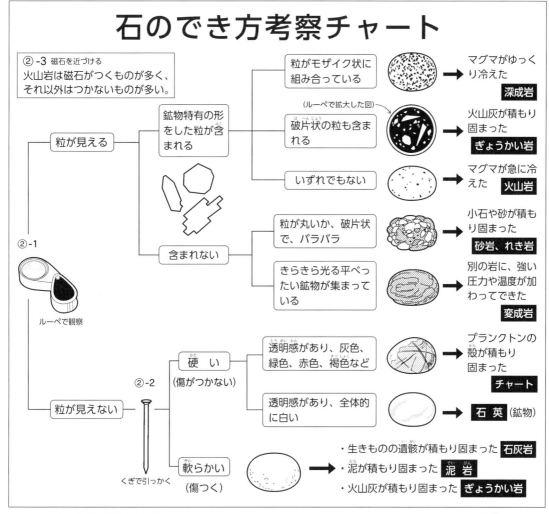

② -3 磁石を近づける
火山岩は磁石がつくものが多く、それ以外はつかないものが多い。

②-1
ルーペで観察

粒が見える

鉱物特有の形をした粒が含まれる

粒がモザイク状に組み合っている → マグマがゆっくり冷えた 深成岩

（ルーペで拡大した図）
破片状の粒も含まれる → 火山灰が積もり固まった ぎょうかい岩

いずれでもない → マグマが急に冷えた 火山岩

含まれない

粒が丸いか、破片状で、バラバラ → 小石や砂が積もり固まった 砂岩、れき岩

きらきら光る平べったい鉱物が集まっている → 別の岩に、強い圧力や温度が加わってできた 変成岩

②-2
くぎで引っかく

粒が見えない

硬い（傷がつかない）

透明感があり、灰色、緑色、赤色、褐色など → プランクトンの殻が積もり固まった チャート

透明感があり、全体的に白い → 石英（鉱物）

軟らかい（傷つく）

・生きものの遺骸が積もり固まった 石灰岩
・泥が積もり固まった 泥岩
・火山灰が積もり固まった ぎょうかい岩

---

② -3
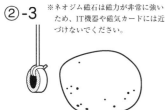
※ネオジム磁石は磁力が非常に強いため、IT機器や磁気カードには近づけないでください。

拾った石のそれぞれに、ひもにつるしたネオジム磁石を近づけてみて、磁石を引きつけるかどうかを調べます。

③

岩石図鑑

石の特徴、種類の予想、予想の理由などをノートにまとめましょう。複数の観察場所で記録して、比べましょう。

④

博物館などで自分の予想を確認して、疑問点や、川原以外で石が観察できる場所についても聞いてみましょう。

発展 どこから来た石かを調べてみよう

観察した石の中で、目立つ特徴のある石、多く見つかった石など、気になる石についてまとめましょう。博物館や、地域の地質に詳しい人に、それらの石がどこから来た可能性があるのか、またその理由を詳しく教えてもらいましょう。

だれでもできる ためしてみよう たのしい実験

（　）年（　）組　氏名（　　　　　　　　　　　）

監修　北翔大学 教育文化学部　横山光先生／秋田大学 大学院教育学研究科　林信太郎先生

２種類の入浴剤で噴煙と火砕流を再現

　火山が噴火すると、噴煙や火砕流が発生します。薄型水槽を作り、水を空気に見立てて、油脂系入浴剤で噴煙を、無機塩類系入浴剤で火砕流を再現してみましょう。

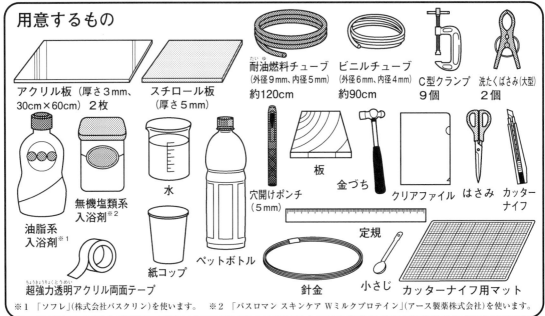

用意するもの

- アクリル板（厚さ3mm、30cm×60cm）2枚
- スチロール板（厚さ5mm）
- 耐油燃料チューブ（外径9mm、内径5mm）約120cm
- ビニルチューブ（外径6mm、内径4mm）約90cm
- C型クランプ 9個
- 洗たくばさみ（大型）2個
- 油脂系入浴剤※1
- 無機塩類系入浴剤※2
- 水
- ペットボトル
- 穴開けポンチ（5mm）
- 板
- 金づち
- クリアファイル
- はさみ
- カッターナイフ
- 超強力透明アクリル両面テープ
- 紙コップ
- 針金
- 定規
- 小さじ
- カッターナイフ用マット

※1 「ソフレ」（株式会社バスクリン）を使います。　※2 「バスロマン スキンケア Wミルクプロテイン」（アース製薬株式会社）を使います。

①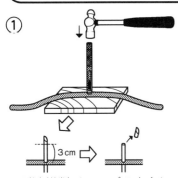

耐油燃料チューブの中心にポンチを当てて金づちでたたき、穴を開けます。先を斜めに切ったビニルチューブを通し、斜めの部分を切ります。

②

ペットボトルの上半分で作ったカップに針金をかけます。ふたの中央にポンチで穴を開け、ビニルチューブの他方の端を①と同様に穴に通します。

③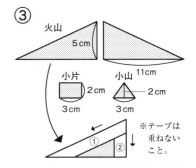

スチロール板で図のように火山、小山、小片を作り、裏に両面テープを貼ります。火山の両面テープは、図のように斜面を先に貼ります。

この紙面は、コピーすると、理科の授業や科学クラブの「実験テキスト」として配れるように編集

④
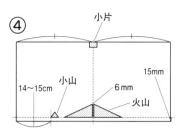

アクリル板の図の位置に火山、小山を貼ります。火山には6mmの隙間(すきま)を空けます。上の中央に小片を貼ります。

⑤
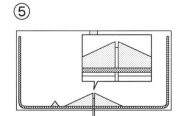

①のビニルチューブの先端を火山の隙間に入れ、アクリル板の下から側面に沿って耐油燃料チューブを置きます。

⑥
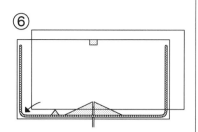

上からもう1枚のアクリル板をかぶせます。耐油燃料チューブが2枚の板からはみ出ないようにしましょう。

⑦
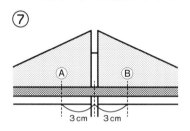

火山の中心から両側3cmのA、Bの位置にクランプをつけます。耐油燃料チューブより上につけましょう。

⑧
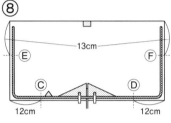

C、Dにクランプをつけた後、側面のホースが板に挟(はさ)まっていることを確認し、E、Fにクランプをつけます。

クランプのつけ方

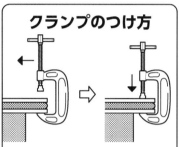

机から板が少し出た状態でクランプを差し込み、ねじを締(し)めます。締め過ぎないようにしましょう。

⑨
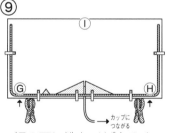

板の下に洗たくばさみをつけて、そのすぐ外側(G、H)とIにクランプをつけます。水槽を立ててみましょう。

実験の手順

①

油脂系入浴剤 小さじ2 水 小さじ4

無機塩系入浴剤 小さじ1 水 小さじ6

紙コップ(1)に油脂系入浴剤と水、(2)に無機塩類系入浴剤と水を入れ、混ぜます。

②
※必ずカップの針金を水槽にかけておくこと。

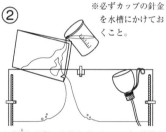

※水漏れが起こる場合は、クランプの位置を調整する。

縦半分に切ったクリアファイルを水槽の中に差し込み、水600mLを注(そそ)ぎます。

③
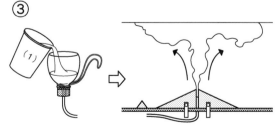

カップを水面より下げてビニルチューブ内の空気を抜いてから紙コップ(1)の液体を注ぎ、カップを高く上げると、火山から入浴剤が噴煙のように上がり、広がっていきます。

④
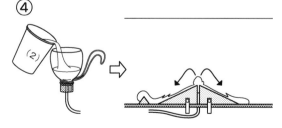

続いて紙コップ(2)の液体を入れ、カップを上げると、入浴剤が火山から上がる途中で崩(くず)れ落ち、火砕流のように火山の斜面を流れて隣(となり)の小山を乗り越えていきます。

地質年代表と生物の変遷

46億年前の地球の誕
それぞれの地質時代で

監修　千葉大学教育学部理科教育講座　泉賢太郎先生

地学

	先 カ ン ブ リ ア 時 代			
	冥 王 代	始 生 代	原 生 代	
	地球の誕生	生物の誕生 / シアノバクテリアの出現	酸素の急増	多様な爆発的
	46億年前	40億年前	25億年前	5億390

	顕		
	古 生 代		
デボン紀	石炭紀	ペルム紀	
魚類の繁栄 両生類の出現	シダ植物、昆虫類、両生類の繁栄 単弓類（哺乳類の祖先を含む）の出現	は虫類の出現 フズリナの繁栄	最大の大量絶滅
3億5900万年前	2億9900万年前		2億5200

顕 生 代					
新 生 代					
古第三紀			新第三紀		第四
暁新世	始新世	漸新世	中新世	鮮新世	更新世
鳥類、哺乳類、被子植物の繁栄 南極氷床の発達			北半球氷床の発達 日本海の形成 （日本列島の大陸からの分離）		人類の進化 氷期・間氷期の 大型哺乳類の
5600万年前	3400万年前	2300万年前	533万年前	258万年前	1万2000

この紙面は、コピーすると、理科の授業や科学クラブの「資料」として配れるように編集して

今日まで、いろいろな生物が誕生、また絶滅してきました。下表で地球と生命の歴史の概要を学び、
┊生物や環境は何か、地質時代の境界で発生した特徴的な出来事は何かについて、調べてみましょう。

顕	生	代	
古	生	代	
カンブリア紀	オルドビス紀	シルル紀	
三葉虫等の 節足動物の出現	海洋生物の「適応放散※」 ※起源の同じ生物が体のつくりを変えて新たな生活場所を開拓したり、新たな生態を獲得したりして、多様化が進むこと。	陸上植物の 本格的な上陸	
4億8500万年前	4億4400万年前	4億1900万年前	

		代	
中	生	代	
三畳紀	ジュラ紀	白亜紀	
恐竜、哺乳類の 出現	海生は虫類（魚竜・首長竜など）、 恐竜、裸子植物の繁栄 鳥類の出現	恐竜の繁栄 被子植物の出現	大量絶滅 / いん石衝突による、生物の
2億100万年前	1億4500万年前	6600万年前	

中期更新世が「チバニアン期」となる

　新生代第四紀更新世は四つのステージに分かれ、「ジェラシアン期」と「カラブリアン期」の二つは、すでに名称が決まっていました。

　2020年1月、千葉県の養老川沿いの「千葉セクション」という地層に残された地磁気逆転の高精度な年代値データが決め手となり、この地層が更新世の前期と中期の境界を定義する国際境界模式地（GSSP）に正式に認定されました。それに伴い、それまでは「中期更新世」と呼ばれていたステージ（約77.4～12.9万年前）の名称が「チバニアン期」となりました。

第四紀						
更新世				完新世		
ジェラシアン	カラブリアン	チバニアン	後期更新世※	グリーンランディアン	ノースグリッピアン	メガラヤン
GSSP	GSSP	**GSSP**		GSSP	GSSP	GSSP

※ステージの名称は未定

だれでもできる ためしてみよう たのしい観察

（　）年（　）組　氏名（　　　　　　　　　）

監修　東京工業大学 地球生命研究所　関根康人先生

望遠鏡が観測する宇宙の画像を見てみよう

　ジェイムズ・ウェッブ宇宙望遠鏡は、地球から150万km離れた位置から観測画像を送ってきています。遠い星や銀河の画像をウェブサイトで見てみましょう。

用意するもの

タブレット※1

リモートコントローラー（リモコン）※2

※1 インターネットにつながっている端末。宇宙の画像を見るだけならパソコンなどでも可能です。
※2 テレビや照明、空調を操作する赤外線方式のもの。

ジェイムズ・ウェッブ宇宙望遠鏡とは？

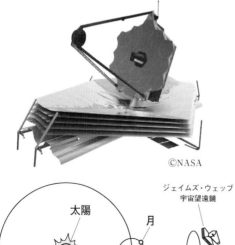

©NASA

　ジェイムズ・ウェッブ宇宙望遠鏡は、ハッブル宇宙望遠鏡の後継として2021年に打ち上げられました。地球から150万km離れた位置で遠方の宇宙を観測します。地球外から観測するので、大気のゆらぎによる影響がなく、鮮明な画像を撮影することができます。

　この望遠鏡は、六角形の鏡を18枚組み合わせた口径6.5mの主鏡を持ち、主に赤外線を観測しています。遠くにある星の光は赤外線として届くため、遠方の星の観測を目的としています。公開されている観測画像は、波長ごとに色がつけられたものです。

　今後、宇宙の初期の姿や銀河の形成、星の誕生、地球外生命の存在を解き明かす手がかりを得ることが期待されています。

　この紙面は、コピーすると、理科の授業や科学クラブの「観察テキスト」として配れるように編集

遠い星や銀河の画像を見てみよう

ジェイムズ・ウェッブ宇宙望遠鏡（英語）

©NASA, ESA, CSA, STScI

観測を始めたばかりで、まだ画像は多くありません。公開されている画像は精細で、生まれたばかりの星や密集する銀河の姿が見られます。ウェブサイトは英語ですが、「イメージギャラリー（Image Gallery）」で画像一覧が表示されます。

https://
webbtelescope.org

ハッブル宇宙望遠鏡（英語）

©NASA, ESA, A. Simon (Goddard Space Flight Center), M.H. Wong (University of California, Berkeley), and the OPAL Team

1990年から30年以上も観測を続け、膨大な数の惑星や銀河の画像を残しています。

https://hubblesite.org

すばる天体望遠鏡

©国立天文台

国立天文台ハワイ観測所にある望遠鏡で、口径8.2mもの世界最大級の主鏡を持ちます。

https://www.
subarutelescope.org/jp/

目に見えない赤外線を「見る」には？

テレビや照明を遠くから操作するリモートコントローラー（リモコン）の多くは、赤外線で信号を送信しています。この赤外線は肉眼で見ることはできませんが、タブレットやデジタルカメラにリモコンの送信部分を映し、リモコンのボタンを押すと、画面では送信部が光って見えます。

※タブレットの背面カメラに赤外線カットフィルターがついていると、赤外線が映らない場合があります。その場合は前面カメラを使いましょう。

だれでもできる ためしてみよう たのしい観察

（　）年（　）組　氏名（　　　　　　　　　）

監修　気象予報士　岩槻秀明先生

花粉がつくり出す虹色の輪を観察する

　2月から4月にかけてスギの花粉が大量に飛散する時期に、太陽の周囲に何重もの虹色の輪ができる「花粉光環」が見られることがあります。この現象について調べてみましょう。

用意するもの

筆記用具
色鉛筆
カメラ
CD（DVD）※
NOTE BOOK
ノート
懐中電灯

※不要になったものを使いましょう。

花粉が飛散する時期に現れる「花粉光環」

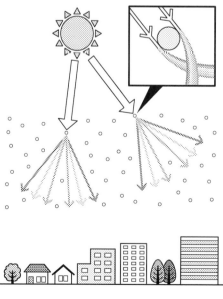

　風媒花であるスギの雄花は、丸くてとげのある小さい花粉を、2月から4月にかけて大量に飛散させます。

　小さい粒に光が当たると、後ろに回り込む「回折」という現象が起こります。さまざまな色の光が混ざっている白色光は、回折するときに分光します。

　大気中に大量に飛散した花粉に、白色光である太陽光が当たると、回折して分光するため、太陽の周囲に何重もの虹色の輪ができる「花粉光環」が見られることがあります。

この紙面は、コピーすると、理科の授業や科学クラブの「観察テキスト」として配れるように編集

花粉光環の観察

花粉光環が現れやすい条件
・雨上がりの翌日
・晴れていて雲がない
・気温が高い
・風が強い

　スギの花粉が大量に飛散する時期に、左のような条件がそろうと、花粉光環が現れやすくなります。天気予報などの「花粉情報」で、「この日は特に多く飛散する」といった予報が出ている日は、ほぼこの条件を満たしています。

注意！

　太陽を直視すると目を傷める恐れがあるため、以下の点を守って観察しましょう。
・絶対に太陽を直接見てはいけません。必ず、建物や街灯で太陽を隠して観察すること。
・長時間の観察は避けること。

　建物や街灯で太陽が隠れている場所を探して、太陽の周囲に何重もの虹色の輪が出ているかどうか確かめてみましょう。花粉光環が現れていたら撮影して、その時の日時や天候、色が分かれている様子などを記録します。

ＣＤを使って回折する光を見てみよう

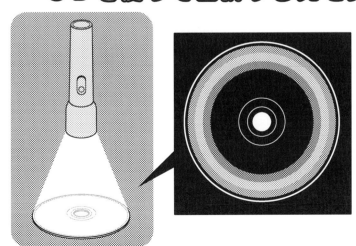

　ＣＤの表面には小さい穴がたくさん並んでおり、光が当たると反射光が回折し、分光します。
　暗い部屋にＣＤを置いて、上から懐中電灯で白色光を当ててみましょう。ＣＤを上から見ると、光が回折してできた虹色の輪が見えます。

知って おきたい！ 日本列島の成り立ちとフォッサマグナ

監修　静岡大学学術院理学領域（理学部地球科学科）　三井雄太先生

　日本列島は大陸から分かれた部分が沈降・隆起を繰り返し、現在の形になりましたが、その途中で二つに裂けた時にフォッサマグナ（大きな溝）ができました。新潟〜長野・山梨〜静岡・南関東の地下深くにあり、その痕跡は地上でも見られます。

● 約100万年前にできた日本列島

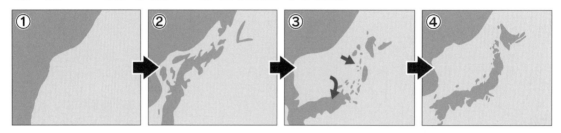

　もともと大陸の一部だった日本列島は（①）、約2000万年ほど前から大陸と分かれ始め（②）、日本海ができます。その後、東日本が東へ進み、沈降して海中へ、西日本は時計回りに回り始め、二つに裂けて海峡（後のフォッサマグナ）ができます（③）。やがて、伊豆半島などの島々が北進してぶつかり、東日本も隆起して、約100万年前に現在の日本列島の形がほぼできあがりました（④）。

● 地下の大きな溝「フォッサマグナ」

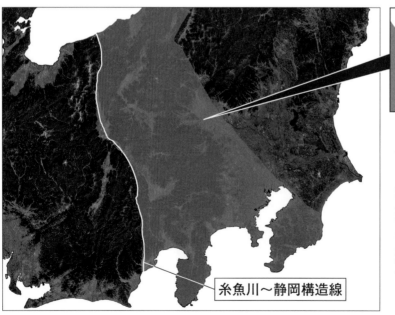

糸魚川〜静岡構造線

新しい地層

古い地層

　古い地層に溝があり、その上に由来の異なる新しい地層があります。東西の両縁には、境界（構造線）があります。新しい地層からは、かつては海の底であったことを示す痕跡が、化石などでたくさん見つかっています。

　明治時代に日本を訪れたドイツの地質学者のナウマンは、日本列島の地下深くに南北にわたって大きな溝があることに気づき、「フォッサマグナ（ラテン語で「大きな溝」の意）」と名づけました。西縁には糸魚川〜静岡構造線という断層があり、その一部は新潟県や山梨県の露頭で見られます。東縁は現在、新発田〜小出構造線と柏崎〜千葉構造線と考えられています。

地学

この紙面は、コピーすると、理科の授業や科学クラブの「学習テキスト」として配れるように編集

● 長野県や埼玉県などで見つかる海生生物の化石

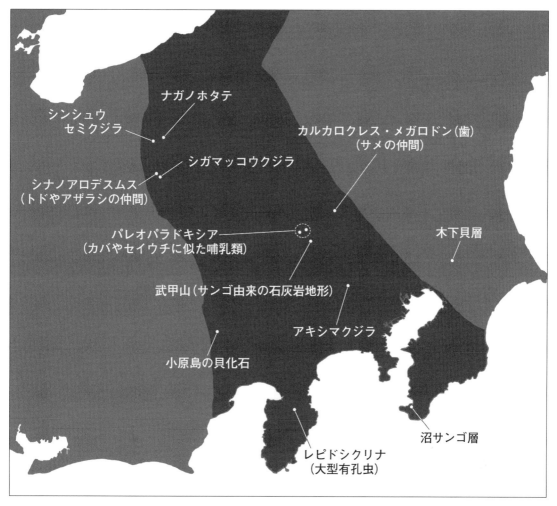

シンシュウ
セミクジラ

ナガノホタテ

カルカロクレス・メガロドン（歯）
（サメの仲間）

シガマッコウクジラ

シナノアロデスムス
（トドやアザラシの仲間）

パレオパラドキシア
（カバやセイウチに似た哺乳類）

木下貝層

武甲山（サンゴ由来の石灰岩地形）

アキシマクジラ

小原島の貝化石

沼サンゴ層

レピドシクリナ
（大型有孔虫）

　海から離れた山中でも、クジラなどの海生哺乳類、魚介類の化石がたくさん見つかっています。上に記したもののほかに、どんなものが見つかっているのか、調べてみましょう。

水上に出て関東平野、水中に沈んで瀬戸内海

　関東平野は、かつてほとんどが海の底にありましたが、隆起するとともに土砂や火山灰などによって海が埋まり、現在の平野となりました。一方、瀬戸内海は、海の水位の変化に伴って陸地となっていた時代があり、後に水位が上がって現在の内海となりました。

　そのため、関東平野では貝やサンゴなどの化石、瀬戸内海では海底からナウマンゾウの化石などが見つかっています。

大量の貝化石が見られる木下貝層（千葉県印西市）。

だれでもできる ためしてみよう たのしい観察

（　）年（　）組　氏名（　　　　　　　）

監修　石川県立大学 客員研究員・気象予報士　村井昭夫先生

「十種雲形」とは？

　雲の高さや形、雨を降らせるかどうかによって分類した10の基本形を「十種雲形」といいます。雲の種類がわかると、そこから大気の状態を推定して、天気の変化を予測することができるようになります。雲の「形」「大きさ」「色」「動き」などを手がかりにして、雲を分類してみましょう。

雲を見分けるポイント

形

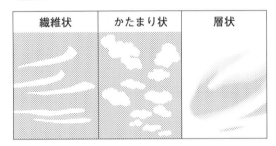

　雲の形が、流れるような「繊維状」か、小石や綿菓子のようなはっきりした形の「かたまり状」か、空全体を覆う「層状」かを見分けます。

大きさ

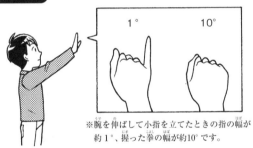

※腕を伸ばして小指を立てたときの指の幅が約１°、握った拳の幅が約10°です。

　地平線から天頂までの角度を90°としたときの「見かけの角度」で雲の大きさを見分けます。たとえば、巻積雲の一つの雲は小指に隠れる一方、高積雲は小指からはみ出ます。

雲底の色と雲の高さ

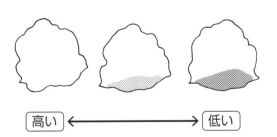

　高い場所にできる雲は薄いので、雲は真っ白か、あるいは空の青さが透けて見えます。低い場所にできる雲ほど太陽の光が通りにくくなるので、雲底は暗く濃い灰色になります。

動きの速さと雲の高さ

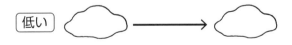

　高い雲より低い雲のほうが私たちに近いため、速く動いているように見えます。高層にある雲は、数千〜10000m以上もの高さにあるため、ゆっくりした動きに見えます。

この紙面は、コピーすると、理科の授業や科学クラブの「観察テキスト」として配れるように編集

雲の分類「十種雲形」

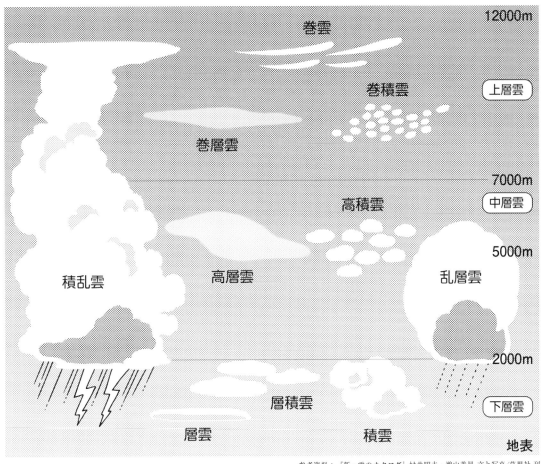

参考資料：『新・雲のカタログ』村井昭夫・鵜山義晃 文と写真/草思社 刊

上層雲	**巻 雲** 最も高い場所にできる繊維状の雲で、風に流されて細長い形になる。	**巻層雲** 空全体に薄く広がる雲で、空の青さが透けて見えることが多い。	**巻積雲** 真っ白、もしくはやや薄い白の粒状（つぶじょう）の小さな雲の群れが空に広がる。
中層雲	**高層雲** 空全体に均一に広がる明るい灰色の雲の層で、太陽がぼやけて見える。	**高積雲** 中くらいの白や灰色の雲のかたまりが広範囲（こうはんい）に散らばる。一つが巻積雲より大きい。	**乱層雲** 空全体を覆う灰色の厚い雲の層で、長時間にわたって弱い雨を降らせる。

下層雲	**積乱雲** 縦方向に発達した巨大（きょだい）な雲の柱。雲の下は暗く、強い雨や雷（かみなり）を伴（ともな）う。	**層 雲** 最も低い位置にできる雲で、山や建物に接することも多い。	**層積雲** 大きいかたまり状やうね状の雲が連なって、低い位置に広がる。	**積 雲** 白く大きなかたまり状の雲。雲底は光が当たらないので灰色になる。

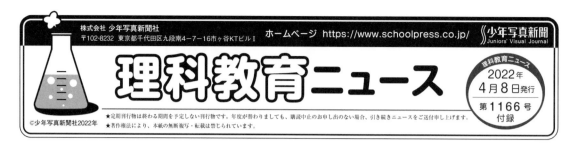
株式会社 少年写真新聞社
〒102-8232 東京都千代田区九段南4-7-16市ヶ谷KTビルⅠ
ホームページ https://www.schoolpress.co.jp/
少年写真新聞 Juniors' Visual Journal

理科教育ニュース

理科教育ニュース
2022年
4月8日発行
第1166号
付録

©少年写真新聞社2022年
★定期刊行物は終わる期間を予定しない刊行物です。年度が替わりましても、購読中止のお申し出のない場合、引き続きニュースをご送付申し上げます。
★著作権法により、本紙の無断複写・転載は禁じられています。

高さを速さにかえるおもちゃ

東京工業大学附属科学技術高等学校　長谷川大和

ニュートンのゆりかご

ニュートンのゆりかごは、カチカチボールなどとも呼ばれる装置で、図1に示すように質量が同じ5つの球がそれぞれ2本の糸でつるされた状態で接触しています。

図1 ニュートンのゆりかご

図2のように1個の球をつり合いの位置からずらして手を離します。はじめ、球は高いところにあるので位置エネルギーを持っています。その位置エネルギーが、手を離すことで運動エネルギーに変換され、ある速さでほかの球に衝突します。すると、他端の球が1個飛び出します。両端の2つの球以外の3つの球が動かないことは、子どもたちにとっては大変不思議です。

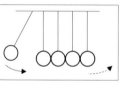
図2 1個衝突の場合

2個の球の位置をずらして衝突させると、他端の2個の球が飛び出します。同様に、3個の球の位置をずらして衝突させると他端の3個の球が飛び出します。この時、止まっている球は2つだけで、中心の球は常に動き続けます。多くの子どもたちは戸惑い、衝突現象の不思議さを実感することになります。

ニュートンのゆりかごのメカニズム

ニュートンのゆりかごを手軽に子どもたちに考察させるために、10円玉を使って図3のような実験に取り組ませてみましょう。

指で弾く　　静止　　机
⑩　→　⑩
定規（レールとして）

図3 10円玉の衝突実験（2枚）

10円玉を指で弾いて、ほかの10円玉に衝突させると、弾いた10円玉は衝突後に止まり、静止していた10円玉が動き出します。質量の同じ物体が正面衝突し、力学的エネルギーが保存される場合には、速度は互いに交換されることを、実験で確かめることができます。

次は、3枚の10円玉を使って、図4のような実験に取り組ませてみましょう。

指で弾く　　静止　静止　机
⑩　→　⑩⑩
定規（レールとして）

図4 10円玉の衝突実験（3枚）

弾いた10円玉と衝突する中央の10円玉の速度が交換され、さらに、中央の10円玉と右端の10円玉の速度が交換され、右端の10円玉が動くことになります。最初に静止して接触している2つの10円玉をわずかに離して実験すると、そのメカニズムはわかりやすいです（図5）。

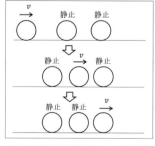
図5 速度が交換されていく様子

衝突現象は動きがあり、子どもたちには大変好評です。さまざまなパターンで子どもたちに実験させてみてはいかがでしょうか。

物理

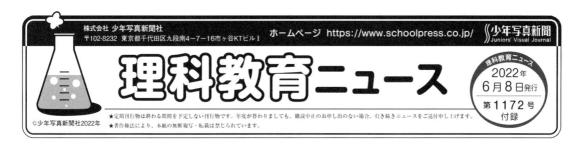

株式会社 少年写真新聞社
〒102-8232 東京都千代田区九段南4-7-16市ヶ谷KTビルI
ホームページ https://www.schoolpress.co.jp/
少年写真新聞 Juniors' Visual Journal

理科教育ニュース

理科教育ニュース
2022年
6月8日発行
第1172号
付録

光の性質と反射

立命館慶祥中学校・高等学校　渡辺儀輝

粒でも波でも起こる「反射」

ボールを壁に当てると跳ね返る。普通に起こる現象ですね。波が防波堤に当たって跳ね返るのもよく見かけます。粒が飛んできても、波がやってきても、この「跳ね返る」という現象、つまり「反射」は、粒でも波でも両方で確認できる現象ということです。

音は、空気の振動が伝わる現象で、壁に当たると跳ね返ります。ということは、反射だけでは、音は粒か波かの判定はできません。あなたの口から音の粒が飛んで相手の耳に入るのか、振動が空気という媒質（波を伝える物質）を伝わって相手に届いているのか、わからないのです。これを確かめるには、媒質である空気がない状況を作ればいいのです。粒は媒質がなくても飛びますが、波は媒質がなければ届きません。そしてご存じのように、空気がなければ音は届きません。ですから、音は粒ではなく波だということがわかります。

光は粒？ 波？

では、光の場合はどうでしょう？ 光は反射しますね。では、光は粒なのでしょうか、波なのでしょうか？

空気を抜いて真空状態にしても、光は届きます。真空に近い宇宙でも、遠い星の光が目に届いているので、媒質がなくても光は伝わります。だから、「光は粒である」と昔は考えられていました。光源からたくさんの光の粒が放射されて、物に当たって跳ね返り、私たちの目に飛び込んでくるのだと、そう信じられていたのです。万有引力の提唱者であるニュートンも、光は粒だと考えていました。

しかし、19世紀に、光の「干渉」が多くの検証実験によって確認されました。波特有の現象である干渉が観測されたことから、真空中でも伝わるにもかかわらず、「光は波である」ことが明らかになったのです。

では、真空中でも波を伝える媒質は何なのかということについて、当時の人々は、アリストテレスの時代に宇宙を満たしていると信じられていた仮想媒質「エーテル」が存在するのではないかと考えました。何とかエーテルを検知しようと数多くの実験が行われましたが、見つかりませんでした。光は、反射し、波特有の現象も観察されるのに媒質はわからないというとても不思議なものなのです。

20世紀初頭になり、アインシュタインによって「光は粒と波の両方の性質を持つ」という「光量子仮説」が唱えられ、これをきっかけに量子力学が花開きました。

反射を利用しているもの

反射は、身の回りの様々な場面で利用されています。たとえば、国立天文台ハワイ観測所にあるすばる望遠鏡は、反射望遠鏡です。また、家の屋上などにあるパラボラアンテナは、電波を反射させて受信しています。高速道路の横には、音を反射させて、近隣の住宅へ音を漏らさないための防音壁が設置されています。そして何より、あなたの部屋には光を反射させる鏡があります。反射はとても身近な物理現象なのです。

物理

株式会社 少年写真新聞社　ホームページ https://www.schoolpress.co.jp/　少年写真新聞 Juniors' Visual Journal
〒102-8232 東京都千代田区九段南4−7−16市ヶ谷KTビルI

理科教育ニュース

理科教育ニュース
2022年
6月18日発行
第1173号
付録

光の分散とレンズの色収差

立命館慶祥中学校・高等学校　渡辺儀輝

物理

ニュートンの発見と色収差

イギリスのアイザック・ニュートンは、万有引力や数学の微分積分に関する研究だけではなく、光の研究でも素晴らしい実績を上げ、その集大成を著書『光学※』に残しました。

当時は、古代のアリストテレスが唱えていた「光は本来白色である」こと、そして「ガラスなどに光が入射したとき、屈折することによって色を帯びること」が、確かな証拠もなく信じられていました。ニュートンは三角柱のガラスであるプリズムの実験を通して「太陽の白い色の光は、すべての色の光が混ざったもの」そして「色によって屈折する角度が違うのは、屈折率が異なるから」という現代の認識にきわめて近い記述を残しています。彼がなぜ光がガラスによって様々な色に分離されてしまう原因の究明にこだわったのかというと、当時の屈折望遠鏡の欠点の解消のためだと考えられています。

真空からその物質に光が入ったとき、光の速さが何倍遅くなったのかという数値の逆数を「屈折率」といいます。例えば、速さが0.5倍になった場合は、屈折率は2となります。ガラスを通った赤の光はあまり遅くなりませんが、紫の光はかなり遅くなる性質を持っていて、ガラスに入射した白色光は、波長ごとに分離された状態で出てきます。この現象を「分散」といい、ガラスなどの媒体の屈折率が波長によって異なることが原因で生じるのです。レンズで像をつくるとき、1点に光が集まらず、赤や緑、紫などに分離されるため

※島尾永康 訳、岩波書店 刊

に収束せず、ピントが必ずぼやけてしまう「色収差」という現象が起こります。屈折望遠鏡がガラスのレンズを使っている以上、どうしてもこの分散による色収差を防ぐことはできませんでした。

そこで、ニュートンは小型の凹面鏡で光を集める、色収差のない「反射望遠鏡」をつくりました。今でも、同様の原理の反射望遠鏡は宇宙の奥深くの探査に活用されています。

色消しレンズの発明

こうした色収差の問題を解決できなかった屈折望遠鏡は、一時期は進歩が停滞しました。しかし、逆転の発想で色収差を解消する方法が考案されました。望遠鏡に使用する中央部が膨らんだ凸レンズとは逆の、中央部がへこんだ凹レンズを間に入れることによって、一度は分かれた光が、ふたたび1点に集まりピントが合うという「色消しレンズ」が発明されたのです。イギリスのホールが屈折率の異なる2種類のガラスを使って考案しましたが、彼は特許を申請せず、イギリスのドロンドが特許を取得します。そしてプリズム職人であり、太陽光のスペクトルの中に暗線を発見したことで有名なフラウンホーファーによって、色消しレンズを用いた屈折望遠鏡の実用化が達成されたのです。今では、屈折望遠鏡も反射望遠鏡もどちらも使われています。

現代はデジタルカメラの時代。レンズの色収差は、みなさんのスマートフォンの中でも、半導体技術とプログラムによって自動的に補正されています。

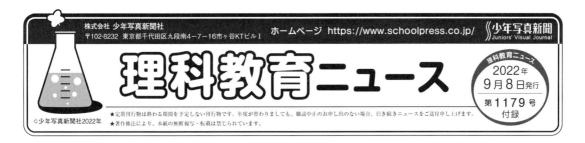
株式会社 少年写真新聞社
〒102-8232 東京都千代田区九段南4－7－16市ヶ谷KTビルI
ホームページ https://www.schoolpress.co.jp/
少年写真新聞 Juniors' Visual Journal

理科教育ニュース

理科教育ニュース
2022年
9月8日発行
第1179号
付録

©少年写真新聞社2022年
★定期刊行物は終わる期間を予定しない刊行物です。年度が替わりましても、購読中止のお申し出のない場合、引き続きニュースをご送付申し上げます。
★著作権法により、本紙の無断複写・転載は禁じられています。

くぎの頭に何本のくぎが載る？

愛知物理サークル　杉本憲広

「1本のくぎが立っています。このくぎの頭の上に14本のくぎを載せてください。磁石などを使ってはいけません」

これは、私が1990年代に渡米したときに現地の物理の先生から教わった科学パズルです。くぎを横向きにしてもせいぜい2本、その上に井桁のように積んでも不安定ですぐに落ちてしまいます。降参した私の目の前で、その先生は図1のように14本のくぎを組んで持ち上げて見事に載せたのです。安定して静止するくぎの美しさには、ただ驚くばかりでした。

図1 14本のくぎを組んで載せた状態

重心の位置と安定したつりあい

このパズルは、やじろべえのように、載せる物体の「重心」がそれを支える「支点」より低ければ、安定してつりあうことを教えてくれます。なぜこのことが成り立つのか、その理由を、やじろべえの重心が支点より低い場合と高い場合を比較して考えてみましょう。

やじろべえが受ける力は、重力と支点から受ける力です。図2は、重心が支点より低い場合（A）と高い場合（B）について2つの力の矢印を描いたものです。2つの力の大きさは等しくつりあう状態になります。しか

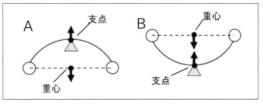

図2 やじろべえの重心が低い場合（A）と高い場合（B）

し、つりあった状態で安定するとは限りません。安定して静止するには、「つりあいからずれても元に戻る」ことが必要です。A、Bのやじろべえを時計回りに少し傾けます（図3）。Aは重力が反時計回りに回転させて傾きを戻しますが、Bは重力が時計回りに回転させ、傾きをさらに大きくします。Aのように、ずれを戻す働きこそが安定する条件なのです。

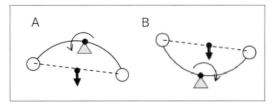

図3 少し傾いたときのやじろべえ

オープンエンドの教材として

この教材を、子どもたちの主体性や考える力を伸ばすために用いたのが、表題の課題「くぎの頭に何本のくぎが載る？」です。子どもたちは柔軟な思考力で自らの手を動かしながら学びます。そして予想もつかない結果をもたらすことも珍しくありません。私が参加した過去の科学実験イベントではリピーターが後を絶たず、最高記録は52本となりました。ぜひ、この記録に挑戦してください。

参考文献：愛知・三重物理サークル 著『いきいき物理わくわく実験3』日本評論社 刊.2011年

物理

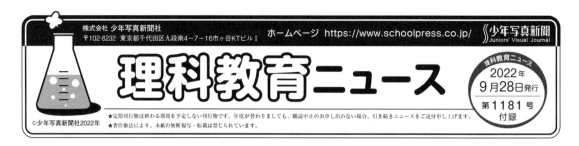

株式会社 少年写真新聞社
〒102-8232 東京都千代田区九段南4-7-16市ヶ谷KTビルI
ホームページ https://www.schoolpress.co.jp/

少年写真新聞
Juniors' Visual Journal

理科教育ニュース

理科教育ニュース
2022年
9月28日発行
第1181号
付録

©少年写真新聞社2022年
★定期刊行物は終わる期間を予定しない刊行物です。年度が替わりましても、購読中止のお申し出のない場合、引き続きニュースをご送付申し上げます。
★著作権法により、本紙の無断複写・転載は禁じられています。

カラー印刷の仕組みを学ぶ

日本分光株式会社　桑嶋幹

どうして色が見えるのか

ヒトの眼の網膜には、赤・緑・青の光を感じる3種類の細胞が存在します。私たちが見る色は、これらの細胞が光を受けたときの刺激の割合で決まります。赤と緑の細胞がほぼ均等に刺激を受けると黄に見え、すべての細胞がほぼ均等に刺激を受けると白に見えます。

図1は、リンゴとバナナの色の仕組みを示したものです。光源の光が白色光の場合、リンゴは青緑系の光を吸収し、白色光から青緑系の光を欠いた光を反射します。その光が網膜の赤を感じる細胞を刺激するため、赤く見えます。バナナは白色光のうちの青系の光を吸収し、太陽光から青系の光を欠いた光を反射します。その光が赤と緑を感じる細胞を刺激するため、黄に見えます。赤・緑・青の光の三原色は、ヒトの色覚に対応したものです。

図1 リンゴとバナナの色

色の三原色の混色は光の引き算

光の三原色で色を作る実験のように、色光を足し合わせて色を作ることを「加法混色」といいます。一方、光の吸収体である絵の具などの色材を混ぜると、吸収光の種類が増えて反射光の種類が減じていくため、黒ずんだ色になっていきます。そのため、色材を混ぜて色を作ることを「減法混色」といいます。

図2は、白色光で照らされた色の三原色の色材を示したものです。色が見える仕組みは図1のリンゴやバナナと同じです。掲示用写真ニュースのネコとウサギの絵は、3枚の透明な板にそれぞれ色の三原色で描いた絵を重ねたもので、赤・緑・青は図2と同じ原理で作られています。

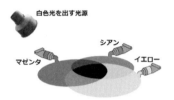

図2 色の三原色

カラー印刷の仕組み

カラー印刷は、色の三原色を使って色を表現していますが、3色のインクを混ぜ合わせているわけではありません。印刷物をルーペで拡大すると、小さな点の集まりが見えます。これを網点と呼びます。網点を観察すると、濃い色は大きく、薄い色は小さいことがわかります。色の三原色と黒のインクの組み合わせで網点を作り、様々な色を表現しています。

小さな色の点を並べて別の色を作ることを「並置加法混色」といいます。カラー印刷は、網点を作るインクによる減法混色と網点の集合による並置加法混色の組み合わせで様々な色を表現しています。

なお、印刷機によるカラー印刷は、別々に用意した4色の版を刷り重ねて印刷します。一方、インクジェットプリンタによるカラー印刷では、同時に4色のインクを紙上に噴射して網点を作り、様々な色を表現しています。

物理

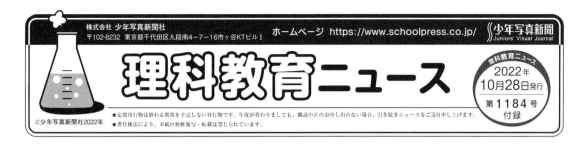

株式会社 少年写真新聞社
〒102-8232 東京都千代田区九段南4−7−16市ヶ谷KTビルI
ホームページ https://www.schoolpress.co.jp/
少年写真新聞 Juniors' Visual Journal

理科教育ニュース

理科教育ニュース
2022年
10月28日発行
第1184号
付録

超簡単手作りモーターで検証実験

鎌倉学園中学校・高等学校　市江寛

今号のモーターは、「単極モーター」と呼ばれるタイプのもので、よくあるクリップモーターよりも失敗が少なく、身近な材料で小さな子でもすぐに作れるのが特徴です。画びょうの針先の一点で支えるので、ほかの物を動かすのには不向きですが、フレミングの左手の法則が実によく当てはまり、モーターの原理を探らせるにはうってつけの教材です。クラブやイベントのほか、授業で一人に1つずつ作らせて探究活動を行うこともできます。

材料はすべて100円ショップでそろいます。一人分のコストは約35円です。材料の仕様、入手先は以下の通りです。

・プラスチックコップ：60mL 25個入り(セリア)
・フェライト磁石：直径約18mm 25個入り（セリアもしくはダイソー）
・アルカリ乾電池(単3)：5本入り(ダイソーの「DAISO&HW」。＋端子が下でも自立するもの)
・アルミニウムはく
・画びょう

詳しくは、次ページ「ためしてみよう」や、本校科学部員による作り方と動作原理の説明動画（右の二次元コード参照)をご覧ください。

作るのが簡単で原理がむき出しのこのモーターは、子どもたちの好奇心を大いに刺激します。「こんな物が本当に動くの？」と半信半疑でプラスチックコップのローターを載せた瞬間、ビュンビュンと回るのを見たときの驚きはひとしおです。原理を考えるモチベーションも上がり、自分が作ったモーターでフレミングの左手の法則を確認することができます。さらに、磁石や電池を逆にしたときの回転方向を事前に予想してからモーターで検証すると、理解も深まり、自信が持てます。電池を逆にしても自立するものが好都合です。

唯一の欠点

このモーターの唯一、かつ大きな欠点は、ほぼショート回路であるという点です。プラスチックコップのローターを電池に載せて通電し、何かに引っかかって動かない状態がほんの数秒続くだけでも、画びょうが触れないくらい熱くなります。危険であるばかりか、電池の消耗も激しくなり、後半の検証実験ができなくなってしまいます。その点を子どもたちにしっかり伝える必要があります。

マンガン乾電池を用いると発熱のリスクは軽減できますが、回り方に勢いがなくなり、インパクト、持続性、再現性が損なわれます。

調整は電池に載せる前に

時折、電池が消耗したわけでもないのに回らなくなることがあります。ローターの細長いアルミニウムはくの「腕」と磁石を包むアルミニウムはくを接触させるという条件を強調し過ぎると、真面目で丁寧な子ほどローターを載せたまま腕をつまんで磁石に接触させようとします。このとき、電池と接触している画びょうの針先がすぐに酸化してしまい、通電しなくなるようです。この場合は、ローターを引っくり返し、10円玉を入れてカラカラと転がすと、針先が磨かれて改善されます。

物理

株式会社 少年写真新聞社
〒102-8232 東京都千代田区九段南4−7−16市ヶ谷KTビルⅠ
ホームページ https://www.schoolpress.co.jp/
少年写真新聞社 Juniors' Visual Journal

理科教育ニュース

理科教育ニュース
2022年
12月8日発行
第1188号
付録

©少年写真新聞社2022年
★定期刊行物は終わる期間を予定しない刊行物です。年度が替わりましても、購読中止のお申し出のない場合、引き続きニュースをご送付申し上げます。
★著作権法により、本紙の無断複写・転載は禁じられています。

電気を通す「導電繊維」

立命館慶祥中学校・高等学校　渡辺儀輝

「電気を通す」とは？

物質を構成する原子は、中心にプラスの電荷を持つ原子核と、その周囲を回るマイナスの電荷を持つ電子という基本構造から成り立っています。電子は原子核との静電気力に引かれるため、外側に飛び出すことはなく、ましてや隣の原子にふらふらと移動することもありません。

しかし、電気をよく流す金属は、このような構造になっていないのです。金属の陽イオンが整然と積み上がっている中を、たくさんの電子が自由に動き回ることができます。この自由電子が動くことによって「担い手」となり、電流が流れます。つまり、「電気を通す」ということは、その物質に自由電子があることが条件なのです。

一方、プラスチックは金属とは異なります。原子の中の電子は、お互いの原子同士を結びつける「共有結合」という大事な役割があるため、動き回る自由電子はほとんどありません。ですから、プラスチックは電気を通しません。これは、代表的なプラスチックであるポリプロピレン、ポリエチレンなどとよく似た構造を持っているナイロンやポリエステル、アクリルなどの化学繊維も同様です。繊維の中には自由電子がなく、電流は流れません。そのため、これらは電子をため込んだり、放出したりする性質が強く、帯電しやすいため、静電気の実験でよく使われます。

さて、この化学繊維に、自由電子を持っているものを練り込んだり、編み込んだりした

らどうなるのでしょうか？ 一見すると普通の糸ですが、電気を通す導線のような「導電繊維」となるのです。導電性の高い金属や電気を通すカーボンブラックを入れる、繊維の表面を金属で覆う、金属を細く繊維化するなど、様々な化学繊維会社がこの研究にしのぎを削っています。

もともと、医薬品や精密機械を作る工場で、静電気で服にほこりがついたり、火花が散ったりするのを防ぐために、電気を通す繊維を使った帯電しない服を作ったことから、導電繊維の研究は始まりました。

身近に使われる導電繊維

導電繊維は、最近では100円ショップで見かけることもよくあります。スマートフォンの画面を人差し指で操作するというごく当たり前の動作には、電気の流れが大きく関係しています。スマートフォンの画面はわずかに帯電していて、指で触れることで画面から電子が逃げていくことを利用して操作しています。

しかし、化学繊維の毛糸で編んだ手袋は電気を通さないため、操作できません。そこで、指先の部分だけを導電繊維で作り、画面〜導電繊維〜指へと電気が流れるという仕組みの「スマートフォンを操作できる手袋」が売り出され、ヒットしました。

この導電繊維（導電糸）は10〜20mで500円程度で販売されています。金属線とは異なる導電繊維で、新たな回路を作って、斬新な点灯装置を作ってみましょう。アイデアひとつですばらしいデザインが完成します。

物理

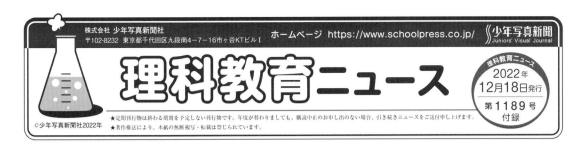
株式会社 少年写真新聞社
〒102-8232 東京都千代田区九段南4-7-16市ヶ谷KTビルI
ホームページ https://www.schoolpress.co.jp/
少年写真新聞 Juniors' Visual Journal

理科教育ニュース

理科教育ニュース
2022年
12月18日発行
第1189号
付録

©少年写真新聞社2022年
★定期刊行物は終わる期間を予定しない刊行物です。年度が替わりましても、購読中止のお申し出のない場合、引き続きニュースをご送付申し上げます。
★著作権法により、本紙の無断複写・転載は禁じられています。

空気を入れずに膨らむゴム風船

青森県板柳町少年少女発明クラブ　野呂茂樹

気体は、分子があらゆる方向に飛び回っている状態で、ほかの物体に衝突すると圧力を及ぼします。この圧力を「気圧」といい、分子の量や温度、体積によって決まります。

なぜ、ゴム風船は膨らむの？

ゴム風船（以下、風船）に息を吹き込むと、風船内の空気の分子が増えて気圧が高くなり、膨らみ始めます。同時にゴム膜が元に戻ろうとする弾性力も働きます。膨らむにつれて、風船内の気圧やゴム膜の弾性力は変化します。風船の外では周りの空気が風船を内側に向かって押しつけています。膨らむのが止まると「風船内の気圧＝ゴムの弾性力による圧力＋風船の外の気圧」となり、つり合います。風船が膨らむのかしぼむのかは、風船内外の圧力差（気圧差）が大きく影響します。

今回の実験では、風船の外の空気をポンプで抜いて減圧しています。そのため、風船の内外に気圧差が生じて、風船が膨らむのです。

ペットボトルや缶をつぶす

今回使っている減圧ポンプは、ペットボトルの空気を抜いてつぶすのが主な用途です。空気を抜くとボトル内の気圧が下がり、内外に気圧差が生じるためにつぶれます。

図1 つぶれたアルミ缶

さらに、ポンプに炭酸飲料用ペットボトルの先をカットしたものをつなげると、アルミ缶もつぶすことができます（図1）。

低温で沸騰するのはなぜ？

水の分子は常に動き回っていますが、外の空気に押さえられており、水温が低いと水面より外へ飛び出せません。空気を抜くと、水の分子を押さえる空気が減るため気圧が下がり、低い水温でも外へ飛び出して沸騰します。

3776mの富士山の頂上は空気が薄いため、約88℃で沸騰します。8848mのエベレストでは、約70℃でも沸騰するそうです。

フラスコ内にできる雲

雲は、水蒸気を含んだ空気の塊が上昇し、上空で周りの気圧が低くなるために膨張して温度が下がり、その際にちりを核として水蒸気が水の粒になることで発生します。

フラスコに湯を入れて水蒸気で満たしてから湯を捨て、線香の煙を入れてポンプでフラスコ内の空気を一気に抜くと、フラスコ内の温度が下がり、線香の煙の粒が核となって水蒸気が小さな水の粒に変わり、雲を再現することができます（図2）。

図2 フラスコ内に発生した雲

動画「ペットボトルつぶし器で
　　簡易減圧実験」
https://youtu.be/_7aoSLbHa48

物理

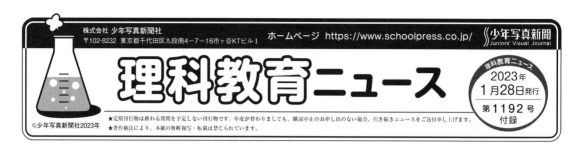
株式会社 少年写真新聞社
〒102-8232 東京都千代田区九段南4-7-16市ヶ谷KTビルI
ホームページ https://www.schoolpress.co.jp/
少年写真新聞 Juniors' Visual Journal

理科教育ニュース

理科教育ニュース
2023年
1月28日発行
第1192号
付録

©少年写真新聞社2023年
★定期刊行物は終わる期間を予定しない刊行物です。年度が替わりましても、購読中止のお申し出のない場合、引き続きニュースをご送付申し上げます。
★著作権法により、本紙の無断複写・転載は禁じられています。

伝統玩具「糸をのぼるクライミング人形」の仕組み

青森県板柳町少年少女発明クラブ　野呂茂樹

糸をのぼる人形

今回のおもちゃは、1本の糸の先端を手に持つかフックなどにかけ、垂れ下がったもう一方の糸の端を引っ張ったり緩めたりすると、人形が尺取り虫のように糸をのぼっていくというものです。

この人形は、今では木製のものがほとんどですが、私が子どもの頃は、サルのぬいぐるみの中に針金とばねで作られた仕掛けが組み込まれたものが露店などで売られていました。

人形のつくり

この人形を、紙で作ることができます。腕の2枚の紙に糸を軽く挟んでいます（図1）。挟み方としては、例えば、2枚の紙をステープラーで留めたり、紙に輪ゴムをかけて束ねるなどの方法が考えられます。

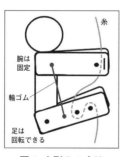

糸
腕は
固定
輪ゴム
足は
回転できる

図1 人形のつくり

今回の掲示用写真ニュースでは、はとめで2枚の紙を留めています。はとめの締め加減がポイントです。糸の端を持って人形をつり下げたときに滑り落ちず、糸を引っ張ると腕が糸をのぼる程度が目安です。糸を引っ張ったり緩めたりしながら、はとめの締め加減を決めてください。

人形の動き方

人形についた糸を下に引くと、足の部分で

は糸に大きな摩擦力が生じますが、腕の部分での摩擦力はあまり変化しないので、「足に働く摩擦力＞腕に働く摩擦力」となり、人形は上に動きます（図2）。このとき、輪ゴムは伸びています。

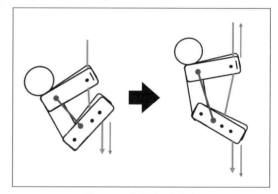

図2 下の糸を引いたとき

糸を下に引く力を弱めると、摩擦力の大きさの関係は逆になり、「足に働く摩擦力＜腕に働く摩擦力」となって、伸びた輪ゴムが弾性力により元に戻るため、足を引き上げます（図3）。

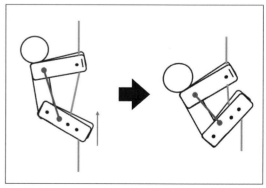

図3 引いた糸を緩めたとき

糸を横に引くと、人形をレンジャーの綱渡りのように水平に移動させることもできます。

株式会社 少年写真新聞社
〒102-8232 東京都千代田区九段南4−7−16市ヶ谷KTビルI
ホームページ https://www.schoolpress.co.jp/
少年写真新聞 Juniors' Visual Journal

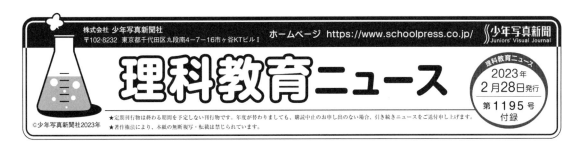

理科教育ニュース

理科教育ニュース
2023年
2月28日発行
第1195号
付録

身の回りの物の重心を考える

立命館慶祥中学校・高等学校 渡辺儀輝

重心は英語で「center of gravity」といい、「重力」という意味の「gravity」が入っています。物理学での重心の定義は、「空間的広がりをもって質量が分布するような系において、その質量に対してほかの物体から働く万有引力（重力）の合力の作用点であると定義される点のことである」となっています。たとえば、地球と月は、地球の表面から少し内側に位置する地球と月の質量の「共通重心」の周りを回っています。地球に住んでいると、私たちが静止していて月が回っている感覚になりますが、実はそうではないのです。

私たちが身近な力学的な現象において扱う「重心」という言葉は、万有引力については考慮しておらず、「質量中心」と同じ意味で使うことがほとんどです。地球表面上の重力はほぼ一様なので、物体を投げて回転させたときの回転の中心が質量中心であり、重心でもあります。しかし、重力が一様でない場所、例えば銀河全体や、ブラックホール近辺の物体の運動を考えるときは、重心と質量中心は一致しません。

重心の求め方

さて、地球上にある物体の重心を求める方法はとても簡単です。ある1点をつまんで物体をつり上げ、その点から鉛直線を描きます。そして、別の点をつまんで、再び鉛直線を描きます。その交点が重心です。では、「く」の字をしたブーメランの重心はどこにあるのでしょうか？ 端をつまむと鉛直線はほとんど空中になります。他方の端をつまむと、こ

れも鉛直線は空中に伸びます。鉛直線の交点はブーメランの中ではなく、くの字の内側にあることになります。確かに、ブーメランを飛ばすと、空中を中心に回転しますね。

回転をかけて金づちを放り投げると、木でできた柄の部分ではなく、金属の部分を中心にして回転します。すべて同じ材質なら重心は柄の部分になりますが、異なる材質からできているため、重心がずれていることがわかります。おもちゃでも、底面が曲面になっている板のいろんな場所に小さな人形を順番にバランスよく置いて遊ぶものがありますが、これも重心を意識する例のひとつですね。

人口重心

ちなみに、日本全国には約1億人の人たちがいろいろなところに散らばって暮らしていますね。ひとりの人間を同じ質量をもつ質点と仮定して、全国の平面上に展開させて計算された重心を「人口重心」といいます。国勢調査の結果から算出される日本の人口重心は、年々少しずつ南東へ移動しており、2015年には岐阜県関市（北緯35度34分、東経137度02分）となっていました。首都圏への人口集中が、この人口重心の移動の原因となっています。

一点で物体を支えることができ、その点を中心に回転するという重心は、構造物だけではなく、インテリアなどとしても活用され、私たちの生活の中によく見受けられます。バランスが崩れそうで崩れない……そんな動きの中には、必ず重心の考え方が潜んでいます。

物理

株式会社 少年写真新聞社
〒102-8232 東京都千代田区九段南4-7-16市ヶ谷KTビルI
ホームページ https://www.schoolpress.co.jp/
少年写真新聞 Juniors' Visual Journal

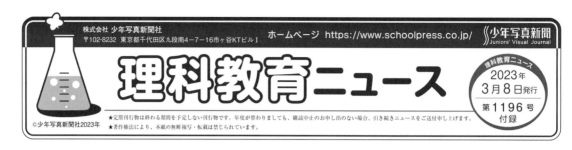

理科教育ニュース

理科教育ニュース
2023年
3月8日発行
第1196号
付録

スマートフォンやタブレットで科学写真を撮影

科学写真家　伊知地国夫

スマートフォンやタブレットが普及し、誰もが簡単に写真や動画を撮れるようになりました。機能も進化し、中でもスローモーション、タイムラプス、バースト撮影の機能は科学写真の撮影にも応用することができます。

スローモーション動画

スローモーション動画は、1秒間に撮るコマ数を増やして動画を撮影する機能です。通常の動画が1秒間に30コマ（30fps：fpsはframes per second）ですが、120fpsで撮影できる機種があります。240fpsやそれ以上の速さで撮影できるものもあります。120fpsで撮影し、通常の速度で再生すると、30fpsに比べて動きが4倍ゆっくりになります。

ミルククラウンなどの速い動きも、この機能で撮影することができます（図）。撮影モードで「スロー」を選びます。撮影スピードは「設定」で変えることができます。一般的には120fpsに設定されていますが、240fpsやそれ以上の速度であれば、より細かい動きを撮影することができます。

タイムラプス

インターバル撮影をした画像を自動的につなぎ、動画にする撮影方法がタイムラプスです。雲の動きや植物の成長など、数時間～数日の単位で動き、その場では動きがわからないものも、この機能で撮影して動画にすると、動きの様子がよくわかります。撮影モードで「タイムラプス」を選ぶか、タイムラプス撮影のアプリを使うことで、撮影間隔や撮影時間を設定することができます。

バースト撮影

高速連写機能で、1秒で10コマ程度の撮影ができます。撮影モードにして、シャッターを長押しすると、バースト撮影ができる機種が多いと思います。撮影する速度はスローモーション動画ほどではないのですが、より解像度の高い写真が撮影できます。

このように、搭載されている機能を使うだけでも、いろいろな写真が撮れますが、専用アプリを使うことで、さらに撮影の幅が広がります。なお、使う機器の種類や発売年度によって使用可能な機能に違いがありますので、お持ちの機種を確認してください。

物理

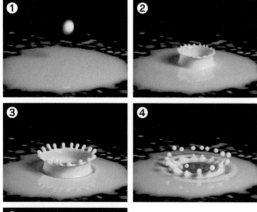

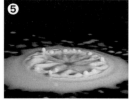

iPhoneのスローモーション動画（120fps）で撮影。120fpsでは、ミルククラウンのでき始めから終わりまでに、約5カットが撮れる。

図 スローモーション動画で撮ったミルククラウン

株式会社 少年写真新聞社
〒102-8232 東京都千代田区九段南4-7-16市ヶ谷KTビルI
ホームページ https://www.schoolpress.co.jp/

少年写真新聞
Juniors' Visual Journal

理科教育ニュース

理科教育ニュース
2022年
5月8日発行
第1169号
付録

©少年写真新聞社2022年

★定期刊行物は終わる期間を予定しない刊行物です。年度が終わりましても、購読中止のお申し出のない場合、引き続きニュースをご送付申し上げます。
★著作権法により、本紙の無断複写・転載は禁じられています。

熱対流が作る模様

北海道大学 大学院工学研究院　田坂裕司

レイリー・ベナール？ ベナール・レイリー？

　水や空気などの流体の層に、重力方向に温度差を加えることで生じる流れを「レイリー・ベナール対流（以下「対流」）」と呼びます。この現象は、フランスのベナールが鯨油を用いた実験を行って報告し、その後、イギリスのレイリー卿が発生条件と模様のサイズに関する理論的解釈を加えました。ちなみに、フランスでは「ベナール・レイリー対流」と呼ばれており、物理へのプライドの高さがうかがえます。

　対流は、温度が均一でないことに由来する浮力と、流体が持つ粘性力のバランスによって決まります。温度差が同じでも、シチューのように粘度の高い流体では対流が生じにくくなります。これらの指標としてレイリー数（Ra）があります。

$$Ra = \frac{g\beta\Delta T L^3}{\nu\kappa}$$

g：重力加速度　L：流体層の高さ
β：体積膨張率　ν：動粘性係数
ΔT：温度差　κ：熱拡散係数

この数が一定値（上下面の状態にも依存するが、1700程度）を超えると、対流が発生します。対流の模様は、きれいな六角形が有名ですが、層の上下を板で挟んできちんと実験すると、太巻きを並べたようなロール状の対流模様が観察されます。六角形になるのは、流体の表面張力の差が要因であることがわかっており、この現象を区別して「ベナール・マランゴニ対流」と呼ぶ場合があります。

　対流の様子は、レイリー数の増加とともに移り変わっていき、10^5程度の大きさになると、「熱乱流」と呼ばれる状態に移行します。図のような「プルーム」と呼ばれるキノコ状の流体塊が流体層の上下から不規則に放出されて、熱を運びます。

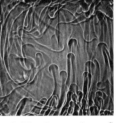

図 熱乱流で見られるプルーム※

対流と地球と時間の物差し

　対流は、地球規模の現象にも関係しています。地球内部のコアは、溶融鉄が固化する過程で放出される潜熱により対流運動を続けており、その流れが地球規模の磁場（地磁気）を生み出しています。また、プレート下のマントルは岩石で構成されており、年に数cm程度動きます。これは、超高粘度流体の対流として扱われます。

　これらの大きなスケールの対流を、実験室で観察する小さいスケールの現象と一緒に扱うのは無理がありそうですが、それを可能にするのが、レイリー数と熱拡散時間です。熱拡散係数は熱の伝わりやすさを示し、単位はm^2/sで表されます。流体層の高さを熱拡散係数で割って得られる量は、熱が伝わる時間の物差しになります。この数を使うと、実験室で実験する数十分程度の時間を、地球の数億年もの時間と同様に扱うことができるのです。このように、対流研究には机上の実験から地球規模の現象を予測・想像するおもしろさがあります。

※出典：Zhang, J. et al. "Non-Boussinesq effect: Thermal convection with broken symmetry" *Physics of Fluids* 9（4）：1034-1040, 1997

化学

株式会社 少年写真新聞社
〒102-8232 東京都千代田区九段南4−7−16市ヶ谷KTビルⅠ
ホームページ https://www.schoolpress.co.jp/
少年写真新聞 Juniors' Visual Journal

理科教育ニュース

理科教育ニュース 2022年 8月28日発行 第1178号 付録

©少年写真新聞社2022年
★定期刊行物は終わる期間を予定しない刊行物です。年度が替わりましても、購読中止のお申し出のない場合、引き続きニュースをご送付申し上げます。
★著作権法により、本紙の無断複写・転載は禁じられています。

鮮やかな色変化が観察できる定番教材

都留文科大学 教養学部 学校教育学科　山田暢司

　紫キャベツの葉から、濃い紫色の色水が得られます。この色水に含まれる色素は、植物全般に含まれているアントシアニンです。酸性度の変化によって可塑的な構造変化を起こすため、鮮やかな色の変化が観察できる魅力的な教材です。

自然界に広く存在する色素

　植物を鮮やかに彩る色素は、主にフラボノイド、ベタレイン、カロチノイド、クロロフィルの4種類に大別されます。紫キャベツの葉の表面にある主な色素は、フラボノイドの一種であるアントシアン系色素で、糖と結びついた配糖体であるアントシアニンに分類されます。この色素は水溶液の液性によって鮮やかな赤～赤紫～紫～青～緑へと変化し、強塩基性下では黄色になる点が特徴的です。ほかの代表的な指示薬に比べて色の変化の幅が大きいため、きれいなグラデーションを伴うカラーボトルにしたり、ろ紙に吸着させて水溶液の大まかなpHを判定する指示薬として使ったりすることが可能です。これらの実験は安全かつシンプルで、カラーマジック的な要素のある定番実験として好まれています。

アントシアニンの構造変化

　アントシアニンは、水溶液の酸性度によって分子構造が変化し、光の吸収波長の推移で色が大きく変わります。図はアントシアニンの基本骨格を模式的に示したもので、分子内の①～⑤の部分が酸性度（およそのpH）によって構造が変化し、色が変わります。

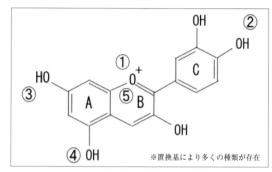

図 アントシアニンの基本骨格

①酸性（pH<3）：B環の酸素がプラス（O$^+$）を帯び、青や緑などの短波長を吸収し、赤い光を反射します。

②弱酸性～中性（pH4～7）：H$^+$濃度が低下してくると、C環のヒドロキシ基-OHのHが使われて=Oへと変化します。緑の光を吸収し、鮮やかな紫色が観察されます。

③④弱～中程度塩基性（pH8～11）：さらにA環のヒドロキシ基-OHからもH$^+$が奪われて-O$^-$や=Oの構造をとり、より長波長の光が吸収されて青～緑色が観察されるようになります。

⑤強塩基性（pH>11）：B環が変形して開環し、黄色を呈するようになります。

応用のきく幅広い学習教材

　葉の表面に色素が集中して内部が白い紫キャベツは、切断面が織りなす複雑で美しい模様の観察から始まり、しぼって色素を得るなどの手ごたえのある体験ができる格好の教材です。栽培にチャレンジしてみるのもよいでしょう。また、アントシアニン系色素が食品の天然着色料に利用され、健康機能素材としても研究されているなどの幅広い学習への展開も考えられます。

化学

株式会社 少年写真新聞社
〒102-8232 東京都千代田区九段南4-7-16市ヶ谷KTビルⅠ
ホームページ https://www.schoolpress.co.jp/
少年写真新聞社 Juniors' Visual Journal

理科教育ニュース

理科教育ニュース
2022年
11月8日発行
第1185号
付録

二層に分かれて固まるゼリー

料理研究家　平松サリー

二層に分かれたゼリーを作る場合、普通は一層目のゼリー液を器に流し入れ、ある程度固まったところで二層目を入れて冷やし固めるという手間がかかります。

ところが、オレンジジュースと牛乳、生クリームで作る二層ゼリーは、材料をすべて混ぜ合わせた後、しばらく置くと勝手に二層に分かれて固まります。これには、カゼインというタンパク質と乳脂肪が関係しています。

酸で分離するタンパク質

牛乳に含まれるタンパク質は、大きく「カゼイン」と「乳清タンパク質」の2種類に分類されます。温めた牛乳にレモン汁などを加えて酸性にすると、白くもろもろとした塊と黄色っぽい液体に分離します。この白い塊がカゼインで、牛乳のタンパク質の約8割を占めます。カゼインは本来、水に溶けません。しかし、カゼインが集まってカゼインミセルという粒を作り、粒同士が互いに反発しあうことで、沈むことも浮き上がることもなく水の中に散らばっています。このような状態を「コロイド」といいます。

ところが、酸性になるとカゼインミセル同士の反発が弱まり、互いに引き寄せあって大きな塊になります。すると、水の中を漂っていることができなくなり、分離・沈澱してしまうのです。こうして分離したカゼインを集めたのが、カッテージチーズです。本格的に作る場合は乳酸菌が作る乳酸でカゼインを取り出しますが、家庭向けに酢やレモン汁を使った簡易なレシピもあります。

さて、普通の牛乳からカゼインを分離した場合、この塊は水よりも密度が大きいので徐々に底に沈澱していきます。ところが、このとき生クリームも一緒に用いると、分離した白い部分が浮き上がり、上に層を作ります。これは、生クリームが乳脂肪を多く含んでいるからです。生クリームは牛乳を遠心分離機にかけ、乳脂肪分を濃縮したものです。乳脂肪はカゼインと同様、小さな粒を作って水の中を漂っていますが、生クリームを瓶などに入れてよく振ると、乳脂肪が分離してバターができます。乳脂肪は水よりも軽いため、バターは水に浮かびます。

生クリームと牛乳を合わせたものに酸を加えた場合、カゼインが集まって分離する際に、乳脂肪の粒を一緒に巻き込んで塊になります。このとき、乳脂肪分が浮き袋のような役割をするため、沈まずに浮き上がり、上に白い層を作るのだと考えられます。

いろいろな飲み物で作ってみよう

このゼリーのポイントは、酸性の飲み物で作ることです。オレンジだけではなく、ブドウやパイナップルのように酸味のある果物のジュース（果汁100％のもの）でも同じように作ることができます。逆に、酸が含まれていない飲み物ではカゼインの分離が起こりません。例えば、ジュースの代わりにストレートの紅茶を使った場合は、二層にはならず、一層のミルクティーゼリーができます。レモンティーやほかの飲み物ではどうなるでしょうか。いろいろ作り比べてみてもいいですね。

化学

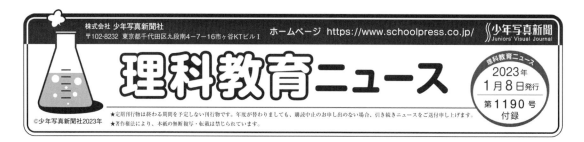
株式会社 少年写真新聞社
〒102-8232 東京都千代田区九段南4-7-16市ヶ谷KTビルⅠ
ホームページ https://www.schoolpress.co.jp/
少年写真新聞
Juniors' Visual Journal

理科教育ニュース

理科教育ニュース
2023年
1月8日発行
第1190号
付録

©少年写真新聞社2023年
★定期刊行物は終わる期間を予定しない刊行物です。年度が替わりましても、購読中止のお申し出のない場合、引き続きニュースをご送付申し上げます。
★著作権法により、本紙の無断複写・転載は禁じられています。

フロストフラワーの形成

都留文科大学 教養学部 学校教育学科　山田暢司

化学

フロストフラワーは、極寒地の湖上で条件がそろったときに形成される、花が咲いたような形状の霜の一種で、まるで白鳥が羽根を広げて集まっているようにも見える神秘的な現象です。これは、水蒸気が液体の水を経ずに氷となったもので、物質の三態の変化のうち「凝華[1]」という過程で形成されます。この現象の特徴的な形状や、形成の条件などについて考えてみましょう。

水の三態変化と凝華

水は、物理的な条件により、安定した三つの状態（固体・液体・気体）を保っています。各状態へ変化するには、一定のエネルギーが必要です。このことは、水分子が極性分子であり、分子間の静電気的な結合（主に水素結合）が作用していることと深い関わりがあります。水が同族化合物と比べて融点や沸点が極端に高いことや、水から氷になるときに密度が低下するといった特徴も、これに起因します。

凝華による霜の形成は、気温の変動幅や湿度などの影響を受けやすいため、結晶の成長パターンが豊富で、様々な形の霜ができます。

フロストフラワーが起こる条件

フロストフラワーは、日本では北海道の阿寒湖や屈斜路湖での発生がよく報告されます。この現象が起こるにはいくつかの条件を満たす必要があり、特に湖水温が高いことが重要です。湖面付近の水蒸気圧が高くなると、厳しい寒気の外気温[2]との差が大きくなり、水蒸気が凝華しやすい状況が生じるのです

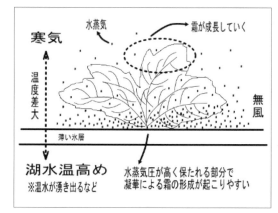

寒気
水蒸気
霜が成長していく
温度差大
無風
薄い氷層
湖水温高め
※温水が湧き出るなど
水蒸気圧が高く保たれる部分で凝華による霜の形成が起こりやすい

図 フロストフラワー形成のイメージ

（図）。阿寒湖や屈斜路湖は、湖底から温水が噴出するために水温が高く、この条件とよく符合します。また、風がなく、水蒸気が滞留して湿度が高く保たれることや、湖面に雪が積もっておらず、霜が観察しやすいことも必要な条件です。

身近なところで観察できる霜

フロストフラワーは特定の場所でしか見られませんが、身近なところでも似た現象を観察することができます。

例えば、植物の葉には霜ができやすく、結晶の形もはっきりしています。蒸散作用によって葉の付近の水蒸気が増えるのと、表面にある細かい毛が氷結核となるのに加え、生じた霜を安定して保持する役割も果たすためです。条件によって、霜の形状が異なることもあります。厳冬期の早朝に草花の葉を観察すると、新しい発見があるかもしれません。

※1 気体から固体への状態変化を「昇華」ではなく「凝華」と呼ぶことを推奨する動きが広がっている。
※2 一般に-15℃以下とされる。

株式会社 少年写真新聞社
〒102-8232 東京都千代田区九段南4-7-16市ヶ谷KTビルI
ホームページ https://www.schoolpress.co.jp/

少年写真新聞
Juniors' Visual Journal

理科教育ニュース

理科教育ニュース
2022年
4月18日発行
第1167号
付録

©少年写真新聞社2022年

★定期刊行物は終わる期間を予定しない刊行物です。年度が替わりましても、購読中止のお申し出のない場合、引き続きニュースをご送付申し上げます。
★著作権法により、本紙の無断複写・転載は禁じられています。

顎の形から見るアリの生態

関西福祉大学 教育学部 児童教育学科　吉澤樹理

春になり、暖かな日が続いています。ふと、足元を見てみると、さまざまなアリが歩いています。世界には約1万5000種のアリが生息しており、日本でも約300種が確認されています。今回は、そんなアリの生態について、顎に焦点を当ててご紹介します。

ノコギリ型の顎

日本に広く生息しているクロヤマアリは、体長4.5～6mmであり、体色は灰色がかった黒色です。腹部が縞模様に見えるのも特徴です。クロヤマアリの顎は、ギザギザしたノコギリ型で（図1）、多くのアリの顎がこの形です。

なぜ顎がノコギリ型なのでしょうか？ それは、これらのアリが雑食であることと関係しています。クロヤマアリは、幼虫にタンパク質を与えるために、死んだ昆虫などをえさにします。3～4匹でえさを運ぶ場合には、大きなえさを解体する必要があります。そこで、ノコギリ型の顎が役に立つのです。

サーベル型の顎

アリの顎は、えさの解体に使われるだけではありません。ほかのアリの幼虫や蛹を略奪するのにも使われます。日本に生息しているサムライアリが、これに当てはまります。サムライアリの女王は、交尾を終えると、クロヤマアリの巣に侵入します。そして、クロヤマアリの女王を殺し、巣を乗っ取ります。その後、サムライアリの女王は卵を産み、クロヤマアリの働きアリに世話をさせます。やがてクロヤマアリの働きアリの数が不足してく

る頃には、サムライアリの働きアリが出現します。サムライアリの働きアリは、ほかのクロヤマアリの巣を襲い、幼虫や蛹を持ち帰る「奴隷狩り」を行います。サムライアリの顎は、アリの幼虫や蛹を運ぶのに適したサーベル型になっています（図2）。そのため、クロヤマアリのようにえさを解体するのには適していません。

図1 クロヤマアリの顎　　図2 サムライアリの顎

自分より大きい物を運ぶ働きアリ

掲示用写真ニュースにあるように、働きアリは自分よりも大きな物を運ぶことができます。2020年、Peetersらは、新女王やオスが持つ飛翔能力の喪失が、働きアリの運搬能力を助長するための筋肉の獲得につながったことを報告しています[1]。自分より大きい物を運ぶことができるのは、働きアリたちの進化の所産なのです。

引用・参考資料
1）C. Peeters et al. "The loss of flight in ant workers enabled an evolutionary redesign of the thorax for ground labour" Frontiers in Zoology, 17(1) : 33, 2020
2）吉澤樹理 著『身近なアリけんさくブック』仮説社 刊, 2019
3）「東京アリ類教育研究所―ありラボ―」https://www.tokyo-ari-labo.com/

生物

株式会社 少年写真新聞社
〒102-8232 東京都千代田区九段南4－7－16市ヶ谷KTビルⅠ
ホームページ https://www.schoolpress.co.jp/
少年写真新聞 Juniors' Visual Journal

理科教育ニュース

理科教育ニュース
2022年 5月28日発行
第1171号 付録

「手すり」から始まる虫の観察

日本野虫の会　とよさきかんじ

虫は人間よりはるかに小さく、隠れるのがうまいので、いざ探そうと思うとなかなか見つかりません。そこでオススメしたいのが、「手すりの虫観察」です。公園や緑地の手すりや校庭を囲む柵などの身近な環境にある人工物を歩きながら観察すると、多様な虫たちに出会うことができます。

ここで「虫」としているのは、昆虫類だけではなく、クモ類や甲殻類（ダンゴムシなど）も見つかるからです。

虫はどんな手すりが好き？

図　手すりの例

手すりには、金属製、木製、コンクリートやプラスチック製で木に模したもの（擬木柵）、ロープ柵、ガードレールなどのいろいろなバリエーションがあります（図）。「素材によって見つかる虫の種類が違う」と思われがちですが、実際には、「周囲にどんな植物があるか」「日当たりや乾燥の度合いはどうか」などの手すりを取り巻く環境の方が強く影響します。

例えば、ソメイヨシノの木の下の手すりでは桜の葉を食べるイモムシが見つかり、草地に近い手すりではテントウムシの蛹が見つかります。また、内部が空洞になっている手すりは、アリやハチの巣になることがあります。経験からすると、高所に木がかぶさり、木漏れ日が落ちているような環境で、虫が多く見つかります。

手すりにはどんな虫が多いの？

手すりで見つかる虫の種類を調べると、カミキリムシ科、ハムシ科、ゾウムシ科などのコウチュウ目の昆虫が最も多く、次にカメムシ目、チョウ目、クモ目と続きます。植物を餌とする虫が多く、これらの虫を捕食する虫が続きます。夏は、手すりに登って羽化するセミの幼虫や、秋に成虫になるカマキリの幼虫、ロープ柵ではトンボの仲間が見つかります。雨上がりには、湿気を好むため行動範囲を広げたと考えられるオカダンゴムシが多く見られます。一方、花の蜜や樹液に集まる虫はあまり見つかりません。

手すりに虫がいる理由を考える

手すりで虫が見つかるのは、その季節・環境で多く発生する虫が、手すりにまであふれるからです。手すりに出現する虫の行動を大きく分けると、以下のパターンがあります。
①食卓である植物から落ちてきた（主に幼虫）
②飛来して手すりで休んでいる（主に成虫）
③地上から上に登った
④手すりの虫を捕食するために現れた
⑤木の代わりに蛹化、交尾、産卵、営巣する

虫を見つけたら、写真を撮ったり、採集してスケッチを描いたりしたうえで種名を調べてみましょう。また、手すりの周囲や上方にはどんな植物が生育しているのか、虫は手すりの上で何をしているのか、どこから来たのかを推理することで、身近な自然環境や生物への理解が深まります。

生物

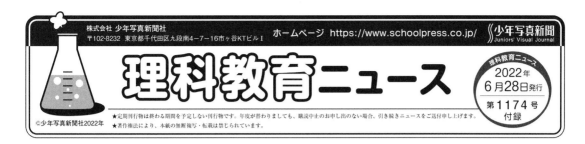

株式会社 少年写真新聞社
〒102-8232 東京都千代田区九段南4-7-16市ヶ谷KTビルⅠ
ホームページ https://www.schoolpress.co.jp/
少年写真新聞 Juniors' Visual Journal

理科教育ニュース
2022年
6月28日発行
第1174号
付録

植物って面白い！～草花マップ作りをもっと楽しもう～

国立科学博物館附属自然教育園　下田彰子

動物と違って動かない「植物」をテーマにした学習は、子どもたちに興味を持たせることが難しいものです。草花マップを作る時に、観察の視点を少し工夫することで、植物の面白さに気づくきっかけとなります。ここでは、植物の面白さを知り、草花マップ作りを楽しむための「コツ」をいくつかご紹介します。

日陰と日なた

日陰と日なたでは、植物の種類だけではなく、葉の厚さ・面積、草丈などを比べることをお勧めします。例えば、植物の葉の厚さは、日陰の葉（陰葉）の方が日なたの葉（陽葉）より一般的に薄くなります。一方で、葉の面積は、日陰の葉の方が大きくなることがわかっています。これは、弱い光でも大きな面積で受けることができれば、より多くの光合成生産を行うことができるからです。これらの観察は、植物の名前がわからなくても簡単にできますので、ぜひ試してみてください。

「オオバコ」から踏みつけ具合を調べる

オオバコは人による「踏みつけ具合」の物差しとなります。踏みつけが少なければオオバコはほとんど生育しませんし、適度に踏みつけが多ければ優占して生育します。踏みつけ頻度が多過ぎると、オオバコを含めた植物はほぼ生育できず、裸地に近い状態となります。

また、オオバコが優占するような場所には、たいていカゼクサとクサイが一緒に生育しています。踏みつけは多くの植物の生育にとって大きなダメージとなります。しかし、オオバコなどの、踏み跡に生育する植物は、踏圧がない場所ではほかの植物との競争に負けてしまうため、適度な踏圧が必要なのです。このように、ある植物を指標としてその場所の環境を推察することは面白い観察となります。

秋になればやっぱり「タネ」の観察

植物はふつう移動できませんが、「タネ」の時期だけは違います。あの手この手でタネを移動させる「戦略」は、とても緻密で巧妙です。草花マップ作りで草むらを歩いた後、服にタネがついていれば、どんな方法でくっつくのかを知る絶好のチャンスです。タネの形をよく観察し、触り心地を確かめてみてください。

これらは「ひっつき虫」と呼ばれる「付着散布型」のタネで、細かい毛やトゲ、逆針、粘液の分泌などで動物の体に付着します。例としてヌスビトハギ、チヂミザサ、イノコヅチが挙げられます。タネの散布型はほかに、綿毛や翼を持つ「風散布型」、鳥などの動物に食べられて運ばれる「被食散布型」、パチンと弾けて遠くに飛ばされる「自動散布型」などがあります。身近な植物がどんな作戦でタネを移動させているのか、意外と知らないものです。

さいごに……

植物の多くは、地味で目立とうとはしません。時には雑草とも呼ばれ、動物と比べて一見面白みがないように見えますが、その生態をじっくり観察すると、とても巧妙な手段で生きていることに驚かされます。それに気がつくと、植物観察はぐっと面白くなりますよ。

生物

株式会社 少年写真新聞社
〒102-8232 東京都千代田区九段南4-7-16市ヶ谷KTビルI
ホームページ https://www.schoolpress.co.jp/
少年写真新聞
Juniors' Visual Journal

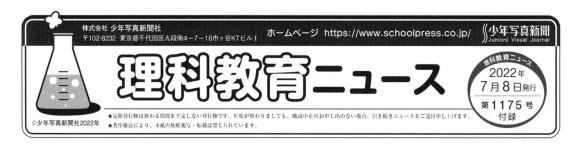

理科教育ニュース

理科教育ニュース
2022年
7月8日発行
第1175号
付録

アウトサイダーとして生きる頭足類

琉球大学 理学部 海洋自然科学科　池田譲

頭足類とは

　頭足類は、軟体動物門頭足綱に属する一群です。現生種はイカ、タコ、オウムガイで、大多数はイカとタコが占めており、700種ほどが知られています（図1）。そのため、頭足類はイカ・タコを指すことが多く、本稿でも頭足類をその意味で用います。

　頭足類は、同じ軟体動物である貝とは親戚同士ではありますが、殻を持つ貝とは姿形が異なります。これは、頭足類が独自の進化をたどってきたことを物語ります。頭足類の起源は古生代まで遡り、当時は殻を持っていましたが、後に殻のない現在のイカとタコにつながる系統が出現したと考えられます。殻を捨てたことで頭足類は高い運動能を獲得し、水中を自由に泳ぎ回るようになりました。また、柔軟に伸縮する腕で、獲物のカニやエビを俊敏に捕らえる優れたハンターとなりました。

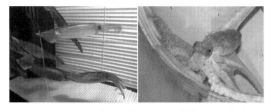

図1 頭足類の大多数を占めるイカ（左）とタコ（右）

「海の霊長類」の謎めいた生涯

　ほかにも、頭足類はユニークな能力を獲得しました。一つは視覚。頭足類はヒトの眼に似た精巧なレンズ眼（図2）を持ち、外界を広く精緻に視認します。もう一つは知性。頭足類の脳（図2）は無脊椎動物では最大です。

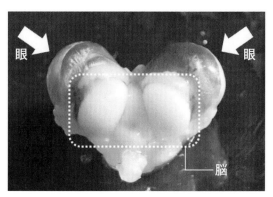

図2 頭足類のレンズ眼と巨大脳

脳重量：体重の比では、頭足類は脊椎動物である魚類・爬虫類と哺乳類・鳥類の中間くらいです。頭足類は巨大脳の持ち主なのです。

　大きな脳を反映するように、頭足類は様々な知的行動を示します。例えば、タコは同種個体が行うことを見てまねる観察学習ができます。また、ガラス瓶に閉じ込められたカニを、蓋を開けて捕獲するなど、新規な学習課題も難なくこなします。このようなことから頭足類は「海の霊長類」と呼ばれています。

　高い知性にもかかわらず、寿命はわずか1年ほどです。これは、大きな脳を持つ動物には通常見られない不可解なことです。学習という経験に根ざす行動は、寿命が長いほど活用機会も多くなると考えられますが、頭足類にはその時間がないように見えるからです。

　頭足類は生涯の最後にたった一度の繁殖期を迎えた後、自身の子を育てることなく死亡します。短い生涯を駆け抜けるように生きる頭足類の生きざまは、"Live fast, die young"と表現されます。それは、頭足類という生き物の謎めいた一面でもあります。

生物

株式会社 少年写真新聞社
〒102-8232 東京都千代田区九段南4-7-16市ヶ谷KTビルⅠ
ホームページ https://www.schoolpress.co.jp/

少年写真新聞 Juniors' Visual Journal

理科教育ニュース

理科教育ニュース
2022年
8月8日発行
第1177号
付録

©少年写真新聞社2022年

★定期刊行物は終わる期間を予定しない刊行物です。年度が移わりましても、購読中止のお申し出のない場合、引き続きニュースをご送付申し上げます。
★著作権法により、本紙の無断複写・転載は禁じられています。

集めて、数えて、調べてみよう

公益社団法人 大阪自然環境保全協会　田中広樹

都会の真ん中であっても、身のまわりには多くの生き物がいて、地域や環境、また季節や天気によって、その数や組み合わせは異なり、常に変動しています。その変化を調べるには、まずは生き物を数えることが大切です。

セミの抜け殻を調べる

校庭、公園、神社、雑木林、河原など、いろいろなフィールドでセミの抜け殻を調べれば、環境と生物の関係がわかります。同じ調査でも、7月と8月では羽化するセミの種類に違いがあるかもしれません。過去の調査データがあれば、同じ方法で調査することで過去と現在を比べ、そこから地球温暖化との関係を推測することもできます。

鳴き声でも種類はわかりますが、抜け殻は「動かぬ証拠」となります。いつ、どこで採集したのかを記録し、標本を保存しておけば、いつでも調べ直すことができます。地域の子どもたちが分担して集めれば、より多くのデータを集め、より広範囲を調べられるし、調査に協力してもらうことは、多くの人に関心を持ってもらうことにもつながります。

海の生き物を調べる

チリメンジャコに混ざっている生き物から、季節による変化がわかります。大阪湾では春にマイワシの稚魚が、冬にヒラメの稚魚が多く、繁殖時期の違いなどが影響します。

ただし、イベント用の教材として販売されているチリメンジャコは、多くの種類を観察できるように、異なる季節にとったものを混ぜている場合があります。季節による海の生き物の変化を調べるには、漁獲時期と海域を確認できる材料を入手するために、漁協や加工業者の協力を得る必要があります。

海底にすむ生きた貝（微小貝を含む）の採集は難しいのですが、死んだ後に砂浜に打ち上がる貝殻は、手軽に調べることができます。地形や地質、海流や河川の流入状況によって種類が異なるため、打ち上がった貝殻から、海の中の様子を想像することができます。

ただし、微小貝は普通の図鑑には載っていないことが多く、正しく同定するのは困難です。種類がわからなくても、標本を残していれば、いつか同定できる日が来るでしょう。

砂浜を維持するために遠くの海から砂を持ってきている場合があり、本来その海にはいない貝が見つかることがあるため、注意が必要です。海の中の様子や変化を知る手がかりは、貝だけではなく、植物の種子や海藻、甲殻類やウニの殻などがあります。その写真も残しておくと、貴重な記録になります。

標本に必要な「いつ」「どこで」

子どもが集めた標本でも、日付と場所さえ記録されていれば、学術的な標本として十分に価値があります。小学生が自由研究で作った貝殻の標本が、今は大阪湾で絶滅してしまったハマグリが当時そこに生息していた証拠になったと注目を集めたこともあります。ただ集めただけでは標本の価値は低くなってしまうので、「いつ」「どこで」をしっかり記録することを大事にしましょう。

生物

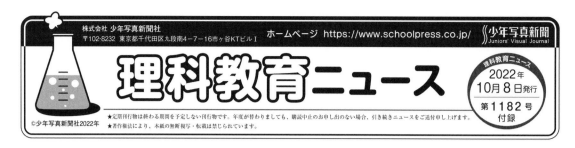

株式会社 少年写真新聞社
〒102-8232 東京都千代田区九段南4−7−16市ヶ谷KTビルⅠ
ホームページ https://www.schoolpress.co.jp/
少年写真新聞 Juniors' Visual Journal

理科教育ニュース

理科教育ニュース
2022年
10月8日発行
第1182号
付録

©少年写真新聞社2022年
★定期刊行物は終わる期間を予定しない刊行物です。年度が替わりましても、購読中止のお申し出のない場合、引き続きニュースをご送付申し上げます。
★著作権法により、本紙の無断複写・転載は禁じられています。

種子散布と風で運ばれる散布体

福岡教育大学 教育学部　福原達人

種子散布は、植物の一生でほぼ唯一の移動の機会です。親植物の近くで発芽すると、親植物や同じ親由来のほかの芽生えと光や養分を奪い合ったり、親植物に集まる昆虫・菌類・バクテリア・線虫の被害を受けます。これらは、種子散布によって親植物から離れることで避けられます。親植物にとっては、種子を広く散布することで、自然災害や食害者、感染症で子孫が全滅するリスクを減らし、新しい環境に子孫を広げることができます。

散布体と散布型

種子散布といっても、種子だけが散布されるとは限りません。実際に散布される単位を「散布体」と呼びます。マツ・キリ・アルソミトラの散布体は種子、ラワンの散布体は果実です。1つの果実が分裂した分果が散布体となる場合も多く、カエデの果実は2つ、ニワウルシ・アオギリの果実は5つに分かれます。逆に、複数の果実がついた枝（果序）ごと散布されるノツボダイジュやケヤキ（図1）では、葉が翼の役割をします。種子や果実以外の部分が散布体に付くことも多く、マツの種子の翼はまつぼっくりの一部が剥がれて種子と融合したもので、ラワンでは萼が果実を包んだまま成長して2つの翼となります。

図1 ケヤキの散布体

種子散布は、散布体が何によって移動するかによって「自動散布」「水散布」「動物散布」、そして今回の「風散布」に分類されます。自動散布は果実がはぜて種子を弾き飛ばすもの、水散布は雨水や川の流れや海流で運ばれるものです。動物散布には、動物の体にくっついて運ばれるものと、動物の餌として運ばれるものがあります。それぞれの散布型で、散布体には特徴的な構造が見られます。いろいろな成り立ちの散布体が様々な方法で移動することが、多様性をもたらしています。

風散布体の特徴

風散布体の大部分は、空気抵抗を大きくして落下時間を長くしたり、強風で舞い上がったりする仕組みを持ちます。翼のほかに、タンポポやペラルゴニウムのように毛の集まりを持つものも多く見られます（図2）。

図2 タンポポの果実（左）とペラルゴニウムの分果（右）

風散布体は、翼や毛を除くと小さくて軽い傾向があります。例えば、マツには翼で風散布するアカマツ・クロマツなどと、動物散布されるハイマツ・チョウセンゴヨウ（「松の実」として食用になる種子）などがあり、前者は後者の約1/10の大きさしかありません。極端な例では、ラン科のように翼を含めても1～数mmしかない種子（図3）があります。

図3 シラン（ラン科）の種子

生物

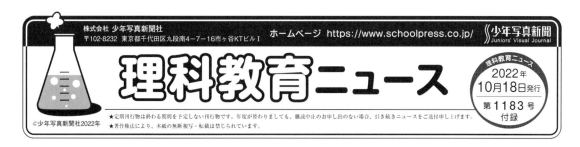
株式会社 少年写真新聞社
〒102-8232 東京都千代田区九段南4-7-16市ヶ谷KTビルⅠ
ホームページ https://www.schoolpress.co.jp/
少年写真新聞 Juniors' Visual Journal

理科教育ニュース

理科教育ニュース
2022年
10月18日発行
第1183号
付録

©少年写真新聞社2022年

★定期刊行物は終わる期間を予定しない刊行物です。年度が替わりましても、購読中止のお申し出のない場合、引き続きニュースをご送付申し上げます。
★著作権法により、本紙の無断複写・転載は禁じられています。

動物や人間に付着して運ばれる果実・種子

福岡教育大学 教育学部　福原達人

付着型散布を助ける仕組み

種子が鳥や獣の体に付着して運ばれる散布は、動物散布の中でも「付着型」と呼ばれます。ただとがっているだけのとげでは、逆方向に引っ張られると簡単に抜けてしまうため、動物に付着する散布体のとげには、「鈎」や「返し」がついています（図1）。また、複数のとげが、先が広がった束になっている植物も少なくありません（図2）。付着した散布体がどれくらい長く付着し続けるのかは、散布体の特徴、動物の種類や植生、天候などによって異なります。これは、付着した散布体の半数が脱落するまでの時間によって定量化されます。

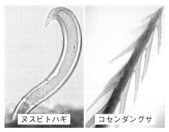
ヌスビトハギ　コセンダングサ
図1 鈎(左)と返し(右)を持つとげ

ササクサ
イノコズチ　ミズヒキ
図2 とげが束になった果実

とげや粘液でくっつく果実は、長く突き出した細い果序に点々とついていることが多く（図3）、よほど気をつけないと服や靴、靴下にくっついてしまいます。付着散布をする植

図3 ミズヒキの果序

物は、動物の通り道となる林道脇や草原のけもの道にしばしば群生していて、付着を助ける様々な特徴によって、生育に適した場所に分布を広げていることをうかがわせます。掲示用写真ニュースで紹介した4種は、いずれも人里や市街地で繁茂しており、人間に付着して散布されているのでしょう。オオバコを除く3種は、手ごわい外来種として在来種と競合しています。

動物散布のいろいろ

動物散布には、付着型のほかに、果実や種子の一部が動物の食物となることで運ばれるタイプがあります。鳥や獣に食べられ、外側の柔らかい部分が消化・吸収されてから糞として排泄される「周食型」と、鳥や獣の貯蔵食（主に越冬用）として地中に埋められる「貯食型」、餌となる附属体がついたままの種子がアリに運ばれた後、附属体を切り離されて巣の周囲や中に捨てられる「アリ散布」に大きく分けられます。

周食型・貯食型・アリ散布では、種子散布を通じて植物と動物の両方が利益を得ています。このような関係を「相利共生」といいます。一方、付着型では、植物だけが利益を得る「片利共生」の関係です。

体毛の多い動物だけではなく、体毛が少ない人間にとっても、衣服をまとうようになってからは、動物付着型の散布体は厄介な存在となっています。その反面、面ファスナーの発明のヒントになって、私たちの生活に恩恵ももたらしました。

生物

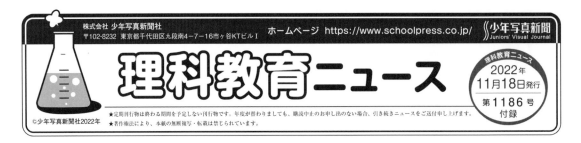
株式会社 少年写真新聞社
〒102-8232 東京都千代田区九段南4-7-16市ヶ谷KTビルⅠ
ホームページ https://www.schoolpress.co.jp/
少年写真新聞 Juniors' Visual Journal

理科教育ニュース

理科教育ニュース
2022年
11月18日発行
第1186号
付録

©少年写真新聞社2022年

★定期刊行物は終わる期間を予定しない刊行物です。年度が替わりましても、購読中止のお申し出のない場合、引き続きニュースをご送付申し上げます。
★著作権法により、本紙の無断複写・転載は禁じられています。

葉の老化反応

横浜市立大学 木原生物学研究所　嶋田幸久

光合成と老化反応

　一般的な植物は、夏に緑色の葉を繁茂させます。葉の中には葉緑体があり、その中には光合成をする装置があります。光合成装置の中では、タンパク質に結合したクロロフィルが光を集めたり、光のエネルギーを受け渡したりする役割を担っています。そして、光から得られたエネルギーを利用してATPなどのエネルギー貯蔵分子を生合成します。

　秋になると、落葉樹の葉は黄色や紅色、褐色へと変化します。このような反応を葉の「老化反応」といいます。老化反応は、寒さに耐えかねて葉が弱っていく受動的な反応ではありません。その証拠に、コムギの穂は6月に緑色から褐色へと変化します。これは、生存に適していない季節に葉をつけていると、水やエネルギーの利用効率が悪くなったり、道管の水が凍結して発生した気泡が詰まってしまったりして、植物に不利益になるためだと考えられています。

老化反応の中身

　老化反応では、葉緑体の光合成装置を分解してタンパク質に含まれるアミノ酸などの栄養素を幹へと回収し、葉を落葉させます。樹木は、幹に回収した栄養素を次の春に再利用して葉や枝を作ります。一年草もこれと似ており、葉に含まれる栄養素を種子へと回収し、次の世代が発芽する際に再利用します。

　葉の老化反応は、植物の遺伝情報に組み込まれたプログラムに従って進行し、いくつもの遺伝子を積極的に発現させて進行します。老化反応のために作られた分解酵素が光合成装置を構成する分子を分解し、栄養素は幹へと回収されます。土から得られる窒素、リン、カリウム、その他の金属元素は土壌中に含まれる量が限られており、吸収する際にほかの植物との競合があるため、優先的に回収して再利用されます。一方、空気から得られる二酸化炭素や水に含まれる炭素、酸素、水素は再利用する価値が低く、回収されません。クロロフィルは分解されますが、その大部分は幹へと回収されずに落葉の際に捨てられます。

クロロフィルを分解する理由

　では、何のためにクロロフィルを分解するのでしょうか。その理由の一つはクロロフィルに結合しているタンパク質を分解して回収するためです。タンパク質は窒素、硫黄などの大切な元素を含んでいます。

　もう一つの理由は、クロロフィルが光を吸収しないような構造に変えるためです。老化葉では光合成装置が分解されていますが、光合成ができない状態でクロロフィルが光エネルギーを受け取ると、エネルギーは行き場を失い、活性酸素という有害物質を発生させてしまうので、これを防ぐために分解します。

　一方、黄色のカロテノイドは、光のエネルギーを吸収して熱に変えて逃がす役割を持つため、最後まで残して日よけとして利用されます。カロテノイド分子は炭素、酸素、水素から構成され、再利用する価値が低いため、落葉とともに捨てられると考えられています。

生物

株式会社 少年写真新聞社
〒102-8232 東京都千代田区九段南4-7-16市ヶ谷KTビルⅠ
ホームページ https://www.schoolpress.co.jp/
少年写真新聞 Juniors' Visual Journal

理科教育ニュース

理科教育ニュース
2022年
11月28日発行
第1187号
付録

日本に生息するウ ～自然の中でのウの役割と人との関わり～

滋賀県立琵琶湖博物館　亀田佳代子

形態・分布・生態

ウの仲間は、カツオドリ目ウ科に属します。4本の指の間に3つの水かきを持つ足（全蹼足）を持ち、この特徴はカツオドリ目、ペリカン目、ネッタイチョウ目の鳥に共通します。

日本には4種のウが生息しますが、広く分布するのはカワウ、ウミウ、ヒメウです。世界ではカワウは中南米と北米西部を除いて広く分布し、ウミウは日本、朝鮮半島、沿海州の沿岸部のみに分布します。ヒメウは日本沿岸やロシア東部、北米西部など、太平洋北部に分布していますが、ほかの種ほど多くありません。

カワウとウミウはよく似ていますが、口角の黄色い部分の形が異なるほか、頬の白い部分がカワウでは目の後方からまっすぐ伸びるのに対し、ウミウでは目の後方から斜め上に上がっています※。また体や翼の上面の色がカワウは褐色光沢、ウミウは深緑色の光沢です。ウミウの方がやや大きく、海洋で魚を食べ、海岸や海洋島の岩場で巣を作るのに対し、カワウは湖沼や河川などの内陸部でもえさを取り、水辺の森で樹上に巣を作ります。

自然の中での役割

土壌の養分となる物質は、水に溶けて陸上から水中へと流出します。炭素や窒素は気体となって大気中に戻り、雨で陸上へ戻れますが、リンなどの常温では気体とならない物質は、短期間で陸上へと戻る経路がありません。

ウの仲間をはじめ、多くの水鳥は水中で魚などの水生生物を捕らえて食べ、沿岸部や海洋島などの集団繁殖地（コロニー）では多量の排泄物を落とします。魚や鳥の排泄物にはリンが多く含まれ、水鳥が生活することで陸上へと戻る経路を持つことができます。水中から魚介類という形で養分を取り出し、排泄物という形で陸上に供給するのです。

実際、良い有機肥料になるようで、愛知県知多半島の鵜の山などでは、かつてカワウのふんを採取して畑の肥料として使いました。また、ペルーの沿岸部では今でも海鳥類の排泄物を肥料として商業的に利用しています。

カワウ・ウミウと人との関わり

カワウやウミウは、人との関わりも深い鳥です。日本の鵜飼いでは、茨城県日立市の鵜捕り場で捕まえられた野生のウミウが、川でアユをとる鵜飼いに使われています。

一方、カワウは、高度経済成長期（1960～70年代）に沿岸部の埋め立てや河川の護岸化、土地開発、水質汚濁、食物連鎖を通した有害物質の蓄積などにより、激減しました。その後、環境が改善されると河川構造の単純化や魚類の放流なども重なり、カワウの数と分布は広がりました。その結果、各地でアユなどへの食害、繁殖地での森林衰退や隣接する池の富栄養化、排泄物の悪臭などによる生活環境被害が生じるようになりました。

在来種であるウの仲間と人との間には、過去も現在もさまざまな関わりがあります。未来に向かって私たちは、ウとどのように付き合っていったらよいのか、歴史的な関わりも思い出しながら、考えていくことが大切です。

※環境省（2007）「カワウとウミウの見分け方」
https://www.biodic.go.jp/kawau/d_hogokanri/hunt_leaflet.pdf

生物

株式会社 少年写真新聞社
〒102-8232 東京都千代田区九段南4-7-16市ヶ谷KTビルⅠ
ホームページ https://www.schoolpress.co.jp/
少年写真新聞 Juniors' Visual Journal

理科教育ニュース

理科教育ニュース
2023年
2月18日発行
第1194号
付録

©少年写真新聞社2023年
★定期刊行物は終わる期間を予定しない刊行物です。年度が替わりましても、購読中止のお申し出のない場合、引き続きニュースをご送付申し上げます。
★著作権法により、本紙の無断複写・転載は禁じられています。

卵黄と卵白が逆転した卵

京都女子大学 名誉教授 「鶏と卵の研究所」所長 八田一

黄身と卵白が逆転したゆで卵は、「黄身返し卵」と呼ばれています。江戸時代に書かれた卵料理集『万宝料理秘密箱』には、「地たまごの新しきを、針にて頭の方へ、一寸ばかり穴をあけ糠味噌へ三日ほど漬おきて（略）煎貫にすれば中の黄身が外へなり白身が中へ入る。これを黄身返しといふ。」と記載があります。この書物で紹介されている103種類の卵料理の中で、黄身返し卵は唯一再現されていない幻の卵料理でした。

200年ぶりに「黄身返し卵」を再現

私は、この「黄身返し卵」を再現する作り方を研究しました。当時は江戸時代であったため、「地たまごの新しき」はひよこが孵る受精卵を指し、「糠味噌へ三日ほど漬おき」は糠味噌の発酵熱で孵化を進めるためだと解釈し、温度38℃、湿度80%の条件で受精卵を温め、卵の中の変化を調べました。

その結果、3～4日目に卵黄膜を通過して卵白の水分が移った卵黄は約2倍に薄まって大きくなりました。また、水分を取られた卵白の重量は半減し、濃くなりました。この卵を耳元で振ると、弱くなった卵黄膜が破れピチャピチャと音がします。その状態の卵を回しながらゆでると、濃くなった卵白を薄まった卵黄が包み込んで固まりました。このように、受精卵を使用することで黄身返し卵を約200年ぶりに再現することができました。

無精卵で作るには？

では、現在の無精卵で黄身返し卵を作ることはできないのでしょうか？ 平均的な卵は約66gで、そのうち卵殻が約6g、卵白が約40g、卵黄が約20gです。卵白は濃厚卵白と水様性卵白からなり、新鮮な卵では1：1（20g：20g）の割合です。卵殻を割らずに卵黄膜を破れば、卵黄は水様性卵白と混ざる一方、濃厚卵白はあまり混ざらずに残るため、無精卵でも黄身返し卵になるはずです。

実験では、卵を「回転させる」ことで発生する遠心力に着目しました。ストッキングに卵を横向きに入れ、動かないように両側を固定します。そして約150回のよじれをかけ、両端を強く引っ張り、約3秒で卵をブーンと高速回転させます。このとき、卵黄膜には遠心力がかかります。これを回転方向を変えて繰り返し、回転させるたびに懐中電灯で卵の透光状態を確認します。卵白は光を通すので明るく見えますが、卵黄膜が破れると卵黄が広がり、光が通らず暗く見えます。水様性卵白と混ざった卵黄は熱凝固温度が低くなるため、この状態で回しながらゆでると、周りから固まり、最後に濃厚卵白が中心で固まって、無精卵でも黄身返し卵ができました。

無精卵の卵黄膜は非常に硬く破れにくいため、産みたての卵の場合、卵黄膜を破るには3秒の高速回転を20～30回繰り返す必要があります。卵の鮮度が落ちると必要な回転数は少なくなり、3～5日経過した市販の卵では10回程度、賞味期限前後の卵では3～5回程度の高速回転で卵黄膜を破ることができます。回転するたびに懐中電灯で光を当てながら、実験してみてください。

生物

株式会社 少年写真新聞社
〒102-8232 東京都千代田区九段南4-7-16市ヶ谷KTビルI
ホームページ https://www.schoolpress.co.jp/
少年写真新聞 Juniors' Visual Journal

理科教育ニュース

理科教育ニュース
2022年
4月28日発行
第1168号
付録

©少年写真新聞社2022年
★定期刊行物は終わる期間を予定しない刊行物です。年度が終わりましても、購読中止のお申し出のない場合、引き続きニュースをご送付申し上げます。
★著作権法により、本紙の無断複写・転載は禁じられています。

石の魅力

千葉県立中央博物館 上席研究員　高橋直樹

石に直接触れてみよう

子どもたちを石拾いに連れていくと、石の名前を聞かれて答えられずに困る、と思われるかもしれません。石を肉眼で見て名前をつけるのは、専門家でも難しい場合が多くあります。とりあえず典型的でわかりやすいものだけ名前がわかればよしということで、まずは石を直接手にとっていただきたいと思います。

石を観察するには、川原か海岸がよいでしょう。石が常に川の流れや海の波に洗われて、石の本来の「顔」がきれいに見えるからです。

モノとしての石の魅力

石の魅力は？　と聞かれたら、大きく2つが挙げられます。1つはモノとしての魅力です。さまざまな色や模様、手にずっしりくる重量感、透明感やキラッと光る部分があること、そして、放っておいてもずっと変わらない普遍性などでしょうか。

石は何種類かの鉱物からできています。鉱物は大きく成長すれば水晶のような宝石になる物質です。その鉱物が小さいながらも石の中にたくさん含まれているわけです。そこでおすすめしたいのは、ルーペで観察することです。繰り出し型の10倍ぐらいの倍率のものがよいでしょう。ルーペを使うと、石の中に水晶のような鉱物の小さな結晶がたくさん含まれていることがわかります。

もう1つおすすめしたいのは、もし岩石ハンマーがあれば、石を割ってみることです。川原や海岸の石の表面は、ほかの石と何度もぶつかり合って、すりガラスのようになっているのです。ハンマーで割ると、石や鉱物の本来の色が見えてきますし、透明感が増します。また、鉱物の中には「劈開」という性質を持つものが多く、平面できれいに割れるので、鏡のように光を反射して、よりピカピカ光るのです。石は美しいことを実感します。

石の生い立ちはダイナミック
―石の履歴書を作ってみよう

石の魅力のもう1つは、その生い立ちがダイナミックであることです。石は地球表層や内部のさまざまな地球科学現象によってつくられます。噴火する火山から溶岩が流れ出して固まった火山岩、海底にたまった砂や泥が押し固められてできた堆積岩、それらはその後の地殻変動で隆起しないと私たちの目に届きません。プレートの沈み込みによって地球の深い場所まで引きずり込まれ、高い圧力で性質が変わってしまった変成岩、これもまた地上に戻ってくる過程が必要です。

どの石にも、このようなダイナミックな生い立ちがあります。そのような地球科学現象は、子どもたちにはまだピンとこないかもしれませんが、現象の写真や映像などを用いて、少しでも実感を持ってもらえるとよいでしょう。

石ができた時代は、比較的新しいものもありますが、億年単位の古いものもめずらしくありません。石は、誕生したあと、紆余曲折を経て、今、私たちの目の前にあるのです。それに思いを馳せると、石がよりいとおしいものとなっていきます。

地学

株式会社 少年写真新聞社
〒102-8232 東京都千代田区九段南4−7−16市ヶ谷KTビルI
ホームページ https://www.schoolpress.co.jp/
少年写真新聞 Juniors' Visual Journal

理科教育ニュース

理科教育ニュース
2022年 7月18日発行
第1176号
付録

入浴剤と薄型水槽を用いた噴火実験

北翔大学 教育文化学部 横山光／秋田大学 大学院教育学研究科 林信太郎

火山はなぜ爆発するのか

コーラにソフトキャンディ「メントス（クラシエホールディングス）」を入れると、大量の泡が発生し、しぶきになってコーラが噴き出します。その様子は火山噴火にそっくりです。本物の噴火は、マグマの中に火山ガスの泡（主に水蒸気）がたくさんできて、火口から勢いよく噴き出します。マグマのしぶきはすぐに固まり、軽石や火山灰になります。

火砕流の噴火と入浴剤の実験

通常の爆発的噴火で噴き出した軽石や火山灰、火山ガスは、噴煙となり上空に昇っていきます。ところが、噴火の条件によっては、噴煙が周りの空気よりも重くなり（高密度）、下に流れ出します。この流れが地面にぶつかると四方に広がり、火砕流になります。数百度もの高温で、新幹線並みに高速で進む火砕流はとても危険で、流れた後には虫一匹生き残りません。火山灰や軽石が数十mもの厚い層となって広範囲を埋めつくすこともあります。こんなことが起こったら大変ですね。「火砕流の噴火」を再現するために開発されたのが、入浴剤を使った実験です。使用するのは「バスロマン スキンケア Wミルクプロテイン（アース製薬株式会社）」です。これは無機塩類系の入浴剤で水よりも重いため（高密度）、水に沈み、本物の火砕流そっくりの動き方をします。なお、「通常の噴火」には油脂系の入浴剤である「ソフレ（株式会社バスクリン）」を使います。（林）

薄型水槽の利点

「通常の噴火」や「火砕流の噴火」の実験は、観賞魚用の水槽内に粘土で火山を作り、ビニルチューブで入浴剤を注入することで簡単に観察することができます。この実験は、噴煙がどのように広がっていくのかを立体的にとらえられる素晴らしいものです。しかし、大量の水を使うため、準備や片付けに手間や時間がかかり、何度も実験を繰り返して観察することができません。

そこでお薦めするのが、薄型水槽を使った噴火実験です。薄型水槽は2枚のアクリル板で耐油燃料チューブを挟んで作った、簡易型の水槽です。この水槽だと、使う水は1L以下ですみます。また、薄型であることで「通常の噴火」や「火砕流の噴火」の噴煙や火砕流が広がる様子を二次元的に観察することができ、視点を定めやすいというメリットもあります。

2種類の噴火を観察してみよう

実験は、まず「通常の噴火」から観察しましょう。噴煙が上空に昇り、水面近くで左右に広がっていく様子は、実際の噴火で噴煙が上空で広がる様子にそっくりです。

次に「火砕流の噴火」です。噴火の勢いで上空に昇りかけた噴煙が勢いをなくして崩れ、火山の斜面を下る様子が観察できます。これが火砕流です。噴煙の崩れる場所が高いほど火砕流の勢いが大きいことや、平らな地面の上を横方向に広がっていく様子などを、実験を繰り返して観察してみましょう。（横山）

地学

株式会社 少年写真新聞社
〒102-8232 東京都千代田区九段南4-7-16市ヶ谷KTビルⅠ
ホームページ https://www.schoolpress.co.jp/
少年写真新聞 Juniors' Visual Journal

理科教育ニュース

理科教育ニュース
2022年
9月18日発行
第1180号
付録

養老川沿いの「千葉セクション」と「チバニアン」

千葉大学教育学部理科教育講座　泉賢太郎

千葉セクション

2020年1月17日に、日本の地名「千葉」に由来する地質時代が誕生しました。研究の中心となったのが千葉県市原市田淵の養老川沿いに分布する、一見何の変哲もない崖なのです。この崖の正体は地層で、研究グループの間では「千葉セクション」という名称で呼ばれています。

千葉セクションは、地質学的に見ると上総層群国本層と呼ばれる地層の一部です。上総層群は主に房総半島中央部に広く分布する地層群であり、国本層は上総層群を構成する地層の一つで、深海底で主に砂や泥が交互に堆積して固結した岩石（砂岩や泥岩）から構成されています。かつて海底で形成されたにもかかわらず、現在陸上で見られるのは、プレートの活動などに伴い、隆起したからです。

地磁気逆転の証拠

現在の地球上では、方位磁石はN極が北を指し、S極が南を指します。これは、地球が北極：S極、南極：N極の大きな磁石になっているからです。岩石中に保存された過去の地磁気の記録を調べると、長い地球の歴史ではこの磁石の向きが何度も入れ替わっていたことがわかりました（地磁気逆転）。

直近の地磁気逆転は今から約77万年前に起こり、地磁気が現在と逆向きであった「松山逆磁極期」から、現在と同じ向きの「ブルン正磁極期」に逆転しました。約77万年前の地磁気逆転の証拠は世界中の地層に記録されていますが、地磁気逆転の詳しい様相を知るた

めには、時間の空白がなく、かつ堆積速度が速い地層が適しています。この好条件を満たす地層の一つが、千葉セクションなのです。

実際に千葉セクションにはこの地磁気逆転の記録が良好な状態で保存されており、その高い学術的価値や社会的価値により、2018年10月15日に「養老川流域田淵の地磁気逆転地層」として国指定天然記念物に指定されました。

地質時代チバニアン

地磁気逆転は世界規模で同時に起こるので、約77万年前の地磁気逆転を前期更新世と中期更新世の境界の指標とすることが決まっていました。ただし、この境界をきちんと定義しようとすると、どこか特定の地層を「模式地」として指定する必要があります。模式地の最重要条件は約77万年前の地磁気逆転の良好な証拠ですが、加えて地磁気逆転が起こった高精度な年代値データがあることも必要です。

千葉セクションは砂岩や泥岩のほかに火山灰層も存在するので、火山灰層中の特定の鉱物粒子の年代測定を実施することで、地磁気逆転の高精度な年代値を得られました。さらに千葉セクションからは、地層形成当時の古環境に関する良好なデータがそろっていたこともあり、2020年1月17日に前期更新世と中期更新世の境界を定義する国際境界模式地（GSSP）として、国際地質科学連合により正式に認定されました。

その結果、それまで中期更新世と呼ばれていた地質時代の名称が「チバニアン」と名付けられたのです。

地学

株式会社 少年写真新聞社
〒102-8232 東京都千代田区九段南4−7−16市ヶ谷KTビルI
ホームページ https://www.schoolpress.co.jp/
少年写真新聞
Juniors' Visual Journal

理科教育ニュース

理科教育ニュース
2023年
1月18日発行
第1191号
付録

©少年写真新聞社2023年

★定期刊行物は終わる期間を予定しない刊行物です。年度が替わりましても、購読中止のお申し出のない場合、引き続きニュースをご送付申し上げます。
★著作権法により、本紙の無断複写・転載は禁じられています。

始動！ ジェイムズ・ウェッブ宇宙望遠鏡

東京工業大学 地球生命研究所　関根康人

ジェイムズ・ウェッブ宇宙望遠鏡は、口径6.5mの主鏡を持つ、宇宙に浮かぶ巨大な望遠鏡です。地上の望遠鏡は、地球の大気のゆらぎによる影響や大気成分による光の吸収を避けられません。一方、宇宙望遠鏡は地球を飛び出して観測を行うため、大気の影響を受けません。宇宙望遠鏡の中でも最大サイズのジェイムズ・ウェッブ宇宙望遠鏡は、これまで人類が作ったどんな望遠鏡よりも高感度の「モンスター級」の宇宙望遠鏡です。

ジェイムズ・ウェッブ宇宙望遠鏡は2021年の年末に打ち上げられ、2022年から観測を始めています。この望遠鏡は、宇宙のどんな謎を明らかにしようとしているのでしょうか。

宇宙最初の星

この宇宙は、約138億年前にビッグバンによって誕生したといわれています。ビッグバン直後は高温の素粒子が飛び交っていたのが、急激に冷えていくうちに素粒子から水素などの原子ができます。この時点では宇宙に光を発する天体はなく、暗黒が広がっています。やがて、水素が集まった領域で宇宙で最初の星が誕生します。この最初の星は、既に燃え尽きてしまっていますが、星が発した光は、はるか遠くから130億年以上の時をかけて今の地球に届いていると考えられています。

超高感度のジェイムズ・ウェッブ宇宙望遠鏡は、この宇宙最初の星が放った微弱な光を初めて観測できるのではないかと期待されています。どのようにして宇宙最初の星が生まれたのか——宇宙の初期にこの世界を初めて照らした光を目撃できるかもしれません。

最初の星ができた後、第2、第3世代の星が次々と誕生し、太陽よりずっと若い星もあります。生まれたての星は、ガスやちりが集まった領域に集中しています。この望遠鏡は、いわば「星のゆりかご」というべき領域を観測し、太陽のような星や、地球のような惑星がどのようにできるのかも調べています。

宇宙における生命

さらに、ジェイムズ・ウェッブ宇宙望遠鏡は、宇宙における生命の可能性にも迫る予定です。太陽系には、生命がいるかもしれない天体が複数あります。火星にはかつて海や川があったとされ、現在も地下水があるかもしれません。木星や土星の氷でできた月には、広大な地下海を持つものが存在し、中には地下海の海水が宇宙空間に噴き出しているものもあります。

ジェイムズ・ウェッブ宇宙望遠鏡は、このような天体の大気や海水に含まれる成分から、生命の存在を検知しようとしています。例えば、地球大気中の酸素は植物が光合成で生み出したものです。大気に少量含まれるメタンは、多くは微生物が生み出しています。そのような大気や海水に含まれる生命の指標（バイオマーカー）の観測も目指しています。

この宇宙はどのように始まったのか、宇宙は生命であふれているのか——ジェイムズ・ウェッブ宇宙望遠鏡は、人類が宇宙を認識して以来持ち続けている根源的な疑問に、答えを出してくれるのかもしれません。

地学

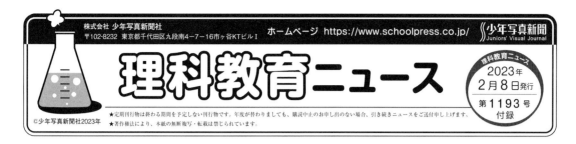

株式会社 少年写真新聞社
〒102-8232 東京都千代田区九段南4−7−16市ヶ谷KTビルⅠ

ホームページ https://www.schoolpress.co.jp/

少年写真新聞
Juniors' Visual Journal

理科教育ニュース

理科教育ニュース
2023年
2月8日発行
第1193号
付録

©少年写真新聞社2023年

★定期刊行物は終わる期間を予定しない刊行物です。年度が終わりましても、購読中止のお申し出のない場合、引き続きニュースをご送付申し上げます。
★著作権法により、本紙の無断複写・転載は禁じられています。

微粒子がつくり出す虹色の輪、光環

気象予報士　岩槻秀明

太陽や月が何重もの虹色の輪で縁取られたようになることがあり、これを「光環」といいます。太陽にできたものを日光環、月にできたものを月光環と呼び分ける場合もあります。よく見ると、光環の内側は白く大きな円盤状の光になっており、「オーレオール」と呼びます。

光を回折させる微粒子

大気中に浮かぶさまざまな微粒子が光環を引き起こす原因となり、今号で取り上げたスギ花粉もそのひとつです。ほかにも、霧粒や土ほこりなども光環の原因になります。また、比較的薄い雲が太陽や月を隠したときにも、光環ができることがあります。中でも、巻積雲や高積雲は比較的光環ができやすい雲で、雲を構成する水滴や氷晶が関係しています。

また、「ビショップの環」という現象も知られています。きわめてまれなものですが、大規模火山の噴火によって空高く巻き上げられた火山灰によってできる光環の一種です。

光は、微粒子に当たると、その後ろ側に回り込むように曲がる性質があります。これを「回折」といいますが、曲がる程度は光の波長によって少しずつ異なります。そのため、回折が起こると、白色光（太陽光などのさまざまな色の光が混じって白く見える光）は色ごとの光に分かれ、虹色になります。

そして、回折を引き起こす微粒子の大きさがだいたいそろっているときは、太陽や月などの光源を中心とした円形の規則正しい虹色の輪となって、肉眼でもその色を見ることができるようになります。これが光環なのです。

光環と彩雲は紙一重の現象

一方、「彩雲」は、太陽や月の近くにある雲がさまざまな色に輝いて見える現象です。その色づき方は不規則で、雲の動きや形の変化に合わせて刻々と変化していきます。彩雲も、光環と同様に雲の構成粒子が光を回折した結果、起きる現象です。光環と違うのは、回折の原因となる粒子の大きさがバラバラであるため、回折した後の光が複雑に入り混じって、色づき方が不規則になるという点です。

つまり、雲によって回折が起こる場合、雲を構成する粒子の大きさがだいたいそろっていれば光環に、大きさがバラバラであれば彩雲になります。そして、粒子の大きさのそろい方が中途半端なときは、光環と彩雲の中間的な姿となります。

安全に観察するために

光環はとても美しい現象ですが、一方で太陽のすぐ近くにできるため、とてもまぶしく、観察時には目を傷めないような注意が必要です。まず、太陽本体を直視してはいけません。必ず電柱や建物、街灯、樹木、手などで太陽を隠してから観察するようにします。また、太陽を隠したとしても、直接眺めるのは短時間で済ませるようにしてください。同時に写真を撮り、写真をもとに詳しく観察するようにするとよいでしょう。そのほか、水たまりなどに映り込んだ太陽を観察するという方法もあります。なお、月光環はまぶしくないため、直接観察しても大丈夫です。

地学

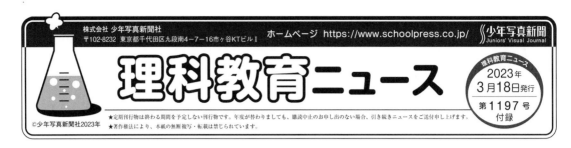
株式会社 少年写真新聞社
〒102-8232 東京都千代田区九段南4-7-16市ヶ谷KTビルI
ホームページ https://www.schoolpress.co.jp/
少年写真新聞 Juniors' Visual Journal

理科教育ニュース

理科教育ニュース
2023年
3月18日発行
第1197号
付録

©少年写真新聞社2023年

★定期刊行物は終わる期間を予定しない刊行物です。年度が替わりましても、購読中止のお申し出のない場合、引き続きニュースをご送付申し上げます。
★著作権法により、本紙の無断複写・転載は禁じられています。

フォッサマグナの誕生から現在まで

静岡大学学術院理学領域（理学部地球科学科）　三井雄太

日本海とフォッサマグナ

　フォッサマグナとは、日本列島中央部の深さ数千メートルにまで及ぶ、巨大な溝のような構造のことです。どのようにして、できたのでしょうか。かつて大陸の東縁にあった日本列島は、約2000万年前に大陸から離れる動きを始めました。この動きは一直線に離れるようなものだったわけではなく、西南日本と東北日本の2つの地体が別々の方向に回転運動するようなものだったと、岩石に残された過去の地磁気の記録から考えられています。このとき、大陸と日本列島の間に広がった裂け目が日本海、西南日本と東北日本の間にできた裂け目がフォッサマグナとなっていきました。日本海とフォッサマグナは、もともと一体のものだったといってよいのかもしれません。

フォッサマグナの隆起

　約1500万年前には、フォッサマグナは海の底でした。その後、長い年月をかけて隆起していきました。この隆起の原因として、はるか南の海底で誕生した火山島群がフィリピン海プレートにのって北上し、次々と日本列島に衝突したことが挙げられています。この火山島群は伊豆・小笠原弧と呼ばれ、山梨県にある櫛形山地や御坂山地、神奈川県の丹沢山地（これら3山地は現在では火山活動をしていません）、そして伊豆半島が該当します。

　このことから、フォッサマグナの北部地域のほうが南部地域よりも長い間海の底にあったと考えられます。新潟県などのフォッサマグナ北部地域で豊富に産出する石油や天然ガスは、海にすんでいたプランクトンが海底にたまり、変質したことでつくられました。

現在のフォッサマグナとその周辺

　フォッサマグナの西縁は、糸魚川-静岡構造線と呼ばれています。糸魚川-静岡構造線では、西側の古い地層と東側の新しい地層（フォッサマグナ側）が明瞭に分かれている様子が各地で見られます。諏訪湖以北の糸魚川-静岡構造線は、地震の震源断層となっており、マグニチュード6から7級の地震が最近数百年の間に10回程度発生してきたと推定されています。一方、フォッサマグナの東縁は不明瞭ですが、おおむね新潟県から千葉県にかけて位置すると考えられます。

　フォッサマグナの中では、活発な火山活動が見られます。例えば、草津白根山、浅間山、箱根山、富士山などです。これらの火山活動は、日本列島下に東から沈み込んでいる太平洋プレートから放出された水がもとになっているもので、フォッサマグナ自体に原因があるわけではありません。

　現在は、人工衛星を用いた測位システム（GNSS）によって、日々の地表の動きがある程度わかるようになっています。その結果、フォッサマグナに特有の動きというものは見られず、新潟-神戸ひずみ集中帯と呼ばれる別の変動帯が存在することがわかってきました。フォッサマグナは過去の日本列島形成の記録であり、現在は日本列島中央部にひっそりとたたずんでいます。

地学

株式会社 少年写真新聞社
〒102-8232 東京都千代田区九段南4-7-16市ヶ谷KTビルI
ホームページ https://www.schoolpress.co.jp/
少年写真新聞 Juniors' Visual Journal

© 少年写真新聞社2022年

★定期刊行物は終わる期間を予定しない刊行物です。年度が替わりましても、購読中止のお申し出のない場合、引き続きニュースをご送付申し上げます。
★著作権法により、本紙の無断複写・転載は禁じられています。

理科教育ニュース
2022年
5月18日発行
第1170号
付録

理科教育ニュース

雲の無限の表情を見分ける

石川県立大学 客員研究員・気象予報士　村井昭夫

たった10しかない雲の種類

現在の雲分類は、1803年にルーク・ハワードが作ったものが基になっています。彼は雲を7つに分類し、ラテン語で名前をつけました。その後、多くの研究者の試行錯誤の末、雲の基本分類は10種類になり（「十種雲形」と呼ぶ）、現在は国際連合の専門機関である世界気象機関（WMO）が基準を定義しています。十種雲形はさらに見た目の形や並び方で「波状雲」「レンズ雲」などの約120種に細分化され、『国際雲図帳』で規定されています。

動物は約140万種、植物は約31万種もあることを考えると、雲の種類は比べものにならないほど少ないのですが、たった10の基本形しかない雲なのに、見分けるのはそれほど簡単ではありません。その理由は、
①雲には決まった形がなく常に変化している
②種類と種類の境界がはっきりしておらず、
　種類間を移り変わっていくことさえある
という独特の性質があるためです。

雲の名前のルール

雲の分類（図）を理解するには、まず雲の名前のルールを知っておくとよいと思います。
【十種雲形の名前のつき方基本ルール】
雲の名前は5つの語「巻」「高」「積」「層」「乱」の組み合わせでできます。
★第1のルール：高さ
　①高い雲（5000m～13000m）は名前の先頭に「巻」がつく
　②中くらいの高さの雲（2000m～7000m）は名前の先頭に「高」がつく
　③低い雲（地表付近～2000m）の名前には「巻」も「高」もつかない
★第2のルール：形
　かたまり状の雲は「積」、大きく広がる膜状の雲は「層」がつく
★第3のルール：雨の有無
　常に雨を伴う厚い雲には「乱」がつく

つまり、「高い」「かたまり状」の雲は「巻」＋「積」＝巻積雲、「中くらいの高さ」で「膜状」であれば「高」＋「層」＝高層雲、「かたまり状」で「低く」「雨を降らせる」雲は「積乱雲」というわけです。

とはいえ、実際に雲を判別するには高さの判断などにちょっとしたコツが必要です。雲の奥深さと面白さは、先述した「決まりの中にある無限のバリエーション」にあるのです。

雲の種類はその成因とも深く関わっています。理解すると、これから天気がどのように変化していくのかや、見えない前線の接近などの「見えない空気の動き」も知ることができるようになるでしょう。

図　十種雲形とその高さ

地学

133

プリズムは何に使われているの？

今回の掲示用写真ニュースでは、偶然、水槽がプリズムと同じ働きをして太陽光を分光させる様子を紹介しました。一般的に「プリズム」というと、まず理科の実験で用いる三角形のプリズムを思い浮かべますが、ほかにもさまざまな所でプリズムが使われています。

プリズムは、ガラスなどの無色透明な素材でできた多面体です。「光を反射・屈折させて方向を変える」「白色光を分光させる」「三原色の光を合成して白色光にする」などの目的で、一眼レフカメラや双眼鏡、プロジェクターなどの光学機器に多く使われています。

こうしたプリズムを実際に目にすることはあまりありませんが、その形は三角形だけではなく、五角形や六角形、曲面を含む複雑な形など、目的に合わせた形に加工されて使われています。プリズムは、見えない所で役立っているのです。

7ページの補足情報です。

生活に役立てられている「真空」

「真空」は、空気が完全になくなった状態だけを指すのではなく、大気圧より気圧が低い状態を総じて「真空」と呼び、その度合いによって「低真空」「中真空」「高真空」「超高真空」「極高真空」に分類されます。

真空は、私たちの身近なところでも利用されています。例えば、中に入れた飲み物の温度を一定に保つ魔法瓶は、内壁が二重構造になっており、その中を真空にすることで熱の伝達を遮断しています。内壁はガラス製とステンレス製の二種類があります。以前はガラス製が主流でしたが、落とすと割れる可能性があるため、現在ではほぼ卓上ポットにのみ使われており、持ち運ぶ魔法瓶はステンレス製が主流となっています。

また、食品や食材を真空パックにして包装することで、中身が空気に触れて酸化するのを防ぎ、長期間の保存が可能となります。最近では、スーパーの生鮮食品コーナーで販売される肉類の包装を、従来の発泡トレーとラップフィルムから、フィルムを肉に密着させる真空パック包装に変更する事例が増えています。真空状態にすることで肉の菌の繁殖を抑え、食材の消費期限を今までより延ばすことができるので、フードロスの減少につながっています。

12ページの補足情報です。

身近に使われるクエン酸と重曹

今回の掲示用写真ニュースで使用したクエン酸と重曹は、掃除にも使われることがあります。酸性のクエン酸は、水あかを落とすのに使われます。水あかは、水道水に含まれるカルシウムなどが結晶となったものです。その主成分である炭酸カルシウムは、クエン酸と反応すると水に溶けるようになり、洗い流しやすくなります。また、アルカリ性であるアンモニアを中和するため、トイレの消臭にも使われます。

一方、アルカリ性である重曹は、主に油脂汚れを落とすのに使われます。重曹が油脂汚れを落とすメカニズムは、2種類の性質が作用していると考えられています。一つは、重曹の粉が物理的に汚れをこすり落とす効果です。もう一つは、アルカリ性である重曹が油脂の一部を分解し、グリセリンと脂肪酸のナトリウム塩ができます。これを「鹸化」といいます。脂肪酸のナトリウム塩は、石けんの成分です。この石けんが、油脂汚れを水になじみやすくして落としていると考えられます。また、生ごみの臭いのもとは酸性であることが多く、アルカリ性の重曹と中和することで空気中に漂いにくくなるため、重曹を使うと臭いを抑えることができます。

参考サイト「Chem-Station」https://www.chem-station.com/

17ページの補足情報です。

身近なアリについてもっと知ろう！

『身近なアリけんさくブック』

吉澤樹理 著／みぞぐちともや 絵／仮説社 刊

今回の掲示用写真ニュースの監修者、吉澤樹理先生による、初めてアリを探す子どもや保護者、学校の教員に向けた図鑑です。

日本で見られる約300種のアリから22種を選び、「大きさ」「色」といった特徴から写真つきのインデックスで種を探し、同定することができるように工夫されています。また、厚紙に印刷されたページをリングでとじている丈夫なつくりのため、野外観察に持ち出しても安心です。

「東京アリ類教育研究所 −ありラボ−」

https://www.tokyo-ari-labo.com

こちらは吉澤樹理先生による、アリの観察や採集、飼育、標本作製などの情報を詳しく紹介しているサイトです。各種アリの動画も掲載されており、さまざまなアリが動き回る様子を見ることができます。アリを探しに行く前に見ておくと参考になります。

また、見つけたアリの種の同定や生態に関する質問も受け付けています。参考図書や参考ウェブサイトの情報も充実しているので、ぜひアクセスしてみてください。

ページの補足情報です。

手すりの虫についてもっと知ろう！

『手すりの虫観察ガイド 公園・緑地で見つかる四季の虫』 とよさきかんじ 著 文一総合出版 刊

今回の掲示用写真ニュースの監修者である とよさきかんじ先生による、手すりで見つか る虫（昆虫やクモなど）を解説するガイドブッ クです。約300種もの虫が写真とともに紹介 されています。

春夏秋冬を通じて手すりに現れる虫は多種 多様で、幼虫や蛹、捕食する虫まで見つかる ことがあり、「こんなにいろいろな虫がいる のか！」と驚かされます。その多くは、普段 は見過ごしてしまいがちな数mm程度のほん

の小さな虫たちです。こうした「手すりの虫」 観察は、生物多様性について考えるきっかけ にもなります。

何より、「近所の公園を歩きながら虫を探 せる」という手軽さが魅力で、昆虫観察の敷 居を下げてくれます。さらに、観察のポイン トや注意点、撮影方法、種の調べ方などもま とめられており、手軽に楽しめる昆虫観察の 入門書としても、夏休みの自由研究のヒント としてもおすすめの一冊です。

21ページの補足情報です。

草花マップ作りに役立つ本

※品切れの本は、学校や地域の図書館などで 探してみてください。

●草花の名前に親しもう（低学年から）
『校庭のざっ草』

有沢重雄 作 松岡真澄 絵 福音館書店 刊
季節と、色などの特徴ごとに、身近な草花 の姿とその名前をイラストで紹介しています。

『野の草花』
古矢一穂 文 高森登志夫 絵 福音館書店 刊
季節と場所（畑、水辺、田んぼ、空き地、 雑木林、校庭など）ごとに、代表的な草花の 姿とその名前をイラストで紹介しています。

『野原の葉っぱ』
亀田龍吉 写真 有沢重雄 構成・文 偕成社 刊
葉の形や質感、香りなどの特徴から、身近 な草花の名前を調べることができます。

●見つけた草花を調べよう（中学年から）
『学校のまわりの草木図鑑』
（春）・（夏）・（秋）・（冬）
おくやまひさし 解説・写真 大日本図書 刊
場所（家の周り、水辺、林など）ごとに、 代表的な草木の写真、好む環境、分布、原産 地、分類、生育の特徴が掲載されています。

22ページの補足情報です。

●見つけた草花を調べよう（中学生から）
『日本の野草』（春）・（夏）・（秋）（品切れ）
矢野亮 監修 学研プラス 刊
色とフィールド（平地、丘/山、水辺、海 辺など）ごとに、代表的な草花のイラスト、 好む環境、分布、原産地、分類、生育の特徴 が掲載されています。

●草花（雑草）の生態について学ぼう
『身近な草花「雑草」のヒミツ』
子供の科学編集部 編 保谷彰彦 著 誠文堂新光社 刊
植物のつくり、暮らしぶりの種類、子孫繁 栄の戦略、雑草が都会で生きられる理由につ いてなど、広く解説された草花の入門書。巻 末は、代表的な雑草の図鑑になっています。

●草花マップ作りを深めよう
『生きもの地図をつくろう』
浜口哲一 著 岩波書店 刊
植物を含む生きもののマップ作りの面白さ がよく伝わり、生きものマップ作りを深める ためのヒントがたくさん見つかります。

●自然に生えている草花を育ててみよう
『草のちからたねのふしぎ』（品切れ）
おくやまひさし 作 偕成社 刊

レンズを持つ頭足類の眼

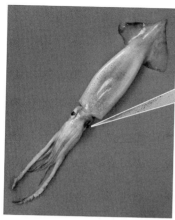

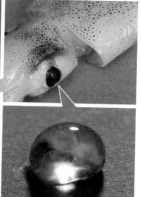

120ページの解説にあるように、頭足類であるタコやイカはレンズ（水晶体）のある眼を持っています。

タコの頭は一般に入手しづらいので、1杯丸ごとで購入しやすいイカからレンズを取り出してみましょう。眼球の膜を破ると、黒っぽい液体とともに、無色透明な半球状のレンズが出てきます。レンズを通して風景や文字を見ると、どのように見えるのかをためしてみましょう。

23ページの補足情報です。

集めたら参加してみよう！

●チリモン図鑑

http://www.chirimon.jp

通称「チリメンモンスター（略してチリモン）」と呼ばれる、チリメンジャコの中の生き物が掲載されたWEB図鑑です。今回の掲示用写真ニュースを監修した大阪自然環境保全協会が運営しています。自分で撮ったチリモンの写真を投稿することができるのが特徴で、「みんなで作り上げる」のが醍醐味です。

●セミの抜け殻調査

夏になると、全国各地の地方自治体や博物館、自然観察グループなどが主体となって、「セミの抜け殻調査」を実施しています。学校の近くでこうした調査が行われている場合は、参加するのもよいでしょう。抜け殻からセミの種類を見分けるための資料を配布している場合

●微小貝さがしサポート図鑑

http://www.bishogai-sagashi.jp

こちらも大阪自然環境保全協会が運営している、参加型のWEB図鑑です。見つけた微小貝の写真を投稿すると、専門家が種類を同定し、図鑑に登録されます。貝の特徴やとった場所から検索したり、似た貝を比べたりすることができます。微小貝の探し方、子どもたちへの教え方なども掲載されています。

もあります。こういった調査は継続的に実施されており、同じ基準で調べているため、過去の調査データと比較して、その地域の環境がどう変わってきたのかを調べる指標となります。

参加する調査によって、方法が異なります。先方のガイドラインを確認しましょう。

24ページの補足情報です。

水かきで水をとらえる水鳥の仲間

　水かきのある足を持つ水鳥の多くは水上を移動したり、水中に潜ったりできます。この水かきは足の指にある「膜」で、この膜が水をとらえます。水かきのある足は「蹼足」と「弁足」があり、よく水鳥に見られるのが指と指の間に膜（蹼膜）がある「蹼足」で、通常3本の指の間に2つの膜あります。しかし、ウやペリカンなどの仲間は4本の指の間に3つの膜がある「全蹼足」です。「弁足」は指自体が木の葉状の弁膜になっており、オオバンやカイツブリ、シギの仲間に見られます。ど

ちらも足を交互に動かして進み、水をとらえる時には指を広げて面積を広くします。

　また、水上を進むのが主の鳥と水中にも潜る鳥では、体につく足の位置が異なり、カモのように水上を進む鳥は体の中央に足がついていて、歩くのも得意です。一方、カイツブリやウの仲間は足が尾羽の方についていて、よたよたと歩く姿からもわかるように歩くのは苦手です。身近な水鳥の足にも注目して、観察してみましょう。

参考『くらべてわかる野鳥』叶内拓哉 写真・文　山と渓谷社 刊 ほか

28ページの補足情報です。

卵の殻と卵黄の色の違い

　卵黄の色はカロテノイドと呼ばれる色素によって形成されていますが、鶏は自身の体内でカロテノイドを合成することができないため、生産者が与える餌の種類や割合によって卵黄の色を調整しています。

　一般的な鶏の餌には養鶏に向いた飼料用トウモロコシが多く使われているため、トウモロコシの色素成分が卵黄に移って黄色くなります。一方、餌にパプリカやマリーゴールド

等の粉末を混ぜると卵黄は赤みを帯びた濃い色になり、飼料米を多くするとクリーム色になります。

　また、殻の色も大きく分けて白玉と赤玉があります。一般的に白い羽毛の鶏が白い卵を産み、赤い羽毛の鶏が赤い卵を産みます。

　卵黄も殻も色が濃い方が栄養価が高い印象を受けますが、栄養価の面で大きな違いはありません。

29ページの補足情報です。

ふたごの卵「二黄卵」

©tednmiki

　養鶏場の直販店や通販サイトでは、1つの卵に卵黄が2つ入った二黄卵が販売されていることがあります。

　二黄卵は主に、まだ排卵のリズムが安定していない若い鶏が、卵黄を連続して排卵することで作られます。養鶏場の人は、自分が育てている鶏の年齢を把握しており、若い鶏が産む卵は一般的にサイズが小さいため、特に大きいものは二黄卵の可能性が高いと、見た目で判断することができます。

　最も多く卵黄が入った卵としては、1971年にアメリカの養鶏場で採れた卵黄が9つあった卵が現在ギネスブックに登録されています。

29ページの補足情報です。

石の図鑑や参考書籍

※品切れの本は、学校や地域の図書館などで探してみてください。

●はじめに手に取ってみよう

『石ころ博士入門』

高橋直樹・大木淳一 著　全国農村教育協会 刊

　石の観察方法、種類によるでき方の違い、石の生い立ちの探り方、石についてさらに学ぶための場所、本、方法などが掲載された、総合的な石の入門書。

『集めて調べる川原の石ころ
　　　―名前・特徴・地質がわかる』

　　　　渡辺一夫 著　誠文堂新光社 刊

『川・石ころの大研究』

　平田大二 監修　渡辺一夫 著　ポプラ社 刊

『川原の石ころ図鑑』（品切れ）

　　　　渡辺一夫 著　ポプラ社 刊

『海辺の石ころ図鑑』（品切れ）

　　　　渡辺一夫 著　ポプラ社 刊

●自分だけの石の研究をもっと深めよう

『川原の石の観察と実験』（品切れ）

　馬場勝良 著　さ・え・ら書房 刊

　挿絵や図が多く、石の研究の深め方について多くのヒントを得ることができる解説書。

●石の来歴について想像を膨らませよう

『石ころ　地球のかけら』（品切れ）

　桂雄三 文　平野恵理子 絵　福音館書店 刊

　拾った石がそこへたどり着くまでの長い旅について想像することを助けてくれます。

●鉱物をさがしてみよう（中学生から）

『ひとりで探せる
　　　川原や海辺のきれいな石の図鑑』

『ひとりで探せる
　　　川原や海辺のきれいな石の図鑑２』

　　　　柴山元彦 著　創元社 刊

30ページの補足情報です。

石について尋ねることができる博物館・科学館

　全国の、石について尋ねることができる博物館・科学館のうちの一部を紹介します。ここには掲載されていない近隣の博物館・科学館にも、ぜひ問い合わせてみてください。

■ 岩手県立博物館
　http://www2.pref.iwate.jp/~hp0910/
■ 秋田県立博物館
　https://www.akihaku.jp
■ 福島県立博物館
　https://general-museum.fcs.ed.jp
■ 地質標本館（茨城県）
　https://www.gsj.jp/Muse/
■ ミュージアムパーク　茨城県自然博物館
　https://www.nat.museum.ibk.ed.jp
■ 栃木県立博物館
　http://www.muse.pref.tochigi.lg.jp
■ 群馬県立自然史博物館
　http://www.gmnh.pref.gunma.jp
■ 埼玉県立自然の博物館
　https://shizen.spec.ed.jp
■ 千葉県立中央博物館
　http://www2.chiba-muse.or.jp/NATURAL/
■ 神奈川県立生命の星・地球博物館
　https://nh.kanagawa-museum.jp
■ 相模原市立博物館（神奈川県）
　https://sagamiharacitymuseum.jp/
■ 平塚市博物館（神奈川県）
　https://hirahaku.jp

■ 横須賀市自然・人文博物館（神奈川県）
　https://www.museum.yokosuka.kanagawa.jp
■ 糸魚川フォッサマグナミュージアム（新潟県）
　https://fmm.geo-itoigawa.com
■ 大鹿村中央構造線博物館（長野県）
　https://mtl-muse.com
■ 中津川市鉱物博物館（岐阜県）
　https://www.city.nakatsugawa.lg.jp/museum/m/index.html
■ 豊橋市自然史博物館（愛知県）
　https://www.toyohaku.gr.jp/sizensi/
■ 名古屋市科学館（愛知県）
　http://www.ncsm.city.nagoya.jp
■ 滋賀県立琵琶湖博物館
　https://www.biwahaku.jp
■ 大阪市立自然史博物館
　http://www.mus-nh.city.osaka.jp
■ 兵庫県立人と自然の博物館
　https://www.hitohaku.jp
■ 愛媛県総合科学博物館
　https://www.i-kahaku.jp
■ 宮崎県総合博物館
　https://www.miyazaki-archive.jp/museum/
■ 沖縄県立博物館・美術館
　https://okimu.jp

30ページの補足情報です。

福徳岡ノ場の海底火山で起こった巨大噴火

写真提供　海上保安庁 海域火山データベース

2021年8月13日に起こった噴火の様子

2021年8月13日に、小笠原諸島付近にある海底火山の福徳岡ノ場で大規模な海底噴火が発生しました。噴煙の高さは16,000mにもおよび、明治時代以降に発生した国内の噴火としては最大級で、1914年の桜島火山の噴火に次ぐ規模だったといわれています。

噴火の際に大量の軽石が噴出し、全国各地に漂着しました。また、周辺に新島が生じましたが、数か月でほぼ消滅しました。

31ページの補足情報です。

素掘りのトンネルが多く残る千葉県

千葉県の房総半島には、蛇行する川に沿うような深い谷が多く見られます。高い山はありません（千葉県で一番高い山は愛宕山で、標高408m）が、地形に沿った移動は大変です。

しかし、今号で取り上げた「上総層群」のように比較的軟らかい砂岩や泥岩の地層が多いため、機械を使わない、人力による「素掘り」のトンネルを作り、人や車を通しました。また「二五穴」と呼ばれる水を運ぶトンネル、新田開発を目的とした「川廻し」のトンネルなども素掘りで多く作られ、現在も見ることができます。

参考　千葉県立中央博物館 Webサイト ほか

素掘りの2階建トンネル（向山トンネル）。

32ページの補足情報です

宇宙望遠鏡のペーパークラフトを作ろう！

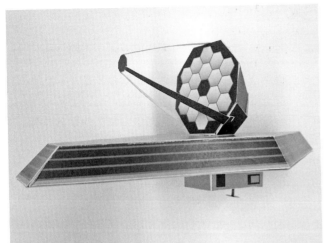

NASAのウェブサイトでは、ジェイムズ・ウェッブ宇宙望遠鏡のペーパークラフトの作り方を紹介しています。

型紙をダウンロードして印刷し、画用紙などに貼りつけて切り抜き、のりしろで貼れば、ミニチュアサイズのジェイムズ・ウェッブ宇宙望遠鏡のでき上がりです。

太陽や地球の模型と合わせて使うと、宇宙望遠鏡との位置関係がイメージしやすくなるかもしれません。ぜひおためしください。

https://www.jwst.nasa.gov/content/features/educational/paperModel/paperModel.html

33ページの補足情報です。

雲についてもっと知ろう！

『新・雲のカタログ』 村井昭夫・鵜山義晃 文と写真／草思社 刊

今回の掲示用写真ニュースの監修者である村井昭夫先生による、雲の分類図鑑です。2011年に出版されて好評を博し、ロングセラーとなった『雲のカタログ』が、全面的にリニューアルされました。2017年に改訂された世界気象機関（WMO）の分類基準で追加・変更された基準に対応しています。新たに撮りおろした400点以上の写真を加え、解説も加筆されました。

高さや形、大きさなどから、雲が「十種雲形」のどれに当てはまるのかを判別できる便利なフローチャートが掲載されています。また、十種雲形をさらに細分化した雲が一種ず

つ写真つきで紹介されているので、空に浮かぶ雲と本書を見比べながら楽しむことができます。本書の後半では、虹やハロ、環天頂アークなどの大気光学現象もたくさん紹介されています。

紹介されている雲や現象にはそれぞれ「レア度」がついており、レア度の高い雲や現象を探す楽しみもあります。雲を楽しむための観察ガイドとしておすすめの一冊です。

また、村井先生によるブログ「雲三昧 ―雲と空の記録と独り言―」(http://kumozanmai.livedoor.blog)でも、時節に合った雲の話題を読むことができます。

6〜37ページの補足情報です。

新連載 新たな災害時に途切れない教育システムの開発と検証プロジェクト

「減災どこでも 理科実験パッケージ」2

第1回

小学校6年生版パッケージの紹介

お茶の水女子大学 サイエンス&エデュケーション研究所 特任講師　大﨑章弘

お茶の水女子大学サイエンス&エデュケーション研究所では、2016年4月より「新たな災害時に途切れない教育システムの開発と検証」プロジェクトを開始し、災害時に、いつでも・どこでも・だれでも理科実験を行うことができる「減災どこでも理科実験パッケージ」を開発しています。本パッケージは、学年ごとに学習指導要領の実現に必要な実験教材を網羅することを目指しています。

2018年の連載で紹介した本事業の概要および小学校3年生～5年生の実験パッケージに続き、今回の連載では小学校6年生～中学校3年生の実験パッケージを紹介します。

パッケージの内容

6年生では、自然の事物や現象を複数の側面から調べられる教材が必要になります。パッケージ内容と対応する単元を、表と図1に示します。災害時のように理科室が使えず、普通教室で行う実験では、教材がかさばらずコンパクトであることが重要です。加えて2020年度から実施されている新学習指導要領（2017年告示）では、「電気の利用」単元でプ

ログラミングが追加されました。こうした状況を踏まえ、ICTを活用した個別実験の教材も開発しました。その中で特徴的な2つの教材を紹介しましょう。

（1）回路カードを用いたプログラミングによる電気の利用セット【電気の利用】

電気の利用では、センサーやプログラミングを活用して電気の流れを効率的に制御する内容が新たに加わりました。以前、電気単元の実験用に開発した「回路カード」は、ホワイトボードに銅箔テープを貼り、銅箔テープのついたさまざまな回路部品を磁石でつけて電気を通すことで、容易に回路を作成できるようにした教材です。本単元でも回路カードを活用し、プログラミング用の回路部品として市販のセンサーつきマイコンボード「micro:bit」、電池、プログラム制御スイッチ「TFW-SW2」（TFab Works社）をまとめてモジュール化したものを開発しました。モジュールをプログラミングで制御すると、センサーで自動的にON/OFFができるスマートスイッチを作ることができます。これを回路カードに載せるだけで、明るさでON/

表　単元と対応する実験教材一覧

単元名※	個人用	班　用
①てこの規則性	モビール工作セット	折り畳み式てこ実験器
②電気の利用	回路カードセット	プログラミング教材
③燃焼の仕組み	—	燃焼実験セット
④水溶液の性質	水溶液(金属)実験セット、マローブルーの指示薬実験セット	—
⑤人の体のつくりと働き	だ液実験セット	ICT教材
⑥植物の養分と水の通り道	顕微鏡（ハンディ、タブレット）	水の通り道実験セット、葉のでんぷん反応実験セット
⑦生物と環境	顕微鏡(ハンディ、タブレット)、レーウェンフック顕微鏡工作セット	簡易ツルグレン装置
⑧土地のつくりと変化	火山灰観察セット、3D地形図	顕微鏡(ハンディ、タブレット)、断層実験セット、たい積実験セット
⑨月と太陽	—	月の満ち欠け観察セット

※文部科学省（2017）小学校学習指導要領解説　理科編に準拠

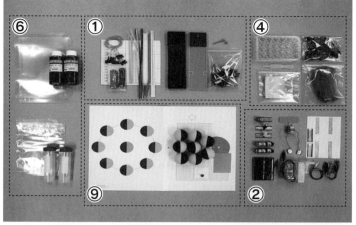

図1 「減災どこでも理科実験パッケージ」6年生版内容物一覧

連載

図2 スイッチのついた豆電球の照明（左）と自動車（右）

OFFが切り替わる豆電球の照明や、明るさに応じて走ったり止まったりする自動車ができます（図2）。

2019年から小学校で使い始めたところ、特に自動車の人気が高く、スタンドライトの光の下でぴたっと止める課題では、走らせる場所や電源をOFFにする明るさの設定を熱心に試行錯誤する様子が見られました。

（2）マローブルーの指示薬実験セット
【水溶液の性質】

水溶液の性質では、いろいろな水溶液の性質や働きを調べます。理化学用品として市販されている多穴プレートは、試薬が少量で済み、反応の比較を1枚のプレートで行えるという利点があります。数種の金属と塩酸の反応実験においても、少量の試薬で実験できるため、普通教室の机でも安全に実験できます。

発展として、多穴プレートとハーブティーであるマローブルーの色素を指示薬として用いる実験セットを開発しました（図3）。マローブルーは乾燥状態で保存しやすいのが利点です。実験では「未知の粉末」として5種類の粉（クエン酸、食塩、グラニュー糖、重曹、草木灰）をプレートに少量ずつ入れ、まずは見た目の違いを観察し、水を加えて粉末の水溶性を確認した後、マローブルーを水出しした紫色の指示薬を加えて色の変化から粉の種類を考えます。ピンクから青色、緑色まで鮮

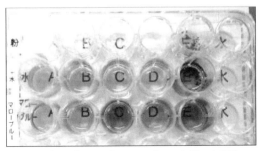

図3 多穴プレートとマローブルーを用いた実験

やかに変化する色に歓声が上がります。児童のアンケートでも「試験管よりもコンパクトで液を入れやすかった」「酸性中性アルカリ性で違って粉の種類が5種類もあったから予想するのが難しかったけど、とても楽しかった」と好評でした。

本教材は2018年7月の豪雨で被災した岡山県倉敷市真備地区の小学校で活用され、当時はグラウンドに建てられた仮設校舎の普通教室で本教材を活用した授業を行いました。

（3）その他のパッケージ

小学校6年生のパッケージには、中学校でも活用できるものがあります。地球分野の火山灰の観察で用いるタブレットPCと100円ショップで販売されているマクロレンズを組み合わせた教材や、立体的な地形を表現する3Dプリンターを活用した教材、ピンポン玉を使った月の満ち欠け観察セット、生命分野のだ液実験セットは、中学校の単元と併用できます。

従来から、自然災害に備えて普通教室などでも実験できるように個別教材を中心に開発してきましたが、前回の連載からの4年間で学びの環境が大きく変化しました。新学習指導要領に加え、GIGAスクール構想の実現による急速なICT機器の導入、さらには新型コロナウイルス感染症の影響により児童生徒がオンラインで参加する授業が日常化したことなどです。今まで以上に実験パッケージの必要性を実感しています。日頃から本教材のような身近な物での実験を少しでも行うことで、いつ起こるかわからない災害に対する備えになることを願っています。

本プロジェクトのホームページ（https://sec-gensai.cf.ocha.ac.jp/）に、より詳しい情報を掲載しているので、ぜひご覧ください。

※本パッケージは「新たな災害時に途切れない教育システムの開発と検証」プロジェクト（お茶の水女子大学機能強化経費）の成果です。

—大﨑章弘先生のプロフィール—
早稲田大学理工学術院助手、日本科学未来館科学コミュニケーターなどを経て、2016年に着任。機械や情報工学を専門として、科学教育や理科教育の教材を実践的に研究開発している。

連載　**新たな災害時に途切れない教育システムの開発と検証プロジェクト**

第2回

「減災どこでも 理科実験パッケージ」2

中学校1年生版パッケージの紹介

お茶の水女子大学 サイエンス＆エデュケーション研究所 特任講師　竹下陽子

お茶の水女子大学サイエンス＆エデュケーション研究所では、2016年4月より「新たな災害時に途切れない教育システムの開発と検証」プロジェクトを開始し、災害時にいつでも・どこでも・だれでも理科実験を行うことができる「減災どこでも理科実験パッケージ」を開発しています。本パッケージは、学年ごとに学習指導要領の実現に必要な実験教材を網羅することを目指しています。今回は、中学校1年生版の実験パッケージを紹介します。

パッケージの内容

中学校の理科では、2021年度から実施されている新学習指導要領において、科学的に探究するために必要な資質・能力の育成が求められています。1年生では、例として「自然の事物・現象に進んで関わり、その中から問題を見いだす」過程を重視すると記載されています。これを念頭に、手に入りやすい材料を用いて楽しく効果的に学習できることを目指し、1年生の実験パッケージを開発しました（表・図1）。その中の特徴的な教材を以下に紹介します。

（1）レーウェンフック顕微鏡工作セット
【光と音ほか】

約350年前にオランダのレーウェンフックによって発明された顕微鏡を参考にした本教材は、ガラス玉1個で作製する工作セットです（図2）。直径約2mmのガラス玉を用い、約170倍の顕微鏡として活用できるほか、凸レンズの学習にもつながります。レンズを直接のぞいて観察することもできますが、タブレット型端末のインカメラに載せると、タブレット顕微鏡となります（図3）。メダカの血流観察*などのさまざまな場面で、画面に映して複数名で共有できます。また、100円ショップなどで手に入るスマートフォン用のマクロ

図2　レーウェンフック顕微鏡　　図3　ムクゲ花粉の観察

表　単元と対応する実験教材一覧

領域	単元	教材
エネルギー	光と音	レーウェンフック顕微鏡工作（凸レンズ）、手作りレンズ、スピーカー工作、骨伝導、クラドニ図形
	力の働き	ばねばかり工作
粒子	物質のすがた	シュリーレン実験、タブレット顕微鏡・ハンディ顕微鏡で再結晶観察
	水溶液	気体発生実験
	状態変化	混合物の簡易蒸留実験
生命	生物の観察と分類の仕方、生物の体の共通点と相違点	タブレット顕微鏡・ハンディ顕微鏡で生物観察、動物の分類
地球	身近な地形や地層、岩石の観察、地層の重なりと過去の様子、火山と地震、自然の恵みと火山災害・地震災害	タブレット顕微鏡による火山灰観察、3D地形模型、小麦粉による断層実験、ばねで地震波実験

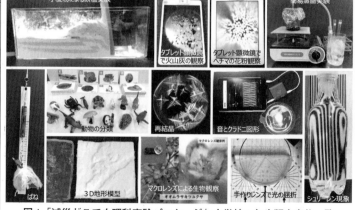

図1　「減災どこでも理科実験パッケージ」中学校1年生版内容物一覧

連載

レンズをタブレット型端末につけると、低倍率での観察が可能です（図4）。レーウェンフックと、中学校の教科書で紹介されるロバート・フックの関係についての話から、科学史に触れることもできます。

図4 アリの観察

（2）混合物の蒸留【状態変化】

　混合物の蒸留実験には枝つきフラスコとスタンドを用いますが、器具がない場合は、代替としてビーカーとろうとでも実験することができます（図5）。この方法で、市販の赤ワインをガスこんろで加熱して液体を取り出し、燃やしたり、油性ペンで書いた文字にたらしたりして性質を確かめる実験ができます。

　目的に合う器具を扱うことは大事ですが、準備できなくても実験を諦めるのではなく、簡易的な実験でも現象を実際に観察することが重要だと考えます。小学校4年生の教科書でも、水蒸気を集める実験で同様の方法が紹介されています。

図5　ビーカーとろうとで行う簡易蒸留実験

（3）3D地形模型
【身近な地形や地層、岩石の観察】

　国土地理院が提供する地理院地図の立体地形データをもとに、家庭用3Dプリンターで立体地形模型を作製します。その表面を樹脂粘土「おゆまる」（ヒノデワシ株式会社）で覆って型取りし、雌型とします（図6左）。この雌型に紙粘土を入れて地形を複製すると、個人用の教材ができます（図6右）。乾けば書き込めるため、生徒の思考を表現する活動に

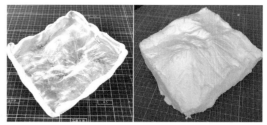

図6　雲仙普賢岳の地形の雌型（左）と紙粘土製の地形（右）

もつながります。小学校5年生「流れる水の働きと土地の変化」、6年生「土地のつくりと変化」や、理科以外の社会科や防災学習でも活用できる汎用性の高い教材です。

　災害時を想定して始めた教材開発ですが、平時や感染症の流行時にも役に立つことが実証されつつあります。特に、新型コロナウイルス感染症の影響により理科室でのグループ学習が困難になり、オンラインでの学習が増えている昨今、身近な材料を使い、小さいスケールで行う実験の重要性が改めて注目されています。今回のレーウェンフック顕微鏡工作などの教材は、コロナ禍で行われたオンライン授業で実際に活用されました。児童生徒にとって、実験は、教科書だけでは気づくことができない情報を得る貴重な時間です。通常の授業が困難な状況でも、できるだけ実験の機会が減らないように日頃から意識することで理科教育の質を保ち、教育の減災につなげていきたいと考えています。

　本プロジェクトのホームページ（https://sec-gensai.cf.ocha.ac.jp/）に、詳しい情報を掲載しています。連携地域の教員の協力のもと、授業実践を通して改良を重ねており、実践の様子を投稿して共有することができますので、ぜひご覧ください。

＊『理科教育ニュース』2018年7月8日号連載「減災どこでも理科実験パッケージ」第1回に掲載

※本パッケージは「新たな災害時に途切れない教育システムの開発と検証」プロジェクト（お茶の水女子大学機能強化経費）の成果です。

――竹下陽子先生のプロフィール――
　日本科学未来館科学コミュニケーターなどを経て、2013年より現職。小中学生や一般市民を対象に、科学教育プログラムの開発と実践に取り組む。専門分野は、理科教育、科学教育、環境毒性学。

連載　新たな災害時に途切れない教育システムの開発と検証プロジェクト

「減災どこでも 理科実験パッケージ」2

第3回
中学校2年生版パッケージの紹介

お茶の水女子大学 サイエンス＆エデュケーション研究所 特任講師　榎戸三智子／里浩彰

お茶の水女子大学サイエンス＆エデュケーション研究所では、2016年4月より「新たな災害時に途切れない教育システムの開発と検証」プロジェクトを開始し、災害時にいつでも・どこでも・だれでも理科実験を行うことができる「減災どこでも理科実験パッケージ」を開発しました。本パッケージは、学年ごとに学習指導要領の実現に必要な実験教材を網羅することを目指しました。今回は、中学校2年生版の実験パッケージを紹介します。

パッケージの内容

中学校の理科では、2021年度から実施されている新学習指導要領において、科学的に探究するために必要な資質・能力の育成が求められています。2年生では、「解決する方法を立案し、その結果を分析して解釈する」活動を重視すると記載されています。これを踏まえ、身近に手に入りやすい材料を用いて、楽しく効果的に学習できることを目指し、2年生の実験パッケージを開発しました（表・図1）。その中の特徴的な教材を以下に紹介します。

（1）回路カード実験セット【電流】

本教材は、生徒が一人で作製することができます。銅箔（どうはく）テープを貼ったはがきサイズのホワイトボードシート（回路カード）に、磁石シートと一体になった豆電球や乾電池などを置いて回路をつくります（図2）。デジタル電流・電圧計「プチメーター」（株式会社ナリカ）やテスターと組み合わせれば、一人ひとりが回路を流れる電流や電圧を測定することが可能です。省スペースなので、普通教室でも測定しながらタブレット型端末やノートに結果を記録できます。部品をつなぎかえて手軽に何度も測定できるのが特徴です。「豆電球を直列・並列につないだときの電流・電

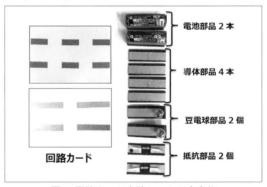

電池部品2本
導体部品4本
豆電球部品2個
抵抗部品2個
回路カード

図2 回路カード実験セットの内容物

表　単元と対応する実験教材一覧

領域	単 元	教 材
エネルギー	電流	回路カード実験セット、霧箱
	電流と磁界	ファラデーモーター工作、手作りスピーカー、モーターの分解
粒子	物質の成り立ち	分子模型カード、水の電気分解
	化学変化	化学反応（鉄と硫黄の化合、酸化銅の還元）など
	化学変化と物質の質量	質量保存実験
生命	生物と細胞	ハンディ顕微鏡・タブレット顕微鏡（細胞、血流など）
	植物の体のつくりと働き	
	動物の体のつくりと働き	だ液による消化実験、筋肉模型、骨伝導
地球	気象観測	大気の動き小型実験器、雲のでき方実験
	天気の変化	
	日本の気象	
	自然の恵みと気象災害	

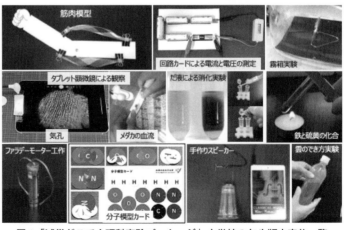

筋肉模型
回路カードによる電流と電圧の測定
霧箱実験
タブレット顕微鏡による観察
だ液による消化実験
気孔
メダカの血流
鉄と硫黄の化合
ファラデーモーター工作
分子模型カード
手作りスピーカー
雲のでき方実験

図1 「減災どこでも理科実験パッケージ」中学校2年生版内容物一覧

連載

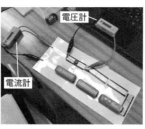

図3 電球を並列につないだ様子（左）と直列回路（右）

圧を測定する（図3左）」「直列回路の電流と電圧を測定し、その関係を調べる（図3右）」「抵抗器を直列・並列につないだときの電流・電圧を測定し、その関係を調べる」など、幅広く活用できます。生徒が一人でも実験できるよう、実験方法を動画で公開しています。

2020年、新型コロナウイルス感染症流行のために本学附属中学校では理科室が使えず、普通教室の自席で本教材を使って実験しました。「どこに何をつなぐかわかりやすく楽しかった」「電気の学習が好きになってきた」といった生徒の感想が多く見られ、感染症対策としてだけではなく、個人で楽しく学習できる教材としてもおすすめです。

（2）だ液による消化実験
【動物の体のつくりと働き】

本実験では、だ液がデンプンを糖に変える働きを確かめますが、コロナ禍では学校でだ液を使う実験が困難になりました。そこで、家庭でも実施できる実験キットを開発しました（図4左）。通常、デンプンの検出にはヨウ素液を、糖の検出には加熱操作を伴うベネジクト液を用いますが、家庭で行うことを考慮し、デンプンの検出には市販のうがい薬（図4右）を、糖の検出には加熱の必要がない尿糖試験紙（テルモ株式会社）を用います。デンプンは、各自でご飯粒を用意しますが、キットに入っているオブラート片を使えばすぐに実験することができます。酵素反応に必要な

図4 キットの内容物（左）とうがい薬によるデンプンの検出（右）

40度での保温には、自宅の風呂の湯や魔法瓶、保温ポットなどが有効です。

なお、コロナ禍において都内の中学校教員と連携し、自宅にいる生徒を対象に本キットを活用してオンライン授業を行った実践が、2020年度の東レ理科教育賞を受賞しました。

学校に1人1台タブレット型端末が導入され、調べ学習や学習記録、まとめや発表などに使われるようになり、登校できない場合にはオンラインでの授業も可能になりました。とはいえ、理科の指導においてICT機器は「理科の学習の一層の充実を図るための有用な道具」と位置づけられているため、ICT機器で実験・観察を代替するのではなく、子どもたちが自然の事物・事象に直接触れることが大事です。

災害時で理科室が使えなくても実験ができるように開発した本実験パッケージは、平時でも、さらにコロナ禍においても学習指導要領に基づいた実験をしっかりと行うことができます。今後、平時のように理科実験が行えないときでも、直接体験を基本とした理科授業に役立つことと思います。

ここで紹介した教材は、本プロジェクトのホームページ*に詳しい情報を掲載しています。連携地域の教員の協力のもと、実践を通して改良を重ねていますので、ぜひご覧ください。

*右の二次元コードから、ホームページをご覧いただけます。

https://sec-gensai.cf.ocha.ac.jp/

※今回は「（2）だ液による消化実験【動物の体のつくりと働き】」を里が、それ以外を榎戸が執筆しました。
※本パッケージは「新たな災害時に途切れない教育システムの開発と検証」プロジェクト（お茶の水女子大学機能強化経費）の成果です。

────榎戸三智子先生のプロフィール────
お茶の水女子大学サイエンス＆エデュケーション研究所特任講師。日本科学未来館科学コミュニケーターを経て現職。専門分野は理科教育、海洋教育、物理教育。

────里浩彰先生のプロフィール────
お茶の水女子大学サイエンス＆エデュケーション研究所特任講師。小中学生や一般市民を対象とした科学教育プログラム、教材の開発・実践を行う。専門は理科教育、海洋教育、分子細胞生物学。

連載 **新たな災害時に途切れない教育システムの開発と検証プロジェクト**

最終回

「減災どこでも 理科実験パッケージ」2

中学校3年生版パッケージの紹介

お茶の水女子大学 サイエンス&エデュケーション研究所 特任准教授　貞光千春

お茶の水女子大学サイエンス&エデュケーション研究所では、2016年4月より「新たな災害時に途切れない教育システムの開発と検証」プロジェクトを開始し、災害時にいつでも・どこでも・だれでも理科実験を行うことができる「減災どこでも理科実験パッケージ」を開発しています。本パッケージは、学年ごとに学習指導要領の実現に必要な実験教材を網羅することを目指しました。今回は、中学校3年生版の実験パッケージを紹介します。

パッケージの内容

中学校の理科では、2021年度から実施されている新学習指導要領において、科学的に探究するために必要な資質・能力の育成が求められています。3年生では、「探究の過程を振り返る」活動を重視すると記載されています。これを踏まえ、探究活動を行うとともに、日常生活や社会との関連を意識して理科を学ぶ意義を実感できるようになることを目指し、3年生の実験パッケージを開発しました（表・図1）。その中でも特徴的な教材を以下に紹介します。

（1）ダニエル電池【化学変化と電池】

新学習指導要領で追加されたダニエル電池を、35mm径のプラスチック製ペトリ皿と磁石、銅箔（どうはく）テープ、亜鉛箔テープを使って作製し（図2b）、回路カード（前回参照）を使って発電することを確認します（図2c）。ダニエル電池は、銅箔テープ、硫酸銅水溶液に浸したろ紙、セロハン、硫酸亜鉛水溶液に浸したろ紙、亜鉛箔テープを層状に重ねた構造になっています。小スケールでほとんど廃液が出ず、約1Vの発電ができる電池を作製することができました。発電の確認には、電子メロディや低電圧LEDを使います。

中学校における実践では、各自タブレット端末で理科教材データベース（ホームページ*参照）にある手順を示した動画を見ながら、ほとんどの生徒が50分の授業中に電池の作製と発電実験を行うことができました。早く終わった生徒は、ほかの生徒に教えたり、複数の電池を直列につなげる実験をしたりするほか、各電極の化学反応や2枚のろ紙に挟んだセロハンの役割を考察しました。実験終了後に陰極側で亜鉛の溶出を、翌日には陽極側で

表　単元と対応する実験教材一覧

領域	単元	教材
エネルギー	力のつり合いと合成・分解	水圧マノメーター
	運動の規則性	運動の記録
	力学的エネルギー	簡易定滑車と動滑車
	エネルギーと物質 自然環境の保全と科学技術の利用	エネルギーの変換、発泡スチロールのリサイクル
粒子	水溶液とイオン	酸・アルカリ
	化学変化と電池	ダニエル電池、金属樹
生命	生物の成長と殖え方	体細胞分裂、花粉管の伸長、タブレット顕微鏡、ハンディ顕微鏡
	遺伝の規則性と遺伝子	DNA抽出、ファストプランツでメンデル遺伝
	生物の種類の多様性と進化	進化ゲーム
	生物と環境 自然環境の保全と科学技術の利用	ツルグレン装置
地球	天体の動きと地球の自転・公転	星の動き
	太陽系と恒星	月と金星の満ち欠け観察

図1「減災どこでも理科実験パッケージ」中学校3年生版内容物一覧

連載

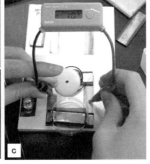

図2 材料（a）、完成した電池（b）、発電実験の様子（c）
銅の析出を観察することができました。

　生徒からも、「一人一人が自分達の手で教材をつくることで、集中でき、楽しく学ぶことができたと思う。電池をたくさんつなげたらどうなるか、などと結果の先の新しい疑問に挑戦することができた」などの感想が得られました。

（2）ファストプランツでメンデル遺伝
【遺伝の規則性と遺伝子】

　ファストプランツ（*Brassica rapa*）は、1980年代にアメリカで開発されたアブラナ科の教育用モデル植物です（販売は日本総代理店インザウッズ）。まいた種子は1〜2日で出芽、2週間ほどで開花し（図3a）、約40日間で花の一生を観察することができるので、小中学校のいろいろな植物の単元で活用することができます。

　遺伝の単元でメンデルの顕性の法則や分離の法則を学ぶ際には、アントシアニンによる茎などの着色性に関わる遺伝子の変異体を使います。親世代のパープル系統（紫色：顕性）とノンパープル系統（緑色：潜性）をかけ合わせると、子世代の胚軸はすべて紫色になります。子世代同士をかけ合わせてできた種子

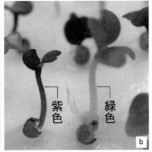

図3 開花したファストプランツ（a）、播種後2日目の胚軸（b）

（孫世代）をまいて2〜3日後に観察すると、胚軸は紫色か緑色のどちらかになっています（図3b）。それぞれの色の胚軸を数えて割合（約3：1）を算出すると、メンデルの分離の法則を手軽に学習することができます。

　2018年、2022年と『理科教育ニュース』で連載してきた「減災どこでも理科実験パッケージ」は、小学校3年生から中学校3年生までの学習指導要領の理科単元に沿った教材開発を一通り行い、完成することができました。

　現在、GIGAスクール構想の推進により学校のICT環境が充実してきた一方で、全世界的な災害ともいえる新型コロナウイルス感染症による災禍などの大きな社会状況の変化に直面しています。災害時でも途切れない理科教育を目指した本プロジェクトの意義はさらに大きくなっており、お茶の水女子大学では2022年度から開始した新たな中期計画期間においても、1人1台端末活用や感染症対策にも有効な個別実験、日本全国での連携関係構築・理科教育支援実践など、今後も引き続き災害などの困難にも負けない「災害レジリエンスに対応する理科教育研究」に取り組んでいきます。

　本プロジェクトのホームページ*に、詳しい情報を掲載しています。連携地域の教員の協力のもと、授業実践を通して教材の改良を重ねています。さらに、実践の様子を「実験レポ」として投稿して共有することができますので、ご覧ください。

＊右の二次元コードから、ホームページをご覧いただけます。

https://sec-gensai.cf.ocha.ac.jp/

※本パッケージは「新たな災害時に途切れない教育システムの開発と検証」プロジェクト（お茶の水女子大学機能強化経費、2016-2021年度）の成果です。

─貞光千春先生のプロフィール─
日本科学未来館サイエンスコミュニケーターなどを経て、2010年よりお茶の水女子大学、2013年より現職。東京都北区や文京区への理科支援や東日本大震災などの災害後の理科教育復興支援、本プロジェクト等を担当。博士（理学）。専門分野は理科教育、災害教育支援、分子生物学。

新連載

博物館と小中学校が連携して　開拓した学び

博物館を活用する意義

第一回

公益財団法人 日本モンキーセンター　高野智

新課程と博物館等の活用

2017、2018年に告示された新しい学習指導要領に基づく新課程がスタートしています。読者の中には、新過程の学習内容に対応した教材開発に尽力される方が数多くいらっしゃることと思います。

新しい学習指導要領で、博物館に関わる文言の変化に気づかれたでしょうか。小学校学習指導要領理科編「指導計画の作成と内容の取扱い」には、「博物館や科学学習センターなどと連携、協力を図りながら、それらを積極的に活用すること。」とあります。以前の学習指導要領では「博物館や（中略）積極的に活用するよう配慮すること。」となっていました。改訂で「配慮」がなくなり、より強い文言になっています。中学校、高等学校の学習指導要領も同様です。小さな変化ではありますが、博物館等の社会教育施設を従来よりしっかりと活用することが求められています。

博物館とは

まず、博物館とはどういう施設なのかを整理しましょう。博物館の活用といっても、展示を見学しただけでは表層をなぞったにすぎません。博物館には、自然史博物館、科学館、歴史博物館、民俗博物館、美術館など、館ごとにテーマがあります。総合博物館も、自然、歴史、文化などのテーマごとにセクションが分かれているのが普通です。

博物館の機能は大きく「資料の収集・保存」「調査・研究」「展示」「教育」の4つに大別されます。これらは個別の機能ではなく、テーマに関連する博物館資料を収集・保存し、資料に基づく調査・研究が行われ、その成果が

展示や教育に活かされるという一連の活動となっています。博物館が掲げるテーマに沿って、4つの活動が流れていく「場」が博物館だといえるでしょう。

動物園は博物館

日本では、動物園は博物館だといわれてもピンとこない人が多いのですが、動物園はれっきとした博物館の一形態です。生きた動物を博物館資料として扱う博物館が動物園である、といえば納得しやすいでしょうか。

欧米では、動物園が博物館なのは当然のことです。ヨーロッパの歴史ある動物園の多くは、博物学の伝統に立脚し、自然史博物館の延長線上にあります。動物園を表す「Zoo」は、「Zoological Garden」の省略語で、「動物学（Zoology）のための場所」という意味です。語源である The Zoological Garden はロンドン動物園を指し、1828年の設立からロンドン動物学協会が経営しています。

筆者が所属する日本モンキーセンターは、設立当初から霊長類研究者が関与してきた点でヨーロッパのスタイルに近く、日本ではユニークな動物園です。

日本の動物園、特に高度経済成長期に開園した地方自治体の動物園の多くは、レクリエーション施設として計画、設置されたため、博物館としての体裁が整っていないところがあります。しかし、近年、国内の動物園でも教育などの博物館活動を重視する動きが広がっています。今後、理科教育における学校と動物園の連携は広がりを見せるでしょう。

博物館を活用する意義

では、学校教育の中で博物館を活用する意

連載

義はどこにあるのでしょうか。それは、博物館が持つ教育資源を掘り起こして活用するということです。博物館の教育資源には、「モノ」と「ヒト」の2つの要素があります。

「モノ」は、すなわち博物館資料のことです。生きた動物であれ標本であれ、博物館の収蔵資料は基本的に「本物」です（ただし、恐竜などの化石はほぼレプリカです）。子どもたちが生きた動物を観察して何かを発見したり、本物の標本に触れたりしたときの目の輝きは、教科書やタブレット端末では得がたいものです。博物館を活用するなら、本物が持つ力を子どもたちに届けるべきでしょう。

「ヒト」は博物館のスタッフ、とりわけ学芸員のことです。博物館には館のテーマをつかさどる専門家として学芸員が在籍しています。博物館資料に精通しているのですから、この人的資源を活かさない手はありません。博物館が持つ「モノ」と「ヒト」を理解することが、博物館を活用する入り口になります。

博物館を活用することの難しさ

学習指導要領における博物館等の活用は、教科・単元を念頭に置いています。ところが、博物館は必ずしも学校教育のために設立されたわけではなく、館の理念があり、伝えたいメッセージがあります。それは学校が教えたいこととは異なる場合が多いでしょう。収蔵資料も、教科書や便覧で例示される物とは異なる場合が多いと思われます。さらに、学芸員は博物館資料の専門家ですが、教育の専門家とは限りません。博物館における「モノ」と「ヒト」のあり方は、館ごとに異なります。つまり、教員の意図通りにすぐに活用できる博物館はまれなのです。ここに、学校教育で博物館を活用する際の大きな障壁があります。

すぐに役立つ教材キットなどを用意している博物館もあります。しかし、それを使う教員は、博物館が込めた意図を読み取り、子どもたちに伝えられるでしょうか。一方的に利用しただけでは「連携」とはいえません。学校と博物館が互いの立場の違いを理解し、乗

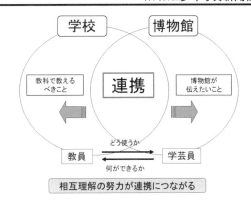

図1 博学連携の概念図

り越えたところに真の博物館と学校の連携（博学連携）が生まれ（図1）、それが「モノ」と「ヒト」を活かすことにつながります。

日本モンキーセンターの博学連携

日本モンキーセンターは、長年にわたり、愛知県犬山市などのさまざまな学校の教員と連携し、多くの教育プログラムを作り、実践してきました。特に、犬山市における連携は「モンキーワーク」という形で結実し、市内の小学校10校、中学校4校と理科で関わりを持つ体制ができました（図2、図3）。私立博物館と地方自治体の小中学校の継続的な連携は、全国でも珍しいのではないでしょうか。

図2 動物を観察する児童 　図3 標本を用いたレクチャー

次回以降は、日本モンキーセンターと犬山市の小中学校の教員との協力によって開拓してきた、理科における博学連携の事例を紹介していきます。博物館の学芸員と教員の双方の立場から実践を振り返ることで、博学連携を深めるヒントを探りたいと思います。

─高野智先生のプロフィール─

公益財団法人日本モンキーセンター・キュレーター、標本・資料管理責任者。京都大学博士（理学）。専門は自然人類学。霊長類研究と市民とをつなぐ教育普及活動の一環として、博学連携に取り組んでいる。

連載
第二回

博物館と小中学校が連携して　開拓した学び
小学校4年生理科の実践例

公益財団法人 日本モンキーセンター　高野智／愛知県犬山市立城東小学校　田中博子

教員には「動物園は小学校低学年の遠足で行く場所だ」という方が多いのですが、本来、動物学を行う場である動物園は理科との親和性が高いのです。今回は、日本モンキーセンター附属世界サル類動物園を学びの場とした連携実践の例として、愛知県犬山市の小学校4年生「モンキーワーク」を紹介します。

モンキーワークとは

愛知県犬山市の小中学校が日本モンキーセンターを学びの場として行う授業を、「モンキーワーク」と呼びます。日本モンキーセンターは、2005年頃から犬山市内の小中学校の教員と連携を図り、理科の授業づくりに取り組んできました。当初は特定の学校・学年でのみ実施していましたが、徐々に範囲を広げ、「モンキーワーク」の呼び名が定着して意義が認められてきました。犬山市教育委員会の支援を受け、2017年度から犬山市立の小学校全10校が4年生の理科で、中学校全4校が理科第2分野でモンキーワークを実施する「全市モンキーワーク体制」が実現しました。

（1）単元との関連

小学校4年生の「人の体のつくりと運動」では、人体には骨や関節があること、筋肉の働きによって体が動くことなどを学習します。ほかの動物の骨格について調べる内容もあり、モンキーワークではここを深く学びます。

（2）授業の流れ

事前学習として、モンキーワークの実施日までに単元の学習を終えます。犬山市では6月に実施することが多く、教科書の順序通りではなく、単元を入れ替えて学習します。

モンキーワークは午前（9:30〜11:30）か午後（13:10〜15:10）のどちらかに実施しま

連載

す。午前の場合は、モンキーセンターで学習後、給食までに学校に戻ります。午後の場合は、3時間目終了後に給食を食べて移動し、学習後、下校時刻に合わせて学校に戻ります。

モンキーワーク実施後の学習については、学校の裁量に任されています。理科のほか、感想文を書く、新聞を作る、手紙を書くなど、国語でふり返りをするケースが多いようです。

（3）モンキーワークの内容

授業は学芸員が主体となって実施し、教員は観察の引率や標本観察時の指示などのサポートに回ります。観察対象は、生きた動物も骨格標本も「本物」です。博物館が有する「ヒト」と「モノ」の教育資源を活用します。

児童は、フクロテナガザル、ニホンザル、ワオキツネザルの3種の霊長類（図1）について、①腕と脚の長さの違いを主眼とする身体プロポーション、②主要な移動方法、③骨格の違いの3点を観察します。

図1　観察対象となる霊長類

来園したら、講義室で事前学習を確認し、観察について説明します。その後、動物展示施設3か所をクラス単位で回り、①②を観察

図2　動物の観察　　　　図3　標本の演示

します（図2）。講義室に戻り、学芸員が演示しながら③を観察します（図3）。演示後、児童が間近で標本を観察し、実際に触る時間を設けます（図4）。本物の骨格標本に触れる体験は、子どもたちの印象に強く残ります。

図4 骨格標本の観察

観察の結果（表）から、それぞれの手足の長さと移動の仕方が異なることがわかります。これをもとに、骨格の形を決めているルールを考察します。ぶら下がるときに使うのは腕、ジャンプするときに使うのは脚、と確認していくと、「動物の骨格は、移動によく使うところが発達している」というシンプルなルールにたどり着きます。そして、人間の骨格も同じルールでできていることを確認すれば、モンキーワークの目標は達成されます。

表 モンキーワークの観察結果の例

	フクロテナガザル	ニホンザル	ワオキツネザル
①手足の比較	腕が長い	手足の長さは同じくらい	脚が長い
②移動方法	腕でうんていにぶら下がって移動 地面では二足歩行	四足歩行	四足歩行 ジャンプ
③骨格の違い	腕の骨が長い	腕と脚の長さは同じくらいだが、脚の方が少し長い	脚の骨が長い しっぽにはたくさんの骨がある

4年生で「進化」を学ぶ

骨格の形のルールを探す過程で、子どもから「暮らしている環境が違うから」といった発言がよく出ます。骨格の形が違う直接の理由にはならないので、4年生の理科としては不正解です。しかし、モンキーワークでは、最後に必ず発言を拾うことにしています。骨格形態の違いは運動適応の違いに起因し、運動適応の違いは環境適応の違いとして理解できます。フクロテナガザルは熱帯雨林の枝が多い環境を利用し、ニホンザルは山にいて、乾燥疎開林に生息するワオキツネザルはジャンプが役立つ、と具体的に見ていくと、4年生にも環境適応による進化がある程度理解できます。教科書の範囲を超えますが、子どもたちの視野を広げる機会が得られるのも、博学連携の醍醐味（だいごみ）ではないでしょうか。（高野）

教員の立場から

モンキーワークをより意義のあるものにするために、この単元では犬山市独自のカリキュラムを導入しています。児童が主体的に取り組めるように、体験活動を増やす、ICT端末を使ってふり返り活動をする（図5）などの単元計画を工夫しています。

図5 3D骨格標本の観察

児童の主体性を引き出す活動を調べるアンケートでは、95％以上の児童が「授業に意欲的に取り組むことができた」と答えました。その理由として「日本モンキーセンターへ行ったから」と答えた児童は、90％を超えました。モンキーワーク中、児童の目はきらきらと輝き、真剣に話を聞く、メモをとる、自分の考えを話すなどの姿が多く見られました。特に、本物のサルの骨を触ったときの驚きや喜びの反応、目の輝きはとても印象的でした。動物園を訪れて動物を観察することや、骨に触れることの意義は大いにあると感じています。

モンキーワーク前後の授業展開の構想には苦労しましたが、目を輝かせ主体的に学ぶ児童を見て、モンキーワークをして本当に良かったと感じました。今後も市内の小学校や日本モンキーセンターと連携を図り、モンキーワークがより良い学びとなるよう、指導案や教材作りに取り組みたいと思います。（田中）

―高野智先生のプロフィール―

公益財団法人日本モンキーセンター・キュレーター、標本・資料管理責任者。京都大学博士（理学）。専門は自然人類学。霊長類研究と市民とをつなぐ教育普及活動の一環として、博学連携に取り組んでいる。

―田中博子先生のプロフィール―

愛知県犬山市立城東小学校、理科主任。2021年度より、日本モンキーセンターとの博学連携を通して児童の主体性を引き出す授業実践を行い、2022年8月に愛知県小中学校理科教育研究会にて本実践を発表した。

連載

博物館と小中学校が連携して　開拓した学び

小学校5年生理科の実践例

第三回

公益財団法人日本モンキーセンター　赤見理恵／愛知県犬山市立東小学校　佐橋幸彦

霊長類の出産って!?

動物園で働いていると、動物の出産や子育てに関する質問をよく受けます。「出産のときは入院するのですか？」「飼育員さんは手伝ってあげるのですか？」という質問に対する答えは、どちらも基本的には「No」です。

動物園の動物たちは、もともと野生動物なので、通常は誰の手も借りずに出産します。昼間に活動する霊長類の場合、母親は夜間や早朝に出産し、朝には赤ちゃんを体につかまらせて普段どおり動き回っています。そんな様子を見ると、同じ霊長類であるヒトの出産がいかに特殊であるのかを実感させられます。

「共通性」と「多様性」

ヒトも霊長類の一種ですから、出産に関する「似ているところ（共通性）」はたくさんあります。どちらも子宮、羊水、胎盤、へその緒があり、胎児は母体内である程度成長してから生まれます。これらは、有胎盤類に共通する特徴です。また、基本的に一産一子で、出産後も比較的長い養育期間があります。これは、霊長類に共通する特徴です。そのため、ヒトでは観察が難しい子宮や胎児の様子を、ヒト以外の霊長類の標本を使って観察することができます。さらに、動物園で様々な成長段階の霊長類の赤ちゃんを観察するのも良いでしょう。

また、ヒトと霊長類の出産の「違うところ（多様性）」を比較することで、ヒトの誕生の特徴を発見することも

図1 ワオキツネザルの出産映像

できます。例えばサルの出産映像（図1）を見ると、「頭から産まれてくる」「へその緒がある」といった共通点のほかに、「短い時間で産まれる」「お母さんが赤ちゃんをなめている」といった相違点に気づくでしょう。では、なぜヒトの出産は長い時間がかかるのか、なぜお母さんがなめるのではなく助産師さんや看護師さんが拭いてくれるのか。こういった疑問から予想や仮説を立て、考えを深めることができます。

本物の標本から学ぶ

日本モンキーセンターでは、飼育動物が死亡すると、ほぼすべての遺体を標本として保存します。その中には妊娠個体の標本もあります。これを本単元の教材として活用するため、日本学術振興会科研費（JP20605014）の助成を受け、液浸標本（ホルマリン漬け）として保存していたニホンザルの子宮と胎児の標本のうち1点を、樹脂含浸標本（プラスティネーション標本）として整備しました（図2）。樹脂含浸標本は保存液などを必要としないため、手にとって直接観察することができます。

切開された子宮の内部の胎盤やへその緒、へその緒でつながった胎児の様子をつぶさに

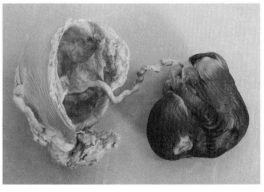

図2 ニホンザルの子宮と胎児の樹脂含浸標本

観察した子どもたちからは、「へその緒がくねくねしている」「胎盤が子宮の内側にべったりくっついている」など、実感を伴った言葉がつぎつぎと出てきます。

なお、授業で提示する際は、標本の大切さを伝えるとともに、子どもたちが「こわい」「気持ち悪い」といった反応に傾かないよう、標本の由来を丁寧に説明するようにしています。(赤見)

小学校5年生の授業実践

犬山市の小中学校と日本モンキーセンターとの連携は、「モンキーワーク」(前回参照)だけではなく、日本モンキーセンターのキュレーターを講師として招聘する「出前授業」と呼ばれる授業も実施しています。ここでは、2018年度に実施した「連携出前授業」の実践を紹介します。

小学校5年生理科「動物の誕生」の単元の「人の誕生」は、胎児が子宮の中でどのように成長して生まれてくるのかについて、胎児の成長の様子を既習のメダカの成長の様子と比べながら、予想や仮説をもとに、自ら見いだした問題について解決の方法を発想したり、調べたりしながら問題解決をしていく単元です。連携出前授業は、本単元のまとめを終えた後の発展学習として位置づけて実施しました(図3)。

授業の目標を「ヒトの誕生とサルの誕生との似ているところや違うところを見つけよう」とし、「ワオキツネザルの誕生の様子の映像から気づくこと」「ヒトとニホンザルの胎児の似ているところ」「ヒトとチンパンジーの骨盤と胎児の頭骨の違うところ」「本時の授業で学んだこと」の流れで授業を展開しました。似ているところと違うところについては、実際の標本を見たり、キュレーターの説明を聞いたりしながら、個人の思考をもとにしたグループ活動を通して、協働的な学びにつなげました。当時は1人1台の情報端末が整備されていなかったため、ホワイトボードを活用する手立てを講じましたが、2022年の現在では、ICTを活用した「個別最適な学び」と「協働的な学び」を一体的に充実させた授業を展開できると思います。

また、学校の授業で児童が本物の標本に触る機会はありません。貴重な標本に触らせてもらえるだけでも、児童の興味・関心は高まります(図4)。児童は、キュレーターの専門的な話を聞くことで、学校で学んだ知識とつなげ、学びを深めることができます。児童のふり返りの文章には「サルの出産映像を見て、ヒトと全然違うことがわかった。ポイントは骨格の違い」「先生が授業で話していたことが、モンキーセンターの先生が骨格を使って説明してくれたことで、よくわかった」などの記載がありました。

日本モンキーセンターとの連携授業の良い点は、講師による講義だけで終わらないところです。授業に向けて事前に打ち合わせをし、授業展開や使用するワークシート等を一緒に考えます。そして、教師とキュレーターがティーム・ティーチングで当日の授業を実施します。学校と博物館との相互理解の努力を通してプランニングされたこのような授業こそが、「連携」ではないでしょうか。私はそう実感しています。(佐橋)

―赤見理恵先生のプロフィール―

公益財団法人日本モンキーセンターのキュレーター、教育責任者。東京大学修士(学術)。動物園の動物を活かした教育プログラムや教材開発に取り組む。

―佐橋幸彦先生のプロフィール―

犬山市立東小学校教務主任。新任教諭として犬山市立東部中学校に赴任し、犬山中学校、池野小学校での勤務を経て現在に至る。本物を見せる理科の授業を大切にし、学び合い高め合う協働的な学びの授業実践に取り組む。

図3 連携出前授業の様子　　図4 骨格標本に触る児童

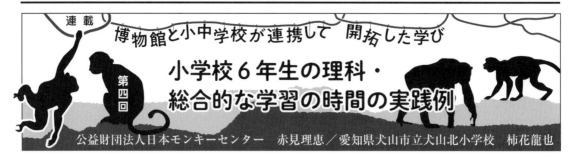

連載　第四回

博物館と小中学校が連携して　開拓した学び
小学校6年生の理科・総合的な学習の時間の実践例

公益財団法人日本モンキーセンター　赤見理恵／愛知県犬山市立犬山北小学校　柿花龍也

この連載では、愛知県犬山市の小中学校と日本モンキーセンターが連携して開拓した学びとして、小学校4年生の「人の体のつくりと運動」と、5年生の「動物の誕生」での実践例を紹介してきました。6年生の「人の体のつくりと働き」の単元では、葉を食べるコロブスのなかまと雑食のニホンザルの消化管の標本を観察し、長さや形などの特徴を比較して食べ物との関係を考える出前授業を行っています。この実践もぜひ紹介したいのですが、今回は、それとは別に6年生の総合的な学習の時間での新しい実践例を紹介します。

モンキーデー

犬山市立犬山北小学校の「モンキーデー」では、毎年5月頃に休園日の動物園を貸し切り、1年生から6年生までの全児童約500名が動物園で学びます。各学年に合わせた教育プログラムを組み、学年が上がるごとに学習内容を深めていきます。3年生から5年生では理科に関連した内容を学び、6年生ではこれまでの学習の総仕上げとして、主体的な探究活動を行います※。

2019年度までは、6年生では理科学習を深める探究活動を行ってきました。事前に学校で動物に関する疑問を出し合い、調べ学習を進めておいて、モンキーデー当日は実際に動物を観察し、調べ学習の結果と合わせて発表会を行いました。2021年度からは、教員の発案で、理科と総合的な学習の時間を教科横断的につなげる取り組みを始めています。

絶滅の危機にある霊長類

霊長類は、ヒトを除く全種（約450種）が、「絶滅のおそれのある野生動植物の種の国際取引

に関する条約（通称ワシントン条約）」の付属書ⅠもしくはⅡに記載されています。既に多くの霊長類が人間活動の影響で絶滅していますし、現在約30頭しか残っていないハイナンテナガザルをはじめ、ごく近い将来、絶滅の危険性が極めて高い種も多くいます。

「海外の話なので関係がない」とは言っていられません。例えば、ゴリラの生息地破壊や密猟には、スマートフォンやタブレット端末の製造に欠かせないレアメタル採掘が関わっています。オランウータンやテナガザルの生息地はアブラヤシのプランテーションに変わり、そこで生産されるパームオイルは、食品から日用品まで私たちの生活に欠かせないものになっています。ほかにも、気候変動が原因とみられる乾燥化により数を減らしている霊長類もいます。

国内に目を向けると、ニホンザルは絶滅の懸念が比較的低い種ですが、人との軋轢（あつれき）により毎年2万頭前後が駆除されています。

2022年度のモンキーデーでは、日本モンキーセンターで観察できる種の中から、絶滅の危険度の高い5種にニホンザルを加えた6種を選び、6年生の探究活動の対象とすることにしました。（赤見）

6年生の総合的な学習の時間

犬山北小学校では「総合的な学習の時間」を「白帝ワーク」と呼び、豊かな地域資源を生かした体験的な学習を行っています。6年生は「私たちの未来」をテーマとして、身の回りの環境問題について主体的に追究し、仲間と関わり、伝え合いながら犬山の未来について提案する活動を行うことで、「自らの生活や行動を振り返り、一人一人が自己の生き

連載

方を考えること」を目標に学習しています。今回は理科の単元「生物と環境」と関連させて取り組みました。

単元「生物と環境」は、生物と環境の関わりに着目して調べる活動を通して、人の生活と持続可能な環境との関わりについて理解し、児童が主体的に問題解決していく単元です。児童は、6種のサルのなかまを含めた様々な動物が人間活動によって生活環境を失い、絶滅の恐れがあることを知り、その解決策を自ら考え、提案する活動を実践しました。

具体的な取り組み

事前学習で児童は「ワシントン条約」や「レッドリスト」について学習し、今回調べる6種のサルのなかまがレッドリストのどの分類なのかを調べました。

図1 クロシロエリマキキツネザル

モンキーデー当日は、姿や動きなどを観察し、どんな所で生活しているのかを予想しました。観察後は、「クロシロエリマキキツネザル（図1）は枝から枝へとジャンプしているから、高い木の上で生活しているのでは」など、自分たちの予想を発表しました。その後のスタッフの説明で、「人の生活によって、サルのなかまの生息環境が失われつつあり、このままでは絶滅してしまうかもしれない」ということを知りました。

そこで、事後学習として、人とサルのなか

図2 代表児童による発表

まが共存するための解決策を考えました。児童は、個人で調べたり仲間と考えたりしたことをもとに資料を作成し、6月末に学級で発表しました（図2）。そして、7月にはモンキーセンターから学芸員を招き、代表児童の提案について講評をいただきました（図3）。

図3 学芸員からの質問や講評

今回の実践を通して

「環境問題」という漠然としたテーマに取り組むにあたり、児童にとって身近なモンキーセンターにいるサルのなかまと関連づけて学習することで、児童は環境問題をより身近に感じることができたと思います。事前打ち合わせで学習計画を一緒に考えることができたので、児童に身につけてほしい力を育てるための手立てを、専門家の意見を取り入れながら計画することができました。

学校と地域施設が連携して学習計画を立てて実行していくことで、教育の効果は何倍にも膨れあがることを実感しました。（柿花）

引用文献
※高野智、赤見理恵「動物園が小学校に ～全学年が取り組む『1日モンキーデー』の試み～」『日本科学教育学会研究会研究報告』33(8)：89-92, 2019.

---赤見理恵先生のプロフィール---
公益財団法人日本モンキーセンターのキュレーター、教育責任者。東京大学修士（学術）。動物園の動物を活かした教育プログラムや教材開発に取り組む。

---柿花龍也先生のプロフィール---
犬山市立犬山北小学校第6学年主任。本校5年目。児童が自ら考え判断し行動できる姿を大切にし、主体的に学びに向かう児童の育成を目指している。

連載

博物館と小中学校が連携して　開拓した学び

第五回

中学校理科における実践例

公益財団法人日本モンキーセンター　高野智／愛知県犬山市立城東中学校　小室武

小学校に比べ、中学校では、理科で博物館を活用する自由度が上がります。動物園は、第２分野の動物を扱った単元で連携することになります。中学校理科では多くの話題が取り上げられているので、動物園が持つ教育資源に応じて様々な展開が考えられます。特に、動物の分類や進化に関する題材には事欠かないでしょう。日本モンキーセンターでも、様々なプログラムを開発してきました。

霊長類を教材として扱うメリット

日本モンキーセンターでは、霊長類が主な教材となります。霊長類を扱う大きなメリットは、そこにヒトも含まれるということです。

日本の理科教育カリキュラムには、「ヒトの生物学」が不十分だと感じています。霊長類を題材にすると、必然的にヒトに結びつけることができます。理科で学んだ内容を自分に関わることとして考えられるようになると、子どもたちの理解はより深まるようです。今回は、中学校の実践例を２つ紹介しましょう。

実践例「草食動物と肉食動物、そして霊長類」

中学校理科の教科書では、草食動物と肉食動物について、目の位置と歯の形態を比較しています。そこに、霊長類のニホンザルを加えてみましょう（図１）。目は前を向いて並び、両眼立体視が可能です。目の周囲の骨はジャガーよりもしっかりしています。犬歯は鋭くとがり、臼歯はすりつぶしに適応しています。

霊長類の両眼立体視は、樹上生活への適応によるものです。体を支える場所が不連続かつ不安定な樹上では、次の枝までの距離を知る能力が、効率的な空間利用を可能にしたと考えられます。肉食動物の立体視とは完全に

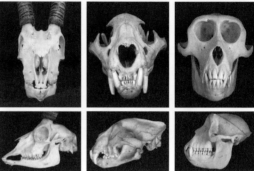

トムソンガゼル	ジャガー	ニホンザル
（偶蹄目ウシ科）	（食肉目ネコ科）	（霊長目オナガザル科）

図1 草食動物、肉食動物、霊長類の頭骨

ルーツが異なるのです。そして、私たちヒトの目は、霊長類の目そのものです。

歯の形態は、生態に準じています。ニホンザルの犬歯はオスで大きく、メスでは相対的に小さくなっています。この雌雄差は、メスをめぐるオス間の競合を示しており、犬歯は食べることにはあまり寄与していません。ニホンザルは雑食傾向の強い動物です。

草食動物と肉食動物に霊長類を加えることで、動物が持つ特徴のルーツは多様であり、ヒトの特徴にはヒト以外の霊長類との共通点がたくさんあることを学べます。

実践例「霊長類の分類に挑戦！」

新学習指導要領において、探究活動が重視されるとともに、動物の分類に関する単元が２年生から１年生に変更されました。これに伴い、生徒が自分なりの基準を設定して分類に取り組む課題が行われるようになりました。

結果よりもプロセスを重視する探究活動では、知識が邪魔になります。脊椎動物のように多くの生徒が知っている分類群ではなく、ほぼ全員に予備知識がなく、しかもヒトを含めることができる霊長類は、分類に挑戦

連載

し、理解を深める課題に適しているといえるでしょう。当初は「霊長類カード」（図2）を使いましたが、現在は、生徒が1台ずつ持つタブレット端末での実施が可能です。（高野）

図2 12種の霊長類カード（左：表、右：裏）

中学校教員の立場から

犬山市では、小学校でもモンキーワークを行っているため、中学校ではより深い内容のカリキュラムを実施することができます。モンキーワークの良さは、学習を通して「生きた知識」を学べることだと思います。新学習指導要領の実施に伴い、新しくカリキュラムを作ろうと、高野さんからアドバイスを受けて「世界のサル博士になろう！」という実践を行いました。

現地を下見した際、1枚ずつサルの写真を撮りながら感じたのは、「なんてすごい数の霊長類がいるのだろうか！」「これが犬山市にあるんだ！」という単純な驚きでした。この驚きを生徒たちに伝えるために、園内すべてのサルを見て回れるようなプログラムにしたいと考え、1年生「動物の分類」の授業の発展内容としてカリキュラムを計画しました。

授業では、まず学校で、学芸員が観察のしやすさと分類の多様性に配慮して選出した12種の霊長類を分類しました。以前はカードを、現在はタブレット端末を活用しています（図3、4）。自分なりの観点でカードを分け、仲間とその観点について妥当性を検討します。このとき、学習指導要領の「分類することの意

図3 カードを分類する様子　図4 タブレット端末で分類する様子

味に気付かせるような学習活動を設定することが重要であり、学問の生物の系統分類を理解させることではないことに留意する」点を意識し、検証は分類の観点に客観性があるかどうかにとどめ、観点の優劣については議論しないようにしました。その結果、生徒たちは、自分で作成した分類表を自信を持って発表できました。そして「写真だけではなく、実際に行って調べてみよう」と、モンキーセンターに行きました。当日は「分類とは何か？」を中心に観察のポイントについて学芸員の話を聞き（図5）、グループごとに観察しました。生徒は、事前に作成したおのおのの分類表をもとに、目を輝かせて動物をじっくりと観察していました（図6）。最後に、実習で調べた点を加えて分類表を完成させました。

図5 学芸員による解説　図6 動物を観察する生徒

生徒へのアンケートでは「モンキーワークで分類について理解が深まった場面」に関して「専門家の先生の話」「モンキーセンターでの直接観察」という回答が多く、モンキーワークで生徒たちが「生きた知識」を得たと考えられます。まだ始めて間もないため、実践を重ねる中でより良いカリキュラムとなるよう、取り組んでいきたいと思います。（小室）

―高野智先生のプロフィール―
公益財団法人日本モンキーセンター・キュレーター、標本・資料管理責任者。京都大学博士（理学）。専門は自然人類学。霊長類研究と市民とをつなぐ教育普及活動の一環として、博学連携に取り組んでいる。

―小室武先生のプロフィール―
犬山市立城東中学校、教務主任。教職修士（専門職）。校内で習得と活用を意識した理科実践を深めるとともに、市内でICT活用教育研究委員を務め、校務改善や授業での活用を推進している。

連載

博物館と小中学校が連携して　開拓した学び

最終回

博学連携を成功させるこ

公益財団法人日本モンキーセンター　高野智

これまで5回にわたり、日本モンキーセンターが近隣の小中学校と連携して開拓してきた博学連携プログラムについて紹介してきました。最終回は、博物館の学芸員として学校との連携に携わってきた立場から、教員の皆さんに向けて、博物館を活用するうえで配慮するべきポイントを整理してみたいと思います。博学連携にこれから取り組もうとする方や、あるいはもっと充実させたいと考えている方の参考になればうれしく思います。

博物館の教育資源を知ろう

第1回で述べたように、博物館の教育資源には「モノ」と「ヒト」の2つの要素があり、その活用こそが博学連携に取り組む最大のメリットです。博物館には、テーマに沿った博物館資料という「モノ」が収集・保存されています。しかし、研究資料として保存されている標本ですから、すべてを教材にできるわけではありません。貴重な資料をどこまで教材として活用できるのか、そのさじ加減を決めるのは「ヒト」、つまり博物館資料の価値や魅力を熟知した学芸員です。「ヒト」との関係づくりが「モノ」の活用につながります。

学校で博物館を活用しようとすると、館によっては教育担当の窓口に案内されるかもしれません。また、県立クラスの大きな博物館だと、教員が学芸員として出向している場合があり、教員同士だけで博物館の活用が成り立ってしまうこともあります。

しかし、博学連携をより深めようとするのなら、ぜひその背後にいる学芸員との関係をつくることをお勧めします。博物館の展示も教育プログラムも、基になっているのは学芸員の知識や研究成果です。博物館の「ヒト」

を知ることは、博物館の特性を理解することにもつながります。「ヒト」と信頼関係を築くことができれば、さらに希少な「モノ」にアクセスできるかもしれません。博物館が持つ「モノ」と「ヒト」を把握して、教育資源を活用できる授業の構想を練りましょう。

教員研修会を企画しよう

博物館との関係を構築するために、教員研修会を企画するのも有効な手段です。現職研修として学芸員による講座を博物館に依頼すると、学校団体を受け入れている博物館であれば快く応じることが多いでしょう。博物館としても多数の教員にアプローチする機会となり、教員同士も情報共有が容易になって、連携を構築する下地づくりになります。

博物館と学校の立場の違い

博物館には設立理念があり、それに基づく展示や教育活動が行われています。その内容は、学校のカリキュラムに沿っていないことがほとんどでしょう。その博物館に対して、学校と同じ授業を要求するのは筋違いです。中には授業に準拠したプログラムを準備

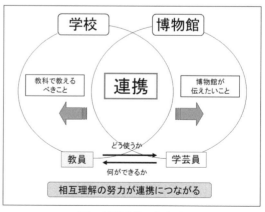

図1　博学連携の概念図

している館もありますが、それは博物館が歩み寄っているのです。

これも第1回で述べましたが、博物館と学校が互いの立場の違いを乗り越えて歩み寄るのが真の連携です（図1）。異なる立場を乗り越えて歩み寄ると、連携の範囲が広がっていきます。始めの一歩を踏み出すのは大変ですが、博物館の学芸員と学校の教員が率直に意見を交わして高め合うのが理想的です。学校カリキュラムの目的を達成しつつ、博物館や博物館資料の価値、魅力が伝わるような実践を目指したいものです。

「丸投げ」はお断り

博学連携による授業をコントロールするのは、あくまで教員だと心得ましょう。たまに、博物館に子どもたちを引率してあいさつをさせたら、その後は「我関せず」の態度で、騒ぐ子どもたちを注意すらしない教員がいます。

学芸員は博物館資料の専門家であって、必ずしも教育の専門家ではありません。学年に合わせた言葉を選んだり、子どもたちをコントロールしたりすることに長けているとは限りません。また、学芸員と子どもたちとの関係は、その日限りの一期一会です。普段から子どもたちと接している教員が学芸員との橋渡し役になり、授業の流れをコントロールする方がスムーズに進みます（図2）。

図2 学芸員の指導による骨格標本の観察

人のつながり、組織の理解

博学連携についてともに考えてきた仲間の一人である小田泰史さんは、博学連携のポイントを「人のつながり、組織の理解」と要約しました。教員から見れば、博学連携のスタートは教員個人が博物館の持つ「モノ」を知り、「ヒト」とのつながりをつくることでしょう。そして学芸員との個人的な対話の中でプログラムを練ることになります。

しかし、プログラムを実践する段階では、学年主任や校長、教頭などをはじめ、組織の承認を得る必要があります。博物館の見学を新たな行事として実施しようとすれば、高いハードルが待ち構えていることでしょう。いかに組織の理解を得るかが、成功の鍵になります。前述した教員研修会は、教員同士で博学連携の価値を共有し、組織の理解に結びつけるうえでも有効です。

日本モンキーセンターと愛知県犬山市との連携も、最初は私たち学芸員と教員個人とのつながりからスタートしました。やがて実践に関わる教員が増えるにつれて連携の輪が広がり、価値が認められるようになりました。十数年の時を経て、それが校長会や教育委員会の理解につながり、市内の全小中学校が理科の学習で日本モンキーセンターを訪れる体制が実現しました。学校現場で博学連携を浸透させるには、息の長い活動が必要です。

終わりに

全国にはさまざまな博物館があり、地域ごと、博物館ごとに特色があります。この連載で紹介した日本モンキーセンターの事例が、別の場所ですぐに実施できるとは限りません。ほかの博物館の事例をそのまま実践しようとするのではなく、皆さんの地域の実態に合わせたプログラムを設計することが、継続的な連携につながります。ぜひ、地域独自の博学連携を開拓していただきたいと思います。

──高野智先生のプロフィール──

公益財団法人日本モンキーセンター・キュレーター、標本・資料管理責任者。京都大学博士（理学）。専門は自然人類学。霊長類研究と市民とをつなぐ教育普及活動の一環として、博学連携に取り組んでいる。

新連載

先を見越した理科教育の実践

扱う題材のバリエーションが偏ることによる危険性

前編

奈良県立奈良高等学校　仲野純章

理科の学習では、小・中・高等学校と段階が上がるにつれて、内容が専門化し、扱う科学的概念・現象も増えていきます。さらに、学校から一歩出た先に広がる実社会には、より多様な「科学」があふれています。そのため、学びの源流段階で正しい理解を形成しておかなければ、先の学習はもちろん、実社会の様々な場面で弊害が出ることが危惧されます。

高等学校の理科教育現場では、小・中学校での学習過程で形成された「偏った／誤った理解」が影響を及ぼしていると思われる場面に遭遇することがあります。こうしたことを通じて、2回にわたり、先（高等学校以降や実社会）を見越した理科教育の実践について考えたいと思います。今回は、ばねを例にして、「扱う題材のバリエーションが偏ることによる危険性」という切り口から見ていきます。

学習場面と日常との違い

通常、「ばねといえばつる巻きばねであり、ばねにかかる荷重とその伸びは線形関係にある」という内容を、小・中学校、さらには高等学校でも学習します。ところが、いざ実社会に目を向けると、存在するばねはつる巻きばねのような形だけではありません。また、荷重と伸びが正比例しない非線形ばねも多いのが実態でしょう。例えば、著者の身の回りを見渡しただけでも、図1に示すような種々

のばねがあり、中でも (c) の円錐コイルばねは非線形ばねの典型的な例です。このように、ばねという題材ひとつとっても、学習場面と身の回りの状況の間には、大きなギャップが見られます。

次節の内容は、単純な形状を有するものの、教科書には出てこない「見慣れないばね」を用いて、そのばね特性（荷重－伸び特性）を高等学校第1学年の生徒に考えさせ、実験で検証させた事例です。こうした事例を紹介しながら、「理科教育で扱う題材のバリエーションが偏れば、多様な考え方を阻害しかねない」という危険性を述べたいと思います。

見慣れないばねと向き合う授業

短冊状の小さな金属片を用意して、V字型に折り曲げることで、一種のばねを形成することができます。これを「V字ばね」と呼びます（図2左）。このV字ばねの両端に糸をくくりつけ、一方の糸でV字ばねをつり下げ、もう一方の糸におもりを付加すると、ばね特性を測定することが可能となります（図2右）。このV字ばねを用いて、物理基礎を学ぶ高等学校第1学年120名を対象に、以下の実践を行いました。なお、ここで用いる金属片は、強度・靱性・耐疲労特性などの面で、一時的な実験に耐えられるものであれば、どのような材料でもよいでしょう。

実践では、まず、10gのおもりをV字ばね

連載

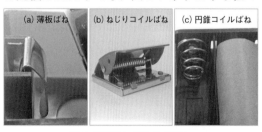

図1 日用品に使われるばね

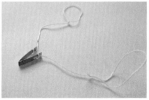

図2 V字ばね（左）と糸をつけた状態（右）

図3　ばねの伸びの実測

に付加した時の伸びをグループ作業として測定させ、「荷重10gでのばねの伸び」というデータを把握させました（図3）。なお、Ｖ字ばねには糸との接続点、すなわち荷重支点が2か所存在しますが、ここでは荷重支点間距離の初期値からの変化量を伸びと定義します。

　そのうえで、このデータを含むばね特性の全体像を、他者と相談せずに各自で予測させました。そして、予測後にグループ作業として20、30、40gのおもりを用いてＶ字ばねの伸びを実測させ、各自の予測と照らし合わせたうえで、実測値との差異の原因などをグループ内で思考・議論させました（図4）。

図4　実験後の議論

　予測の段階では、実に98％もの生徒が図5（a）のような線形グラフを描く結果となりました。これは、中学校で「ばね＝線形ばね」と学習を積み重ねてきた結果が如実に表れたものだと推察されます。実際に、ばねの伸びの全体像を測定させると、荷重増加とともに伸びが鈍化する図5（b）のような非線形のグラフが得られます。なお、Ｖ字ばねのばね特性が非線形となる理由は、「荷重が2倍になっても、Ｖ字ばねの開く角度や鉛直方向の

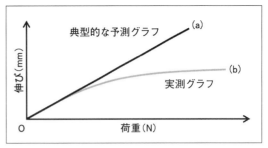

図5　ばね特性を示すグラフの概形

伸びが2倍になるわけではない」といった図形的な解釈で理解することができます。詳細については参考文献[1]をご覧ください。

　一連の予測・実測・議論を経た後、教員主導でこうした図形的要因を全員で確認し合うことで、直面した現象への理解は十分に得られるでしょう。

終わりに

　今回紹介した事例以外にも、理科教育の中で「扱う題材のバリエーションが偏っている」という場面はあるのではないでしょうか。例えば、電気回路関係の学習では照明デバイスとして豆電球がもっぱら登場しますが、社会に目を向けると、発光原理や特性がこれとは全く異なるＬＥＤが広く普及し、主流化しつつある現実は大変気になるところです。いずれにしても、「理科教育の中で扱うバリエーションが偏れば、多様な考え方を阻害しかねない」危険性が伴うということについて、多くの教員の方々と改めて留意し合いたいものです。

　次回は、先を見越した理科教育の実践の必要性を考えるにあたり、「ある単元での学びが過度に一般化される危険性」という切り口から見ていきます。

参考文献
1）仲野純章「ばねの本質に意識を向けさせるアプローチ」『奈良県高等学校理化学会会報』（57）：14-18, 2018.

─仲野純章先生のプロフィール─
　パナソニック株式会社を経て奈良県立奈良高等学校教諭・研究推進部長。理科教育学・科学教育学を中心とする研究・実践に従事。2019年より京都大学大学院理学研究科附属サイエンス連携探索センター非常勤講師兼務。

奈良県立奈良高等学校　仲野純章

学習過程で形成された「偏った／誤った理解」がその先の学習や日常生活・社会生活に悪影響を及ぼしかねないということについて、前回は、「理科教育の中で扱うバリエーションが偏ることによる危険性」という切り口から見てみました。今回は、二つの事例をもとに、「ある単元での学びが過度に一般化される危険性」という切り口から考えてみたいと思います。

「はね返る角度」の誤り

高等学校では、物体と壁との衝突など、衝突現象に関する基礎理論を学び、衝突後の物体の速度や軌跡を、反発係数も考慮しながら表現できる力を養います。

衝突現象のうち、弾性衝突は極めて理想的な現象です。我々の身の周りで起こる衝突では、エネルギーの散逸が避けられないため、ほとんどの場合、非弾性衝突となります。ある平面上において、壁に対して斜め方向から入射する物体と壁との間で非弾性衝突が起こるとき、理論的には「衝突直前の物体の運動方向と壁がなす角度 θ_1」と「衝突直後の物体の運動方向と壁がなす角度 θ_2」は等しくならず、「$\theta_1 > \theta_2$」となります（図1）。

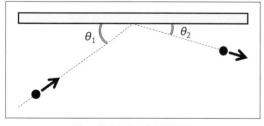

図1　斜め方向の非弾性衝突

しかし、実際には「$\theta_1 = \theta_2$」と考える生徒が非常に多く存在します。衝突現象の基礎理論について教わった後でもこうした誤った

考え方が残っていることが、高等学校第2学年の生徒を対象とした授業実践で確認されています[1]。その原因として、「小学校以来、光の反射では『入射角と反射角が等しくなる』と教えられ、その概念が過度に一般化される」という、いわば学業経験要因の影響が極めて大きいことが確認されました。なお、実験による事実の確認と、実験後、生徒同士の討議を通じて誤った考え方の原因を明確にさせることでこの考えを修正できることも、授業実践で併せて示されています。

「引きつけ合う力」の誤り

非弾性衝突以外にも、「過度の一般化」の影響が見られる学習があります。引きつけ合う力の代表例として、静電気力が挙げられます。日本の理科教育では、比較的早い段階から静電気概念に関連した学習が始まり、系統的な学習がなされます。具体的には、静電気概念の前提知識となる電気概念は、小学校で初めて扱われ、「電気を通すつなぎ方と通さないつなぎ方がある」ということを学びます。また、その延長として「電気を通すものと通さないものがある」という、導体・不導体の概念もこの段階で登場します。

中学校では、一般的な電気回路における電流の実態は電子の流れであることに初めて触れ、学習範囲が静電気に及びます。そして、帯電体が及ぼす力についても具体的に扱うようになります。ただし、そこで扱う力学的作用は、あくまで「帯電体同士」に関するもののみであり、部分的なものといえるでしょう。

高等学校になると、帯電体の内部で電子が移動して電荷に偏りが生じる「静電誘導[※1]」や、帯電体を近づけた不導体内部の分子や原子内

で電荷に偏りが生じる「誘電分極※2」も扱うようになり、帯電体が及ぼす力についてより幅広く学ぶこととなります。そして、帯電体の相手物体が「帯電した導体」「帯電した不導体」「帯電していない導体」「帯電していない不導体」のいずれであったとしても、それら二物体間には力学的作用が発生することを学びます（図2）。

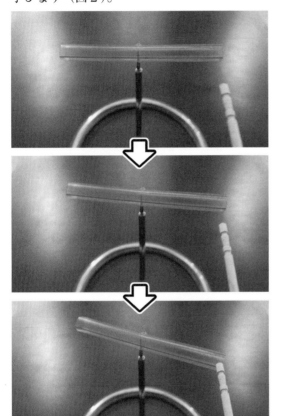

図2 帯電したストローと帯電していない爪楊枝の引きつけ合い

しかし、中学校学習指導要領では、「静電気と電流」の学習内容として「異なる物質同士をこすり合わせると静電気が起こること、帯電した物体間では空間を隔てて力が働くこと」が規定されています。この「異なる物質同士を」や「帯電した物体間では」といった文言が強調された学習を経験してきた生徒には、「静電気は同一物質同士では発生しない」、あるいは「帯電体同士でなければ二物体間に力は働かない」といった誤った考え方が形成されることが懸念されます。

実際に、高等学校第3学年の生徒を対象と

した授業実践では、「帯電体同士でなければ、二物体間には力は働かない」といった考え方をする生徒が多数で、この誤った認識が強固に保有されているために、一方向的に知識を伝達されるだけでは考え方が容易に修正されないという実態が確認されました[2]。

終わりに

これまで2回にわたり、小・中学校の学習過程で形成された「偏った／誤った認識」が、高等学校での学びに影響を及ぼしていると懸念される具体的事例に触れてきました。小学校での学びを中学校での学びに、そして小・中学校での学びを高等学校に正しくつなげていくのはいうまでもなく大切なことです。そして、何よりも大事なのは、こうして学習したことが学習者の日常生活・社会生活といった実社会で正しく運用されていくことだと考えています。

今回の連載を機に、小・中・高等学校の系統性を意識した理科教育、ひいてはより広義な意味での「先を見越した理科教育」の実践に向けて、自らの指導方法・内容を批判的に顧みる姿勢を持つよう、読者とともに意を新たにしていければと思います。

注釈
※1 帯電体が形成する電界の中に導体を置くと、導体内の自由電子は電界と逆方向に動きます。電子は導体内に電界が存在している限り動き続けるため、やがて導体内の自由電子が偏在し、その結果、導体の両端に＋と－の電荷が等量ずつ現れます。この現象を「静電誘導」といい、静電誘導の結果、帯電体と帯電していない導体の間には引力が働きます。
※2 帯電体が形成する電界の中に不導体を置くと、不導体を構成する分子や原子が分極し、その結果、不導体の両端に＋と－の電荷が等量ずつ現れます。この現象を「誘電分極」といい、誘電分極の結果、帯電体と帯電していない不導体の間には引力が働きます。

参考文献
1) 仲野純章「非弾性衝突に関する誤概念とその修正方略の事例的研究」『理科教育学研究』59(3)：423-430, 2019.
2) 仲野純章「静電気がもたらす力学的作用に関する認識状態：我が国の高等学校段階の学習者を対象とした事例評価」『フォーラム理科教育』(21)：17-27, 2020.

─ 仲野純章先生のプロフィール ─
パナソニック株式会社を経て奈良県立奈良高等学校教諭・研究推進部長。理科教育学・科学教育学を中心とする研究・実践に従事。2019年より京都大学大学院理学研究科附属サイエンス連携探索センター非常勤講師兼務。

新連載

小中学生からの「におい」の科学

第❶回 においの世界へようこそ

岩手大学農学部 教授　宮崎雅雄

私は子どものころから動物が好きで、イヌやインコ、カエル、サンショウウオ、熱帯魚などいろいろな動物を飼育してきました。そのような幼少期も影響してか、大学では獣医学を専攻し、動物のお医者さんを目指して勉学に励んでおりました。大学4年生の秋の研究室配属の際には、臨床技術を習得するため、迷わず獣医内科学研究室を選択しました。ここでは午前中に大学付属動物病院の診療に参加して、教員より小動物臨床に関する知識と技術を学ぶことができました。

診療時の学生の大事な仕事として、来院したイヌやネコの血液検査や尿検査を任されていました。この時期に、私の将来を大きく変える発見がありました。ネコの尿検査を行うと、健康なネコで高濃度のタンパク尿を排泄（はいせつ）している個体が数多く見つかったのです。

誰も答えを知らない問題

読者の方々が健康診断で「あなたはタンパク尿です」と言われたら、ドキッとすると思います。このように医学の世界では「タンパク尿は腎臓病の異常兆候」として理解されており、教科書にも「生体内で様々な機能を担っているタンパク質は、血液の老廃物と一緒に腎臓で濾過（ろか）されても、腎臓で再吸収されるので尿にほとんど排泄されない」と記載されています。よって、学生だった私は、見た目が健康でほかの検査結果に異状値がなくても、タンパク尿陽性ネコは腎臓病を患っているかもしれないと考えるに至りました。

この疑問を当時の教員にぶつけても「ネコはそういうものだから、心配しなくて大丈夫」と回答され、なぜ健康なネコがタンパク尿を示すのかという疑問が大きく膨らんでいきま

した。もしネコが生理的にタンパク尿を排泄しているのなら、従来のタンパク尿の概念と全く矛盾していてとても興味深い現象であると考え、ネコの生理的なタンパク尿の原因と機能を探る研究を開始しました。

コーキシンに導かれて

まずネコの尿成分を電気泳動という手法で解析して、健康なネコの尿中タンパク質の成分を明らかにしました。その結果、分子量7万のタンパク質が主成分として検出されました（図1）。当時、分子量から判断してこのタンパク質は分子量6.6万の「アルブミン」であると報告していた論文もありましたが、腎臓病時に排泄されるアルブミンが健康ネコの尿に大量排泄されることはないと考え、更に研究を継続しました。その結果、このタンパク質は新規なもので、酵素の一種であることが判明しました。私の好奇心がこのタンパク質とめぐり合わせてくれたので、「コーキシン（Cauxin）」と命名して論文発表しました。

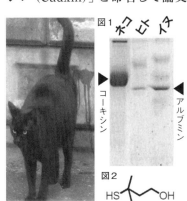

図1　　　　ネ　ヒ　イ
◀ コーキシン
図2
HS〜〜〜OH
▶ アルブミン

図1は、ネコ、ヒト、イヌの尿10μLを電気泳動した結果。ネコの尿にのみコーキシンのバンドが検出される。ネコに特異なバンドがアルブミン。ヒトとイヌでみられるシャープなバンドがアルブミン。図2は、ネコに特異なにおい物質（3メルカプト3メチルブタノール）の化学式

さらなる研究で、コーキシンがネコやその近縁種の小型ネコ科動物の尿にのみ大量分泌されていることがわかりました。同じくネコ科動物の尿にのみ特異的に排泄される「フェ

連載

リニン」というアミノ酸がありますが、コーキシンはこのフェリニンの生合成に尿中酵素として機能していることを突き止めました。

フェリニンが尿でさらに分解されると、ネコの尿に独特なにおいの原因となる揮発性の化学物質が生じることもわかりました（図2）。このにおい物質の尿中含量には雌雄や年齢差があり、雄で雌の10倍程度含まれ、生後数か月の子ネコの尿には含まれませんでした。

ネコは、本来単独行動を好み、尿でマーキングして縄張りを確保しています。行動学的な研究では、尿を嗅いだ別の個体は、におい主の種や性、年齢、個体情報などを確認して自分の行動、例えば異性の探索やけんかで負けた同性との棲み分けなどを決定していると考えられています。しかしながら、これまで、尿のにおいを構成する化学物質の中で、どの物質が種や性、年齢、個体情報の媒体となっているかはわかっていませんでした。今回、ネコの尿にフェリニン分解物のような種や性、年齢に特異的な揮発性物質が見つかったことから、やはりネコはこのような物質を嗅ぎ分けていて、種や性、年齢の情報までは識別できているのだろうと考えられます。

以上の研究成果により、健康なネコの尿に大量分泌されるコーキシンは、タンパク尿という個体の生理的矛盾を超越して、種の存続に重要な機能を担っていることがわかりました。一連の謎が解けたことで、実験中は、くさいとしか感じられなかったネコの尿臭に新たな好奇心が芽生え、動物の行動を制御するにおいの研究に私の関心は移っていきました。

サイエンススクール「においの科学」

学位取得後、研究員として理化学研究所や東海大学、ルイジアナ州立大学を転々として自身の研究に専念していましたが、2012年に岩手大学に准教授として赴任したことを機に、日本学術振興会の「ひらめき☆ときめきサイエンス」を利用して小中学生対象のサイエンススクールを開催してきました（過去全8回）。

においの科学では、これまで得られた研究成果を題材としながら、一日がかりの講義と実験で、においの基礎から最先端の研究の一端までを体験してもらいます。小学5年生にも理解してもらうために、模型も多用した体験型講義で、そもそもにおいとは何か？（→においは揮発性のある化学物質）、全ての揮発性物質はにおうのか？（→No、窒素などはにおいません）、どうやってにおいが感知されるのか？（→鼻に存在する嗅覚受容体といわれるセンサーが化学物質を感知して、その情報が脳に伝わるとにおいとして認識される）、嗅覚受容体の数はどれくらい？（→ヒトで約400種類、イヌやネコで約800種類、ゾウで約2000種類）、という基礎知識を学んでもらいます。それから最先端の装置を使った機器分析や、ネコの行動実験を行ってもらいます。

本プログラムでは、身近な生物に関わる現象の中にもよくわかっていないことがたくさんある、大学教授の私でもわからないことはたくさんある、と受講生に説いて、改めて科学の奥深さを考えるきっかけを与えています。

最後に、においの科学で最初に必ず実施している、市販のファンタグレープとファンタオレンジを用いた実験を紹介します。鼻をつまんだ状態でファンタグレープを口に含み味を評価します。評価したら鼻のつまみを取り、飲み込みます。水で口をすすいだ後、同様にファンタオレンジの味を評価します。鼻をつまんだ状態ではどちらのジュースも甘い味しかせず、グレープとオレンジの違いを区別できません。これは、それぞれのジュースに含まれている香料を鼻のセンサーで感知できないためです。新型コロナウイルスに感染した人で起きる嗅覚障害がまさにこの状態です。

簡単な実験ですが、受講生のにおいに対する興味を引きつけるには十分です。似たような実験は、ハイチュウなどを使っても簡単にできます。ぜひ一度試してみてください。

― 宮崎雅雄先生のプロフィール ―
岩手大学農学部教授。専門は、生化学、分析化学、動物行動学、獣医学。

連載 小中学生からの「におい」の科学 岩手大学農学部 教授　宮崎雅雄

第❷回
においって
何？

私が開催しているサイエンススクール「においの科学」では、前回ご紹介したファンタの実験を通じてにおいの重要性を再認識してもらった後、「においって何でしょうか？」という質問を受講生に投げかけて講義を始めます。「においの正体は、常温で気化する化学物質（揮発性物質）です」と回答してくれる小中学生もいます。

しかし、この答えの解釈には少し注意が必要です。特定のにおいを持つ揮発性物質は存在しないからです。例えば、リモネンという揮発性物質を私たちが嗅ぐと柑橘系のレモンのような香りがしますが、リモネン自体がレモンの香りを持っているわけではありません。においの正体を理解するためには、視点を化学物質から動物の嗅覚に移す必要があります。

においを感知する仕組み

においは、動物が外界に存在する化学物質を鼻で感知して、脳で感じるものです。私たちの鼻には、「嗅神経細胞」という感覚細胞が約500万個存在します。この嗅神経細胞では、「嗅覚受容体」というセンサーの役割を持つタンパク質が機能しています（図1）。ヒトは嗅覚受容体を約400種類持ち、1つの嗅神経細胞は1種類の嗅覚受容体だけを持っていることがわかっています。鼻の中に入った揮発性物質が嗅覚受容体にキャッチされると、

嗅覚受容体を持つ嗅神経細胞が興奮し、その情報が脳の嗅覚野に伝わります。揮発性物質を受容して興奮する嗅神経細胞の種類と数の違いで、脳の刺激のされ方が変わり、においの感じ方も変わるという仕組みになっています。

ヒトは数十万種類以上のにおいを嗅ぎ分けることができるといわれていますが、たった400種類の嗅覚受容体（嗅神経細胞）でどのように多様なにおいを識別できるのでしょうか。科学者たちによる研究の結果、1つの揮発性物質は、1つではなく複数の嗅覚受容体でキャッチされることがわかりました（図2）。つまり、揮発性物質とそれに応答する嗅覚受容体の、多対多の組み合わせによって、私たちは膨大な数の揮発性物質を感知できるのです。

ところで、全ての揮発性物質はにおうのでしょうか？ 答えはNo！です。例えば、私たちの身の回りにたくさんある空気はにおいません。空気の主成分は窒素や酸素ですが、それらをキャッチできる嗅覚受容体はヒトの鼻に存在しません。私たちが空気を嗅いでもにおいとして感じないのはそのためです。

嗅覚の種差と個体差

嗅覚受容体の数は、動物種により大きく異なります。イヌはヒトの倍の約800個、ネコは約900個、鼻の長いゾウは約2000個も持っています。一方、海に戻った哺乳動物の代表例であるクジラは、嗅覚受容体の種類を100個以下に大きく減らしました。これは、陸から海に戻ったことで、揮発性物質を嗅ぐ必要性が減ったためと考えられています。嗅覚受容体の種類が多いイヌやネコは、ヒトが嗅げない揮発性物質も嗅げていることでしょう。

さらに、脳の刺激のされ方にも種差があり、

図1　　　　　図2　❶　❷　❸　❹

受容体A　受容体B　受容体C

揮発性物質の受容機構。（図1）嗅神経細胞の模式図。先端の突起（繊毛）に1種類の嗅覚受容体が複数ある。（図2）揮発性物質と嗅覚受容体の反応模式図。物質1をキャッチできる受容体は無いのでにおいとして感知されない。物質2や3は複数の受容体でキャッチされる。

ヒトとネコが同じ揮発性物質を嗅いだ時でも異なるにおいとして感じているかもしれません。前回説明した通り、ネコは仲間の尿や糞のにおいを嗅いで、におい主の種や性、個体の情報を識別しているようです。においを介して縄張り行動するネコには、尿や糞のにおいの識別に特化した嗅覚受容体があっても不思議ではありません。イヌやネコは糞尿を嗅いでも臭くなく、仲間のにおいを生存に重要な情報として感知しているのかもしれません。

嗅覚受容体には、種差だけではなく個体（個人）差があります。読者の中に、アスパラガスを食べた後の自分の尿を嗅ぐと、硫黄っぽいにおいを感じる方がいらっしゃるかもしれません。それは、アスパラガスに含まれている成分が体内で代謝され、尿に排泄される硫黄含有物質をキャッチすることができる嗅覚受容体を持っているからです。この受容体を持っていない人は、アスパラガスを食べて同じ物質を尿に排泄していても、自分の尿をくさいと感じません。同じ揮発性物質を嗅いだとしても、個人間で持っている嗅覚受容体の種類が変わると、においの感じ方が大きく異なるのです。「特定のにおいを持つ揮発性物質は存在しません」と、最初に書いた理由をおわかりいただけたかと思います。

コーラの香りを調合する実験

揮発性物質は、単体で嗅いだ時と複数を混ぜて嗅いだ時では、まったくにおいの感じ方が変わることがあります。これは、すでに説明したように、刺激される嗅神経細胞の種類と量が変わることで脳の刺激のされ方が変わるためです。今回最後に取り上げるのは、複数の揮発性物質を同時に嗅いだ時にはじめて感知できるにおい、「混合臭」です。

においの原因となっている揮発性物質を明らかにするために、「ガスクロマトグラフ」という分析装置が多用されています（図3）。例えばコーラの揮発性物質を解析したい場合、コーラを密閉瓶に入れて気体部分を回収します。回収したガスをガスクロマトグラフに導入すると、ガスに含まれる複数の揮発性物質が、カラムといわれる全長30m、直径0.25㎜の細い管を通る間に分離され、物質ごとに別々の時間にカラムから出てきます（図4）。カラムの出口を検出器につなげると、出てきた物質の化学構造を明らかにすることができ、カラムの出口をにおい嗅ぎポートに接続すれば、直接においを嗅ぐことができます。不思議なことに、コーラを分析した場合、いつまでたってもコーラのにおいを感知できません。

これは、嗅ぐとコーラのにおいになる単一の揮発性物質は無いことを意味します。コーラのにおいは、複数の揮発性物質を同時に嗅いだ時に活性化される嗅神経細胞の組み合わせで脳が刺激されて、はじめて感知できるにおいということです。市販のコーラに含まれる香料は、数十種類の揮発性物質が複雑な組成で混ざり合って作られていますが、特にライム、オレンジ、シナモン、レモンに特徴的な揮発性物質が重要で、それらだけを混ぜて嗅ぐとコーラのようなにおいを感知できます。

私たちの身の回りには、香料が含まれている製品がたくさんあります。これらの香料は、天然物が発するにおいに似せて作られるため、花や木の揮発性物質を分析して、におい形成に重要なものを同定する技術が必要不可欠です。コーラのにおいを特徴づける揮発性物質の分析も容易ではありません。そこで私たちは現在、企業と共同で新たなにおい分析装置の開発にも取り組んでいます。今まで当たり前に嗅いでいたさまざまなにおい、今回はその奥深さをご理解いただければ幸いです。

―宮崎雅雄先生のプロフィール―
岩手大学農学部教授。専門は、生化学、分析化学、動物行動学、獣医学。

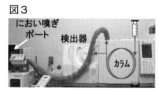
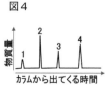

図3　図4

揮発性物質の分析方法。（図3）ガスクロマトグラフ。（図4）混合臭を構成する物質1、2、3、4が順に出てくる。

最終回

ネコの マタタビ反応

連載　小中学生からの「におい」の科学

岩手大学農学部 教授　宮崎雅雄

「身近な生物現象には、科学的に未解明なことがたくさんある」ということを伝えるため、私は日本学術振興会の支援のもと、ひらめき☆ときめきサイエンスを8回開催してきました。ここ数年は、私が取り組んでいるネコのマタタビ反応の研究を題材に、身近な生物の生存戦略をどのような実験で解き明かしたのかを体験してもらっています。最新の分析装置を使った実験と行動観察を組み合わせることで、誰も知らなかった真実を世界で最初に知ることができる喜びは、何事にもかえがたいものです。最終回の今回は、私たちのマタタビ研究についてご紹介します。

マタタビに陶酔するネコ？

ネコはマタタビを見つけると、なめたりかんだり、顔や頭をこすりつけたり、葉の上で体をくねらせてごろごろ転がったりする特徴的な反応をします。これは「ネコのマタタビ反応」と呼ばれ、日本では300年以上前から知られていました。マタタビは日本や中国などにのみ自生しているため、欧米ではネコがキャットニップ（西洋ハーブの一種）に対して示す反応として有名です。ネコのマタタビ反応のように、哺乳動物が特定の植物に強く反応する例は非常に珍しいとされており、この現象は昔から多くの研究者に着目されてきました。

1950年代には、マタタビに含まれる、通称「マタタビラクトン」やキャットニップに含まれる「ネペタラクトン」などの揮発性物質がネコにマタタビ反応を誘起する活性物質であると報告されました。これらは、前回解説したネコの嗅覚受容体を介して感知されると考えられていますが、不思議なことに、マタタビやキャットニップにまったく反応しないネコがいることも知られています。

長い間、ネコのマタタビ反応は、ネコがマタタビラクトンの香りに陶酔してごろごろ転がっているだけと解釈されてきました。しかし、マタタビ反応はライオンなどの大型ネコ科動物でも見られることを考慮すると、1000万年以上前に存在した、現存するネコ科動物の共通祖先が既にマタタビラクトンに対する反応機構を獲得していたと推測できます。もしネコが陶酔して単にごろごろ転がるだけの反応なら、ネコ科動物が1000万年もの間この反応機構を受け継いできたとは考えにくいことから、私たちは、マタタビ反応にはネコ科動物の生存に関わる重要な意義が隠されているに違いないと考え、研究を始めました。

研究でわかった意外な事実

化学物質の動物に対する作用を調べるには、葉の抽出物よりも必要最小限の化学物質で動物を刺激する方が効果的なのですが、過去の研究では複数の活性物質が報告されていて、どの活性物質がネコに強く作用するかは明記されていませんでした。そこで私たちは、物質を分離する「液体クロマトグラフィー」と呼ばれる手法で、マタタビ抽出物からネコに強力な活性を有する化学物質を再探索しました。その結果、過去に活性物質として報告されていなかった「ネペタラクトール」という物質に、マタタビ反応を誘起する強力な活性があることを見出しました。マタタビ葉に含まれるネペタラクトールの量はマタタビラクトンの10倍以上で、等量当たりの活性もネペタラクトールの方がほかの活性物質より高く、またネペタラクトール単体でも大型ネコ科動物にマタタビ反応を誘起できるとわかりました。

ネペタラクトールだけをネコに嗅がせてマタタビ反応を誘起させ、どのような神経系が活性化されるかを調べたところ、ヒトでは多幸や鎮痛に関わる「μオピオイド系」と呼ばれる神経系がネペタラクトールを感知すると活性化され、この活性化がマタタビ反応の発動に重要であることを見出しました。具体的には、ネペタラクトールを嗅いでマタタビ反応したネコでμオピオイド系を刺激する「βエンドルフィン」（通称「幸せホルモン」）の血中濃度が顕著に上昇すること、μオピオイド系の働きを阻害する薬を注射したネコはネペタラクトールを嗅いでもマタタビに反応しないことを実験で立証しました。

重要な成果は出たものの、私たちの研究の当初の目的は、この不思議な反応の生物学的な意義を見出すことです。何か意義があるに違いないと信じて試行錯誤しても、なかなか解明の糸口は得られませんでした。そんな時、共同研究者との議論をきっかけに発想を転換し、ネペタラクトールを床ではなく、壁や天井などのネコが普段は嗅がない場所に提示してみました。すると面白いことにネペタラクトールを嗅ぎつけたネコは、刺激物にしきりに体をこすりつけ、ネペタラクトールを床に提示した時見られた、床にごろごろ転がる反応は消失しました。この発見で、マタタビ反応の本質はネペタラクトールに体をこすりつける行動であることがわかりました。

図　マタタビ反応とその効用

これが契機となり一気に研究が進み、ネペタラクトールに蚊の忌避活性があり、ネコがマタタビに反応して葉に体をこすりつけるとネペタラクトールが毛に付着して蚊に刺されにくくなることも立証しました（図）。ネコのマタタビ反応は、マタタビやキャットニップが持つ防虫物質を利用した、病原体を媒介する害虫から身を守る行動であるとわかったのです。

まだまだ続くマタタビ研究

これまでの研究でマタタビ反応の意義が明らかになりましたが、ヒトやイヌなどの多くの動物も蚊の媒介する感染症に悩まされているのに、なぜネコ科動物だけがマタタビ反応を獲得するに至ったのかという進化的な謎が生じました。また、ネコ科動物にとって生存に有利な行動であるにもかかわらず、先天的にマタタビ反応しない個体も淘汰されずに一定の割合存在することも大きな謎です。そこで現在は、マタタビ反応の種、個体差を明らかにするため、日夜研究に取り組んでいます。

生物系の研究では、近年創薬などの実用化を意識する傾向が強くなってきています。一方、本研究は、純粋に生物現象の謎解きに焦点を絞り、当初はまったく応用展開を考えていませんでした。しかし、ネペタラクトールに蚊の忌避・殺虫効果があることを見出し、また嗅覚を介して鎮痛や多幸感を発動する神経回路が存在することもわかり、研究成果を社会に還元する道がいろいろ開けました。蚊は、日本脳炎やジカ熱などの様々な伝染病を媒介する害虫なので、ネペタラクトールは、人類にとって非常に有益な化合物になる可能性もあります。このように、「基礎研究から予想していなかった成果が生まれ、応用展開の道が開けるのがアカデミアにおける研究の醍醐味です」と受講生の小中学生に伝えています。

３回に渡る「におい」の科学、いかがでしたか？　またどこかで皆様の目につくような研究成果を出せるように、私たちも好奇心の赴くままに研究を楽しみたいと思います。

―宮崎雅雄先生のプロフィール―
岩手大学農学部教授。
https://www.iwate-biomolecular.net

夏休み特別企画

「お家でできる理科実験」にチャレンジ！

　弊社のホームページでは、過去に発行した『理科教育ニュース』から家にある物を使ってできる実験15本を選び、その方法を説明した「ためしてみよう」のPDFファイルを公開しています。ここでは、そのうち8本の内容をご紹介します。

手のひらの上のセロハンの花

　セロハンは水蒸気で丸まる性質があり、何枚か重ねて手に載せると花のような形になります。

▲動画

水の中にできるシャボン玉

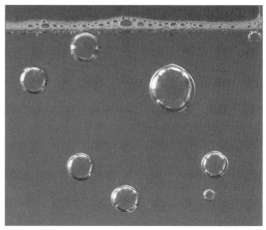

　洗剤を混ぜた水にストローを入れ、水面の少し上から落とすと水中にシャボン玉ができます。

▲動画

摩擦力で糸をのぼる「のぼり人形」

　ストローとたこ糸、厚紙で、左右交互に糸を引くと上にのぼっていく人形を作ります。

▲動画

水を注ぐと現れる人形

　高分子吸収球と人形を入れたビーカーに水を注ぐと、中の人形が見えるようになります。

▲動画

連載

墨流しと墨割りで描く模様

通常の「墨流し」のほか、水面に割れたような模様ができる「墨割り」で遊びます。

▲動画

宙返りして飛ぶ紙飛行機

紙飛行機の翼をカーブさせて、上に投げると宙返りして戻ってくる紙飛行機を作ります。

▲動画

びんの中に浮かぶ船

密度の違いを利用して、水と油の境界にプラスチックの船が浮かぶおもちゃを作ります。

▲動画

食塩水で固まる液体石けん

「塩析」の原理を利用して、食塩水に液体石けんを入れて固め、固形の石けんを作ります。

▲動画

ダウンロードはこちらから！

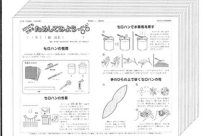

上記8本を含む15本の実験方法をまとめたプリント教材「ためしてみよう」のPDFファイルは、右の二次元コードよりダウンロードすることができます。

※CD-ROMにも同じPDFファイルが収録されています。

新連載
夜に楽しむ自然観察

第1回
ツバメのねぐらを見に行こう！

公益財団法人 日本野鳥の会 普及室　荒哲平

　古くから人の営みと共に生きてきたツバメは、日本人にとって最も身近な野鳥のひとつです。軒先で子育てをする姿を見かけたことのある方は多いと思いますが、巣立ち後に集団でねぐらをつくって夜を過ごすことはあまり知られていません。ねぐらを観察することで、子育てをしている時とは違うツバメの新しい一面に気づくことができ、地域の自然環境に目を向けるきっかけにもなります。

ツバメの暮らし

　ツバメは、日本とフィリピンやインドネシアなどの東南アジアの国々を行き来する渡り鳥です。春になると日本に飛来し、民家の軒先や商店、駅構内の壁など、人通りが多い場所で巣作りを始めます。材料となる泥や枯れ草などを壁に塗りつけ、1週間程でおわん型の巣を完成させます。巣ができあがると、親鳥は卵を4〜6個産み、温めます。卵を温め始めて約2週間、ヒナがかえると、巣からにぎやかな声が聞こえてきます。食欲旺盛なヒナに対し、親鳥は多い時で1日に300回以上

連載

ツバメの特徴

・全長17cm、体重18gほど（スズメと同程度）
・体の色は光沢のある黒で、腹は白く、額と喉が赤い。切れ込みのある長い尾が特徴。
・トンボやアブ、ユスリカなどの虫を飛びながら捕らえる。水浴びや、水を飲むのも飛びながら行う。
・世界には約80種類のツバメの仲間がおり、日本ではツバメ、イワツバメ、コシアカツバメ、ショウドウツバメ、リュウキュウツバメの5種類が見られる。

も虫を捕らえて巣に運びます。ヒナが生まれてから巣立つまで、およそ3週間かかり、無事に成長して巣立ったヒナたちが親鳥と一緒にいられるのは、わずか2週間。ひとり立ちするために、えさのとり方などを親鳥から学ぶ大切な期間です。

　そして秋には、親ツバメも子ツバメも、冬でも暖かく、えさとなる虫がいる東南アジアに旅立っていきます。その移動距離は片道数千km。渡りの過酷さや天敵による捕食などにより、その年に生まれた子ツバメのうち、翌年まで生き残って日本に戻ってくるのは1〜2割程度ともいわれています。それでもツバメが渡りをする理由は、四季のある日本では、春から夏にかけて虫が大量に発生し、その数は東南アジアを上回るため、多くのえさを必要とする子育てがしやすいからと考えられています。

数万羽にもなる集団ねぐら

　巣立ったヒナたちは、昼間は巣の近くを飛んでたくさんの虫を食べ、夜になると水辺のヨシ原などに集まり、「集団ねぐら」をつくって休みます。集団ねぐらの規模は地域や時期、天候によって様々ですが、7〜9月のピーク時には、子育てを終えた親ツバメに巣立った子ツバメも加わり、数千〜数万羽が集結することもあります。

　集団ねぐらをつくる場所は、主に河川敷や遊水地などにあるヨシ原です。ヨシは湿地に生育する植物で、成長すると草丈は3mほどにもなります。ツバメは、ヨシの茎の先端や、なるべく高い位置にある葉に器用にとまって夜を過ごします。ヨシがない場所では、樹上やほかの植物にねぐらをつくることもあります。

ツバメが集団ねぐらをつくる理由は、よくわかっていません。集団でいた方がヘビやタカ、イタチなどの天敵を見つけやすく、捕食される確率も低くなるという説や、えさが多い場所の情報交換をするためなどの説があります。

ねぐら入り観察のすすめ

ツバメのねぐら入り観察の見どころは、その壮大な迫力にあります。夕方になると、どこからともなくツバメが湧くように集まり始め、あたりが薄暗くなる頃には、数万羽が上空を埋め尽くし、渦巻くように乱舞します（図1）。日が落ちて20分ほどたつと、ツバメたちは一斉にヨシ原に舞い降ります。しばらくすると、にぎやかだったツバメたちはピタリと鳴きやんで眠りにつき、ヨシ原は暗闇と静寂に包まれます。

図1 ヨシ原の上を乱舞するツバメ

非常に魅力的なツバメのねぐら入りですが、集団ねぐらは慣れていないと位置を特定することは難しく、夜間の観察は危険も伴います。必ず明るいうちに現地の下見を済ませ、けがや事故のないように注意してください。移動にはなるべく公共交通機関を利用し、周辺住民の迷惑になるような路上駐車は避けてください。また、水田や畑などの私有地には立ち入らないようにしましょう。ねぐら周辺では、強力なライトを照らしたり、カメラのフラッシュをたいたりせず、ツバメを驚かさないように観察してください。

日本野鳥の会では、7〜9月に全国各地の支部でツバメのねぐら入り観察会を開催して

図2 ねぐら入り観察を楽しむ参加者

います（図2）。ツバメたちのダイナミックなねぐら入りを体感してみませんか？

ツバメは減っている？

日本野鳥の会が実施した調査で、都市部では、郊外や農村部と比べて巣立つヒナの数が少ないことが明らかになりました。宅地開発などによって水田や農地が減少し、えさとなる昆虫を十分に集められないことが原因と考えられます。さらに、都市部ほど「フンが落ちて汚い」などの理由で、人がツバメの巣を撤去してしまう割合が高いことがわかりました。また、集団ねぐらに利用するヨシ原も、河川の改修工事やアレチウリなどの外来植物の侵入によって衰退しています。

人の生活に寄りそって子育てをするツバメ。姿を見かけたら、優しく見守ってください。

日本野鳥の会ホームページから、ツバメのねぐら入りの様子を動画でご覧いただけます。また、全国30か所のツバメのねぐらの場所や見どころなどを紹介した「ツバメのねぐらマップ」も配布しています。

―荒哲平さんのプロフィール―

2013年日本野鳥の会入局後、ツバメの調査を担当。自然観察施設勤務を経て、2022年から現所属。野鳥を通して、自然を守りたいと考える方を増やすための活動に取り組んでいる。

連載
夜に楽しむ自然観察

第❷回
夏のナイトウォッチング

NPO法人 生態教育センター　吉田祐一

「私、昆虫キライなの。触りたくもない」

　夜の生き物観察会（以下、ナイトウォッチング）に参加した女の子が、私に言いました。「生き物が嫌いなのに、どうしてナイトウォッチングに参加したのだろう？」その答えはすぐにわかりました。夜の公園は子どもたちにとって特別な場所だからです。

　暗闇は、日頃見慣れた公園を別世界にします。ライト片手に生き物を探すのは、子どもにとってドキドキの大冒険。子どもたちの心に大きな変化が生まれます。最初はおっかなびっくり生き物を探していた子が、次第に生き物を見つけるのが楽しくなり、生け垣の隙間をのぞき込んで探し始めます。子どもたちと生き物との距離がぐっと近くなります。

　ナイトウォッチングの終了後、昆虫が嫌いだと言った女の子に「昆虫好きになった？」と聞きました。「ううん、やっぱり気持ち悪い。変な顔だし、足がトゲトゲだし」と言いながらも、その手にはキリギリスが握られ、まじまじと観察していました。子どもたちと生き物との距離感が変わる瞬間は、いつ見ても驚きます。

葛西臨海公園鳥類園のナイトウォッチング

　都立葛西臨海公園にある鳥類園では、毎年夏にナイトウォッチングを開催しています（図1）。鳥類園には淡水池と汽水池があり、その池の周囲に林が広がっています。ここで見られる夕方から夜の生き物を紹介します。

【サギのねぐら入り】

　夏の夕方、コサギやダイサギなどの「白鷺」と呼ばれるサギが、鳥類園内の池に集まってきます。夜間の休息場（ねぐら）として利用するためです。昼間には数羽しか見られない

図1 ナイトウォッチングの様子

図2 ゴイサギ

日でも50羽以上も集まることがあり、夕暮れの空に飛ぶ白鷺の姿はとてもきれいです。なお、白鷺はここでは眠らず、さらに薄暗くなると、別のねぐらに向かって一斉に飛び立ちます。

　白鷺たちが眠りにつく頃に姿を現すのが、夜行性のゴイサギです（図2）。昼間は林の中に潜んでいるため姿が見えませんが、夜になるとどこからか飛んできます。闇夜でゴイサギを見つけるには、声に注目します。彼らは飛びながら「クワッ」と鳴きます。声が聞こえた方向を探すと、飛ぶ姿を観察できます。ゴイサギの声は街中でも聞くことができますので、声が聞こえたら探してみてください。

【夜のカニ】

　河口に面した鳥類園には、様々なカニの仲間が暮らしています。中でもアカテガニ（図3）やクロベンケイガニは、海ではなく森の中で暮らすという半陸生のユニークな生態です。彼らは河口近くの森で暮らしますが、夏の大潮になる晩には産卵（放仔）するために、水辺にやってきます。もし、アカテガニを見つけたら、勇気を出して手で捕まえてみましょう。甲羅の横をつまむように持てば、はさみ

図3 卵を抱えたアカテガニ

図4 アブラゼミの羽化

連載

に挟まれる心配はありません。捕まえたら腹の形を見てください。メスは卵を抱えるために腹の殻が広くて半円に近い形、オスの腹は三角形であるため、簡単に見分けられます。

身近な公園でナイトウォッチング

自然が豊かな公園ではなくても、私たちの身近な公園にも生き物が暮らしています。小さな林や野原、花壇などがあれば、ナイトウォッチングを楽しめます。住宅街にある公園で夜に見られる生き物を紹介します。

【セミの羽化】

公園内の木や人工の柱でセミの抜け殻が見つかれば、夜に同じ所を探すとセミが羽化する場面に巡りあえます（図４）。セミの羽化が始まるのは薄暗くなる18時～19時頃。羽化したてのセミは真っ白な体です。茶色い幼虫の殻から真っ白な体が少しずつ出てくるのは、とても神秘的な光景です。体が全部出たら、翅（はね）を伸ばします。このときの翅の色はミンミンゼミやクマゼミは透明、アブラゼミは翅まで真っ白で、セミの種類によって違うのも面白いです。羽化を観察する時には、くれぐれもセミには触れないでください。羽化したばかりのセミの体は軟らかく、触ってしまうと体や翅がおかしな形になってしまいます。

【空飛ぶ哺乳類】

まだ薄明るい夕暮れの街中や、川辺の空を飛び交うのは、空飛ぶ哺乳類アブラコウモリです（図５）。「イエコウモリ」とも呼ばれ、昼間は建物の隙間などに潜んでいます。森林ではほとんど見ることができない、都市に適応したコウモリです。彼らは夕方から夜にかけて空を飛び、カやコガネムシ、ガなどの昆虫を食べます。飛んでいる昆虫を捕まえるために、５本の指で指の間の膜を操り、パタパタと不規則に翻しながら飛びます。その見事な飛び方をぜひ観察してみてください。

【街灯に集まる生き物】

昼間と違い、真っ暗な夜は生き物を見つけるのが難しいのですが、そんなときにお薦めの観察スポットが、街灯や公衆トイレで

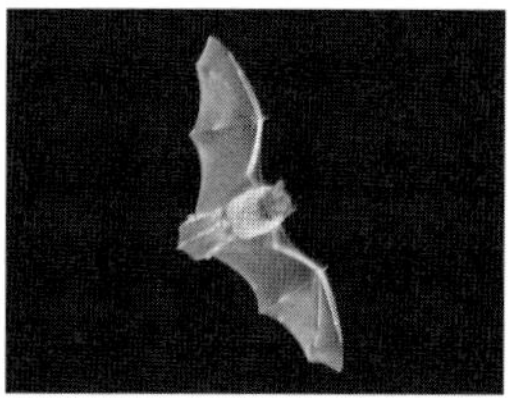

図５ アブラコウモリ

図６ ニホンヤモリ

す。夜でも明るい街灯には、ガの仲間やコガネムシの仲間などのたくさんの昆虫が集まります。街灯の下を探すと、死んだ昆虫を食べに、肉食性の強いコオロギやキリギリスが見つかることがあります。公衆トイレの壁を探せば、集まった昆虫たちを狙うニホンヤモリ（図６）に出会えるかもしれません。

夕方から夜への移り変わり

夏の昼間の公園ではツバメが空を飛び、石垣をニホンカナヘビが走り回り、セミの声が聞こえます。夕方になると、上空を飛ぶのはツバメからアブラコウモリに代わり、セミに代わってコオロギやキリギリスたちが音を奏で始めます。

夜の生き物観察は、昼間と夜で見られる生き物の違いを堪能することができます。夏の涼しい夜に、近くの公園でナイトウォッチングをしてみてはいかがでしょうか。

夜の観察の注意事項

- カがたくさんいるので長袖長ズボンを着る。
- 夜も汗をかくので、飲み物を用意しよう。
- 夜の生き物にとってライトはまぶしいため、あまり照らし過ぎないこと。
- 観察した生き物は逃がすこと。
- 上ばかり見ずに地面も慎重に見よう（歩いている幼虫を踏まないように）。
- 子どもたちだけで観察しないこと。
- 危ない場所がないか、昼間に下見をすること。

―吉田祐一さんのプロフィール―

宮城県の片田舎生まれ。農業高校で生き物の骨にハマり、生物の道へ。現在の職場では、生物調査・保全事業・環境教育を行いながら、休日は骨を探しに海や山へ通うのが楽しみ。

連載

夜に楽しむ
自然観察

最終回

夜に出合える
山の生き物

東京都高尾ビジターセンター　福澤卓也／河又彩

高尾山は、東京都心から1時間ほどで訪れることができるアクセスしやすい山です。ここには豊かな森が残され、多様な生き物たちが暮らしています。日中は登山客でにぎやかな山ですが、夜になり人がいなくなると、今度は野生動物たちの時間になります。夜の高尾山の森は、明るい時間とは違った表情を見せてくれます。

天然林が残される高尾山

高尾山は東京の西部に位置する、標高599mの山です。この山の森には、哺乳類約30種、植物約1600種、昆虫類は約5000種が暮らしているといわれています。これほど多様な生物たちが暮らしている理由は、この森の成り立ちや歴史に秘密があります。

高尾山は、暖温帯と冷温帯の2つの気候区の境界に位置しているといわれており、南北で植生が異なります。南側斜面には暖温帯系のアカガシやヤブツバキなどの常緑樹林が、北側斜面には冷温帯系のブナやイヌブナなどの落葉樹林が見られます。さらに中間温帯林のモミ・ツガなどの針葉樹林があり、多様な植生が見られます。この豊かな植物相があるおかげで、植物を食べたり、すみかとしたりする動物たちの貴重な生息環境となっているのです。

また、高尾山は古くから山岳信仰の場とされ、森林は社寺林として保護されてきました。1962年には、高尾山を中心とした一部の地域が「明治の森高尾国定公園」として国定公園に指定されました。こうした背景により、古くから人々が訪れてきた山でありながら、森林が大切に守られてきた高尾山には、現在も豊かな自然が残されているのです。

連載

夜の森で出合える生き物

夏の高尾山は、日が傾き始めるとヒグラシがにぎやかに鳴きます。その声がやみ、アオバズクやモリアオガエルの声に変わる頃に、あたりは真っ暗になり、夜の生物の活動時間になります。耳を澄ますと、タヌキなどの哺乳類がガサガサと藪を歩く音も聞こえてきます。

夜の森で、特によく出合うのが昆虫です。日中は隠れているので、明るい時間には見られない種類が多くいます。夏の昆虫の中で特に人気のあるクワガタムシにも、出合うことができます。高尾山には6種のクワガタムシが生息していますが、種類によって見つかりやすい標高が異なります。麓ではノコギリクワガタが見られ、最も数が多いコクワガタは麓から山頂までよく目にします。中腹から山頂では、ミヤマクワガタ（図1）やアカアシクワガタ（図2）などの山に多い種類が見られるようになります。幼虫の時期に木を食べるクワガタムシにとって、豊かな森が残る高尾山は暮らしやすい場所なのだと考えられます。

また、同じく幼虫が木を食べるカミキリムシも種類が多く、明かりに集まってくるものや木にとまっているものを見つけることがで

図1 ミヤマクワガタ

図2 アカアシクワガタ

図3 ヨコヤマヒゲナガカミキリ

きます。ブナ・イヌブナが自生する高尾山では、運が良いと、この木を利用するヨコヤマヒゲナガカミキリ（図３）という、やや珍しい種類のカミキリムシに出合うことができます。低山でありながら、麓では見られない山地性の生物に出合うことができるのも、高尾山の自然の魅力のひとつなのです。

高尾山のムササビ

　高尾山で一番有名な哺乳類は、ムササビ（図４）です。ムササビはリスの仲間で、樹上で生活しています。夜行性で、昼間は木に開いた穴（樹洞）の中で眠っています。日没してから30分後に巣穴から出たムササビは、前足と後ろ足にある飛膜と呼ばれる部分を大きく広げて木の間を滑空移動します。飛膜を広げることで風に乗り、グライダーのように長距離を移動することができます。古くから森林が守られてきた高尾山には樹齢を重ねた大きな木が多いため、ムササビにとって巣穴として利用できる樹洞が多く、滑空移動がしやすい環境なのです。

　巣穴から出たムササビは、木の上で食べ物を探します。ムササビは主に植物を食べ、季節によって違う種類の植物を食べています。例えば、春は樹木の柔らかい新芽やヤマザクラのつぼみ、夏はクヌギの葉や若いドングリ、秋にはモミジのタネやコナラのドングリ、そして冬にはヤブツバキのつぼみやコナラの冬芽などが挙げられます。植物の多い高尾山には約240種類の樹木が生育しているため、高尾山のムササビはそのときの旬である植物を選んで食べているのです。

　夜にムササビが食事をした場所は、食痕からもわかります。昼間の登山道には、真ん中だけ丸く食べられた葉（図５）や若いドング

図４ ムササビ

図５ ムササビの食痕

りだけが食べられた枝などのムササビの食痕が落ちていることがあります。落ちている食痕からも、高尾山のムササビの存在を感じることができるのです。

高尾山ナイトハイク

　高尾ビジターセンターでは、解説員と一緒に夜の山を歩くイベントを実施しています。2022年7月30日（土）に「高尾山ナイトハイク」を

図６ ナイトハイクの様子

実施しました。高尾山に暮らす動物をモチーフにしたワークショップを体験した後、１号路を下山しながら昼間と夜に見られる生き物たちを観察しました。解説員と一緒に夜の山を安全に歩くことができるため、夜の山を初めて歩く方におすすめです（図６）。

　昼間は登山客でにぎやかな高尾山ですが、夜になると雰囲気が一変します。一部に街灯がついている所もありますが、ほとんどの登山道は真っ暗です。足元や周りが見えにくいため、夜の山を歩くときには懐中電灯が必須です。懐中電灯で足元を照らしながら、周りの音をよく聞くことで、夜ならではの昆虫類や哺乳類に出合えることがあります。特に、夏はクワガタ類や大きなカミキリムシ、羽化したばかりの美しいセミの姿など、魅力的な生き物がいます。昼間と夜の違いや夜の生き物との出合いを通して、高尾山の生き物の多様性をより実感することができますよ。

─── 福澤卓也さんのプロフィール ───
　専門は昆虫生態学。2016年から高尾ビジターセンター解説員。高尾山をはじめとした東京都の自然の魅力を発信するため、インタープリテーションを用いた環境教育や調査に取り組んでいる。

─── 河又彩さんのプロフィール ───
　2020年に株式会社自然教育研究センターへ入社後、高尾ビジターセンターに配属。プログラム運営や商品開発などを通じて高尾山の自然や歴史、文化などの魅力を発信している。

連載 シリーズ・科学の面白さを伝える人たち 第26回

笑顔と学び

～カラフル・サイエンスの取り組み～

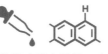

駒場東邦中学校・高等学校 非常勤講師 成見知恵

私は、物理が専門の、専任経験のない非常勤講師です。20年以上、様々な学校で「授業」というくくりの中だけで生徒たちと出会ってきました。最初は「授業外での生徒の様子を知らないから授業がうまくいかないのかな」と講師であることを卑屈にとらえたり、週に2時間程度だけの授業では、すでにできあがったクラスの雰囲気をなかなか変えられない無力さに落ち込んだり、といろいろありました。

けれど、「難しくてつまらない」という先入観に満ちた物理だからこそ、簡単、身近で面白い演示が効果的であることや、たまに会う講師だからこそ縛られない授業づくりをしやすいという利点があることなど、経験を積むにつれて多くのプラス面に気づかされました。生来の人を笑わせることが好きな性格もあいまって、生徒が楽しいと思うことを主軸にした「カラフル・サイエンス」と名づけた授業を心がけるようになりました。

「カラフル・サイエンス」の授業例

力学の授業の導入は、力の矢印の表記などのルール指導だけになりがちですが、生徒たちの目と頭が覚めるように、おもりの代わりにイミテーションの果物を使い（図1）、重ねた2つの物体にはたらく力のつり合いと作用・反作用の学習に「力学のケーキ」を作りました（図2）。遠目には本物のケーキに見えるため、教室に持ち込んだ瞬間に歓声が上がります。断面にはマグネットで力の矢印を貼ることができます。

コロナ禍によるオンライン形式の授業では、自宅にいる生徒同士、そして教員とのつながりを感じる課題を出しました。重心を考えながら生卵を立て、その写真をオンライン展覧会のようにまとめる「Stay Home！ Stand Eggs！」と、力学の問題によくある「傾斜角が30度の斜面」を体感してもらう目的で「急だと感じる坂道の傾斜角を測定せよ」と坂道の傾斜角を測定する「なるみ坂46」です。

また、高校で初めて学ぶ波動の学習では、波形が水平方向に動く様子にだけ注視してしまい、媒質の上下振動を理解しづらい生徒がいます。媒質はその場所にとどまっていて、ただ上下に振動しているということを実感できるように、ウェーブマシンの端に人形を取りつけました（図3）。「人形に注目してごらん」と声をかけてからスローモーションの動画を見せると、上下振動がユーモラスなので笑いが起き、結果として難しいといわれるy-tグラフの理解が深まりました。波動の演示物として制作した「カラフル・ウェーブマシン（図4）」は、100本のバーベキュー用竹串の中央を5mの強力ガムテープで固定し、穴を開けた200個のスーパーボールを両端に取りつけた、いわば巨大ウェーブマシンです。これは教室内の生徒たちの間を縫うようにしてダイ

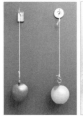

図1 果物のおもり　図2 力学のケーキ（左）と断面（右）

図3 ウェーブマシンの人形　図4 カラフル・ウェーブマシン

ナミックに振動が伝わる様子を見せることができ、「振動が伝わる」という波の本質の理解に非常に効果的であったように思います。

乗り出す板・プロジェクト

　このような授業実践の中から生まれた活動が「乗り出す板・プロジェクト」です。物体の重心や力のモーメントを学習する際に、コインや本の積み重ねが取り上げられますが、ここでは重ねた木材の側面に絵を描くというアクティビティを大切にしています（図5）。「重心とは何か」「複数の物体の重心はどこにあるのか」をしっかりと学習をしたうえで、最後に絵をつけます。高校以上の物理としては絵を描く必要性はないのかもしれませんが、計算や理科が苦手な生徒たちが解放されたような笑顔で楽しんでくれます。普段の物理の授業では静かにしていた女生徒たちが「今日の物理、楽しかったよ！」と声をかけてきたことは新鮮な驚きがあると同時に、楽しく学ぶことの意味を考えさせられました。

図5 乗り出す板

　最初は授業内での取り組みでしたが、絵を描く作業は、高校物理の授業としては異例でも、小中学生に理科の面白さを伝え、学びの効果を促進する活動に適しているのではない

かと考えました。共感してくれたママ友が、近隣の子どもを集めて第1回の乗り出す板・プロジェクト実験教室を開催してくれたのが、2016年のことです。その後、多くの科学館、地域センター、大学留学生講座、教員養成授業クラス、精神科や老人ホームデイケアなど、様々な縁がつながり、サイエンス＆アートの活動にもなりました（図6）。

図6 実験教室の様子

　スタートから6年、ホームページ※には1000人以上の作品が並んでいます。実験教室の参加者は小学生が多いのですが、前半に行う重心の講座の内容やレベルを変えることにより、子どもから大人までが楽しく力学を学ぶプロジェクトとして、これからも細々と継続していけたらと思っています。

　理科が苦手な生徒と得意な生徒の間には、日常生活の中で「興味を持って眺めている風景」に大きな乖離（かいり）があるように感じています。私の授業の工夫は、準備の大変さの割には導入や動機づけだけの一瞬の効果しかないという側面もありますが、日常感覚や直感とも密接にかかわる理科の学びにおいて、「直感的に働きかける学びの瞬間」がもっとあってもよいのではないかという思いから、このような実践を続けています。

※ http://colorfulscience.cocolog-nifty.com/

─成見知恵さんのプロフィール─
今年度より学校現場での講師業に加えて、概念理解ができるのに極端な計算ミスで点がとれない、提出物が出せない、単位がとれないなど、集団教育では支援の手が届きにくい理系高校生や大学生の学習支援をしている。

新連載

生き物が訪れる学校づくり

第1回 すべての学校にビオトープを！

公益財団法人 日本生態系協会 教育研究センター 主任研究員　登澤鈴子

学校ビオトープの魅力

　自然体験を通じて、生き物と環境の関係に目を向け、自然との共生について考える学習は、理科や総合的な学習の時間に多く見られます。最近は、SDGsと関連させた学習活動も増えてきました。そうした学習を日常的に展開できる場所が、学校ビオトープです（図）。ビオトープというと「池がなくてはいけない」という声を多く耳にしますが、池だけがビオトープではありません。「ＢＩＯ」は生き物、「ＴＯＰ」は空間を意味し、「ＢＩＯＴＯＰ」は「地域の野生の生き物の生息する場所・空間」を指します。池に限らず、草原、森や林なども含まれるのです。

図　学校ビオトープの例（甲賀市立油日小学校）

　では、スイレン鉢にメダカや水草を入れて作られた小さな自然はどうでしょうか。水を交換する、餌を与えるなど、飼育下で維持されている状態では、ビオトープとは呼べません。地域の自然の生き物が行き来し、生き物が自立して生息し続けられることがビオトープの条件となります。

　そのための学校ビオトープのお手本となる

のは、それぞれの地域にある自然です。学校の周囲には、川や草原や林で生き物が生息しています。バッタがいる草地や、チョウが通り道にしている林、ハサミムシや甲虫の幼虫がいる落ち葉だめ・伐採木置き場など、皆さんの学校の中にもそのような場所はあるのではないでしょうか。小さくてもこのような環境があれば、生き物は訪れます。壮大な敷地や環境がなくても、学校の周辺の環境に目を向けることで、ビオトープに取り組む可能性は広がっていきます。

　時に、「池のビオトープが十数年前からあるけれど、すっかり荒れてしまって……」という学校が見受けられます。「改善したくてもその方法がわからない」「設置当時の記録がなく、何から取りかかればいいのかがわからない」「改善した後、どう継続した管理をしていけばいいのだろう」といった悩みがあるようです。そのようなときに大切なのは、現状把握です。どんな生き物が生息しているのか、なぜ生息しているのかなど、まずは、児童生徒や生き物に詳しい専門家とともに生き物調査を行ってみてはどうでしょうか。その結果から、改めて生息し続けてもらいたい生き物（目標種）を設定し、保全や改善のあり方を児童生徒とともに相談しながら決めていくといいでしょう。

　このような活動は、単なる自然体験にとどまらず、課題解決に向けた主体的な調べ学習、地域の環境保全に携わる人との関わりからの社会参画への学習など、様々な学習行動へとつながっていきます。時間と手間はかかりますが、そのハードルを越えてもビオトープづくりに取り組もうという熱意のある学校は、自然との共生を目指し、児童生徒の興味関心

連載

のもと、主体的に試行錯誤している傾向がうかがえます。

地域の自然の充実にも貢献

現在、異常気象によって起こる水害や土砂崩れ、想定を超える災害があちらこちらで発生しています。これらは気象や温暖化によるものだけではなく、アスファルトで舗装された地面や、人が暮らすために変化させてきた環境にも原因があります。さらに、生き物の生息域の変化も叫ばれています。学校ビオトープを作るうえで地域の自然に目を向けていくと、そのような日本の環境の変化にも関心が広がります。学校ビオトープを通じた体験学習は、人と生き物がともに暮らし続けるための知識にとどまらず、情報収集能力や表現力、合意形成などの技能も育てます。これらの学習が、これからの教育に求められているのではないでしょうか。

私たちの協会では、学校に図書室や体育館があるように、「すべての学校にビオトープを！」という未来像を描いています。学校には、たくさんの知識と情報を与えてくれる図書室、運動により体と心を育む体育館、ほかにも音楽室や理科室などの教科・領域に即した場が設けられています。学校ビオトープは、これらと同様に、生きた体験活動ができる場として、児童生徒に欠かせない場所と考えます。学校だけではなく、幼稚園や保育園においても、園庭ビオトープでの発見や体験は小さな子どもたちの感性を育みます。もちろん、子どもたちだけではなく、教師の側にも気づきや驚きがあり、学びの幅を広げて教育の質の向上につながります。

学校ビオトープのあり方は、多種多様です。面積や環境の種類、地域の自然に即して、その学校ならではのビオトープになります。それらに共通するのは、地域に生息する生き物にとって欠かせない場のひとつになることです。学校ビオトープが充実することは、その地域の自然が充実してくることにつながっていきます。

全国学校・園庭ビオトープコンクール

私たちの協会では、各校ならではの特徴ある取り組みを広く紹介するために、「全国学校・園庭ビオトープコンクール」を隔年で開催しています。1999年から始まり、次回の2023年で13回目を迎えます。詳しい内容はホームページをご覧ください。

前回は、新型コロナウイルス感染症流行の渦中、会場への入場を大幅に制限しての開催でした。しかし、自然との共生を試みるこの取り組みにブレーキがかかることはありませんでした。全国から寄せられた100校・園を超える参加の中から、厳選な審査の結果、文部科学大臣賞・環境大臣賞・国土交通大臣賞・ドイツ大使館賞、日本生態系協会会長賞の上位5賞などの表彰及び実践発表が行われました。休校やオンラインでの学習を余儀なくされる中、身近にある教材としてビオトープを活用した自然体験学習の取り組みは大変興味深く、これからの時代の学習素材の宝庫といえるのではないでしょうか。

受賞事例の中には、地域の自然をお手本に作り上げたビオトープを代々受け継ぎ、ビオトープの管理体制をマニュアル化したり、転任してきた先生に児童が指導したりという体制をつくり上げた学校もあります。前述したように、学校の状況に合ったビオトープを作ることと同時に、それを維持管理することに見通しを持つことが肝要です。次回は、管理体制を構築した学校からの事例をお伝えいたします。学校ビオトープを作ってみたい、学習に生かしたいと考える方は必見です！

全国学校・園庭ビオトープコンクール
https://www.biotopcon.org/

───登澤鈴子先生のプロフィール───
幼児教育の分野で「子どもたちに日々自然体験のできる環境を」と願い、園庭ビオトープを手掛けたことをきっかけに、現在は学校や園を外から支える立場として、環境学習の支援や学校・園庭ビオトープの全国普及に邁進中。

生き物が訪れる学校づくり

連載

第2回 学校ビオトープの教材としての活用

豊田市立上鷹見小学校 教頭 谷口 隆

今回および次回は、「全国学校・園庭ビオトープコンクール」で国土交通大臣賞と文部科学大臣賞を受賞した愛知県豊田市立上鷹見小学校の取り組み事例をもとに、学校ビオトープを活用した学習や取り組みの内容と維持・管理について紹介します。

上鷹見小学校の学校ビオトープ

上鷹見小学校は、周りを田畑や山に囲まれた田園地域にある、全校児童66名の小規模校です。このような地域で学ぶ子どもたちだからこそ、自然の大切さ、生き物の命の尊さについて考え、地域が大好きな子に育ってほしい、また地域の方とともに自然と人とが共生できる町づくりを目指してほしいと願い、学校ビオトープを活用した環境学習を行っています。

2001年、当時の4年生が「メダカの里」と名づけて大切にしていた地域の休耕田が、埋められることになりました。児童は、「水路にいたメダカやアカハライモリなどの生き物を救いたい」という思いから、学校の前にある休耕田を、2年がかりで生き物を移すための池にしました。この池が、本校のビオトープの始まりです。

2004年には、児童のデザインをもとに、児童、教職員、保護者、地域住民が協力して二つ目の池を新設し、続けて一つ目の池を全面改修しました。その後は環境学習の教材として活用するとともに、児童、教職員によって整備、維持管理を行っています（図1）。外来種の選択的抜き取りや希少種の保護、多様な環境の創出などの継続的な管理により、動物、植物ともに生息確認種が年々増えています。児童は、造成した2つの池と、地域の里山、川、田んぼなどのすべてを学校ビオトー

図1 上鷹見小学校の学校ビオトープ

プと捉えて「鷹見の里」と名づけ、命のつながりを意識して、多様な動植物が生息できる環境づくりに取り組んでいます。

環境学習の教材としての活用

本校では、地域の自然環境、特に学校ビオトープを基盤にした学習や活動を教育課程に位置づけ、総合的な学習の時間では、3〜6年のすべての学年でビオトープを活用した学習が行えるように年間計画（単元構想）を作成しています。また、ビオトープを活用できる単元一覧を作成し、生活科と総合的な学習の時間を中心に、各教科、道徳、特別活動においても、自然に関わる体験活動を組み込んだ学習を全学年で実践しています。

（1）身近な自然に親しむ

1・2年生の生活科では、草花の観察や草花遊び、木の実や落ち葉を使った造形遊び、虫捕りや池や小川の生き物探しなどをしています。毎年、外来種のことを学習した後に、池の増え過ぎたザリガニを釣る「ザリガニ捕獲大作戦」も行っています（図2）。図工科では池や里山の絵を描き、国語科では里山や池の周りを歩き、全校で俳句を作っています。児童は、春はタケノコ掘り、夏は川遊

図2 ザリガニ捕獲大作戦

び、秋は栗拾いや落ち葉遊び、冬は雪遊びなど、四季折々のビオトープの自然を楽しみながら、様々な体験を通して、自然の在りようを学び、自然や環境について考えて、その課題にも気づいていきます。

（2）身近な自然を調べる

３・４年生の理科の生き物や自然を扱う単元では、ビオトープで生き物調べや自然観察を行います。課題解決のために生き物や自然をじっくりと観察することで、新たな気づきや疑問が生まれ、総合的な学習の時間での探究的な学習にもつながります。

本校では、虫網や虫かごなどは学級の人数分を常備し、いつでも自由に使えるようにしています。生き物や自然に対する興味や関心が高まるように、休み時間の校庭での昆虫採集も奨励しています。たくさん採集できると大喜びする子どもたちですが、生態を調べるために教室で飼う生き物以外は、自分で元の場所に返します。十分に生き物と触れ合うことで、生き物に対する優しさや思いやりの気持ちも自然に育っていきます。

（3）身近な自然に働きかける

ある年の春、１年生は生活科「いきものとなかよし」の学習において、ビオトープでたくさんの生き物と出会いました。中でも、かわいいチョウに多くの児童が関心を持ち、チョウの種類を調べ始めたところ、「アゲハチョウは見ていない」ということに気づきました。「アゲハチョウにも来てほしい」という願いから、何回も話し合ったり、専門の先生に相談したりして、アゲハチョウの食草であるキ

ンカンの木を植樹しました。成長した幼虫がほかの生き物に食べられてしまったり、うまく蛹になれなかったりする場面に出合い、生命の不思議さや自然の中で生きていく厳しさを感じて、一喜一憂しながら幼虫の成長を見守っています。

４年生は、総合的な学習の時間に、池に呼び寄せたい目標種を「トンボ」と決めて、地域のトンボが自然に集まる環境づくりに取り組んでいます。定期的にトンボの専門家と生息数調査を行って記録することで、種によって成虫の発生時期や生息環境が違うことに気づきました。また、専門家から休耕田の増加によって赤トンボが減少しているという話を聞いて、「ビオトープ内に田んぼの環境をつくりたい」と考え、池の一部を湿地帯にする計画を立てています。

６年生は、多様なトンボが集まるように協力して池の水草を刈ったり、里山の生き物の多様性が増すように冬に下草を刈ったりしています。また、昨年は隣接する森から出た木の枝を利用して、ビオトープ内に生き物の産卵や隠れ場所としての粗朶積みを設置しました。児童が生き物の立場になって主体的に身近な自然に関わり、試行錯誤をしながら学習をしています。

学校ビオトープを活用したビオトープ学習は、子どもたちの探究心をくすぐり、様々な人や生き物との対話から主体性を引き出して、深い学びにつながる、まさにアクティブラーニングそのものです。身近な自然と直接関わる体験を通して、地域を愛する心、主体的に学ぶ力も、児童の中に育ってきています。

豊田市立上鷹見小学校
https://www2.toyota.ed.jp/swas/
index.php?id=s_kamitakimi

―谷口隆先生のプロフィール―
豊田市立上鷹見小学校教頭。１級ビオトープ計画管理士・１級ビオトープ施工管理士の資格を有する。「全国学校・園庭ビオトープコンクール2021」で上鷹見小学校を文部科学大臣賞に導いた。

連載

生き物が訪れる学校づくり

第3回 学校ビオトープの維持・管理

豊田市立上鷹見小学校 教頭　谷口 隆

本校のビオトープの概要について述べた前回に続き、今回は、ビオトープの維持・管理の取り組みについて紹介します。維持・管理までを含めてのビオトープ学習なので、学年の発達段階に応じた内容を考え、積極的に関わらせていくことが大切です。

本校では、理科の学習に関連づけて、3年生から総合的な学習の時間で学校ビオトープの動植物と積極的に関わり、学校ビオトープの環境を維持するための管理の必要性を意識させています。

学校ビオトープの維持・管理

学校前の休耕田を借りて造成した2つの池と小川は、周りの川や池、森などから飛んで集まるトンボを池や小川の目標種に設定して、「トンボの楽園」を目指しています。羽化や産卵のために草を残す所、開放水面をつくるために草を刈る所、水量の調節をして池の底が見えるようにした所など、児童は多様なトンボが集まるように工夫し、試行錯誤をしながら、学習やビオトープ整備を進めています。その結果、トンボは現在までにオニヤンマ、シオカラトンボ、モートンイトトンボをはじめ、22種の生息が確認できました。今後も、さらに多くのトンボや生き物に訪れてもらえるようにしたいと考えています。池や小川にはトンボのほかにも、メダカ、ドジョウ、両生類などの生き物も増えています。

また、ビオトープ整備カレンダーを作成して、一年を通して児童、教職員、保護者、地域が協力して適切に管理することで、四季折々に見られる野草が増えました。夏から秋にかけては、様々な種類のバッタも現れ、子どもたちが生き物と触れ合う楽しい場所になると

ともに、バッタやトンボにとっても居心地の良い生息場所になっています。

ビオトープの観察路は、生息する動植物に配慮して、授業での学習や観察以外での利用を控えるようにしています。また、希少種を確認したときや野鳥が営巣したときには、調査・保護のため、ビオトープの一部を一時的に立ち入り禁止にすることもあります。

環境委員会による整備と管理

3〜6年生で構成する環境委員会は、毎日の生き物調べの活動を継続し、朝の管理当番の時間や委員会の時間を通じて学校ビオトープに主体的に関わり、管理と活用を中心になって行っています（図1）。学校ビオトープの管理方法については、前期・後期のメンバー交代のときや年度末に引き継ぎを行い、持続的な管理ができるようにしています。

造成した2つの池は、多様な種のトンボに池を産卵場所として利用してもらうために、一部の抽水植物を鎌や剪定ばさみで刈り取り、開放水面を確保する作業を行っています。植物に産卵する種にも配慮し、すべてを刈り取ることはせず、残す場所を決めて変化をつけています。また、刈り取った枯れ草を利用する種もいることを調べ、ビオトープ外に持ち出さず、池の端に仮置きして産卵の状況の観察を継続的に行っています。観察路では、残したい希少な野草には札がつけてある

図1 朝の点検活動

図2 外来種の抜き取り

連載

ので、それらを刈らないように、草刈り鎌を使って慎重に短く手で刈っています。このように、ビオトープ内の草地の草丈に変化をつけることで、昆虫の種類も増やしたいと考えています。また、実にトンボの羽がくっついてしまうためにトンボの脅威となる外来種のアレチヌスビトハギやアメリカセンダングサは、委員会の時間に環境委員全員で丁寧に抜き取っています（図2）。

　池やビオトープ内の小川は、水の管理が一番大切です。山からの水は、コンクリートの水路を通って池に入ります。水路の様子は、毎朝、環境委員が交代で確認しています。水路に砂や落ち葉がたまって水が流れないときには、くわなどを使って取り除きます。

授業における整備・活用

　6年生は、地域の方と一緒に里山や湿地の整備作業を行うことで、地域の方の思いを知り、自然環境にも目が向くようになってきました。また、理科「生物と地球環境」の学習では、「いろいろな昆虫が集まるビオトープにしよう」という課題に対して、昆虫の生態を調べて、地域の生き物を呼び寄せるしかけ作りの計画を立て、仲間と協働して粗朶積み（そだづ）を作りました（図3）。評価には継続した調査が必要であるため、自然再生の難しさ、自然を守ることの大切さについて考えるきっかけとなり、「自分たちも地域の自然を守っていきたい」という思いを強くしました。

　このような学校ビオトープでの学習や体験活動を通して、自然を大切にする意識が芽生

図3　生き物のための粗朶積み

え、主体的に自然に関わり、自然を守り育てるために他者と協力して行動しようとする態度が育ってきています。

地域や専門家との連携

　ビオトープの維持・管理は、教職員間ではビオトープ管理マニュアルを作成し、人事異動にも対応できるようにしています。年度初めには、学校ビオトープの活用方法について環境教育部会で検討し、新旧の担任や環境教育担当者で学校ビオトープの管理や活用についての引き継ぎを行い、全学年で積極的に活用できるようにしています。また、保護者、地域住民が協力してビオトープの整備作業を随時行っています。地域の環境NGOに協力を依頼することもあります。

　児童がビオトープ学習として行う整備活動には、専門的な知識を持つ動植物に詳しい講師の方や、1級ビオトープ管理士の資格を持つ方に指導・助言をいただいています。また、本校では、1級ビオトープ計画・施工管理士の資格を持つ教員が、各学年で行うビオトープ学習や環境学習の指導において、児童への直接指導や担任のサポートを行っています。このように、全校児童、保護者、教職員、専門家、環境NGOなどの協力で、目指すビオトープに少しずつ近づいてきています。

　学校ビオトープの造成や維持管理、活用については、どこの誰に相談すればよいかに困っている学校もあるのではないかと思います。課題の解消のために、日本生態系協会から地域のビオトープ管理士を紹介してもらうなどの方策が考えられます。

豊田市立上鷹見小学校
https://www2.toyota.ed.jp/swas/
index.php?id=s_kamitakimi

―谷口隆先生のプロフィール―
　豊田市立上鷹見小学校教頭。1級ビオトープ計画管理士・1級ビオトープ施工管理士の資格を有する。「全国学校・園庭ビオトープコンクール2021」で上鷹見小学校を文部科学大臣賞に導いた。

連載

生き物が訪れる学校づくり

最終回｜学校ビオトープで一歩を踏み出そう

公益財団法人 日本生態系協会 教育研究センター 主任研究員　登澤鈴子

これまでの受賞校がお手本

連載第2回、第3回で紹介した上鷹見小学校の取り組みはいかがでしたか？ この学校は、全国学校・園庭ビオトープコンクールにおいて、第4回（2005年度）に学校ビオトープを介した地域への視点の広がりが評価されて国土交通大臣賞を、第12回（2021年度）には活用の工夫が評価されて文部科学大臣賞を受賞しました。

本コンクールでは、上位5賞（文部科学大臣賞、環境大臣賞、国土交通大臣賞、ドイツ大使館賞、日本生態系協会会長賞）と、協会賞、奨励賞を授与しています。審査は、応募校・園について書類審査、審査委員による補足調査を行った後、中央審査委員会において賞を決定しています。継続的に参加する学校の中には、審査委員の助言をもとにその質を向上させている取り組みが年々増えています。また、毎回、全国各地から新規の取り組みも寄せられ、活動の広がりを感じます。

審査観点がヒント

参考までに、本コンクールにおける審査観点をご紹介します。コンクールの審査観点には、第1回でお伝えしたビオトープ本来の定義のほかにも、環境学習の教材として価値あるものとするためのヒントが随所に盛り込まれています。

（1）生き物が暮らしやすい環境づくり

学校ビオトープの主役のひとつは、地域の野生の生き物です。定着してもらいたい生き物（目標種）を決めて、その生き物の暮らしやすい環境づくりをするために食べ物や産卵条件などを整えます。また、地域での生息場

所について、その環境や学校までの距離などを把握しておくことも大切です（図1）。

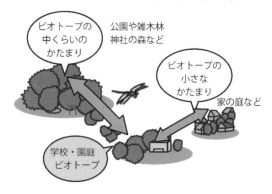

図1 近隣のビオトープとの位置関係の把握

（2）子どもたちの主体的な関わり

学校ビオトープのもうひとつの主役は、子どもたちです。学校ビオトープを日々観察し、変化に気づき、生き物が暮らしやすいように改善したり、賛同する仲間を校内外で増やしたりすることも大事な活動となります（図2）。

図2 校内新聞などで活動を伝える

（3）授業への活用

学校ビオトープは、様々な学年・教科で活用が可能です。年間授業計画に位置づけて計画的に活用していきたいものです。「生き物だから理科」とは限らず、絵や俳句での表現学習や英語でのパンフレットづくりなど、幅広い活用が期待できます（図3）。

図3 学校ビオトープで生き物を写生

（4）外部との連携

　継続的な維持管理を進めるうえで、保護者をはじめ、地域住民、地域の専門家などとの連携があると心強いです。このような体制が構築できると、ビオトープの質の向上にもつながります。

（5）活動を持続させるための工夫

　自然との共存には、時間がかかります。熱心な子どもたちや先生がいなくなっても続く体制づくりが欠かせません。管理マニュアルを作成し、引き継ぐという上鷹見小学校の取り組みは、大変参考になります。

（6）地域への視点の広がり

　学校ビオトープをきっかけに、地域の自然やまちづくりの現状や課題に目が向くと、環境学習として、より広がりと深まりが出てきます（図4）。

図4 地域の未来を考えるきっかけ

学校ビオトープのこれから

　2022年12月、世界が注目するＣＯＰ15（生物多様性条約第15回締結国会議）が、カナダ・モントリオールで開催されました。ここで、地球温暖化の問題と同様、生物多様性についても問題解決が強く求められました。生物多様性の問題解決には、地域ごとに「自然との共存」が不可欠となります。

　「自然との共存」といっても、具体的に何を学び、取り組めばいいのか、悩ましいところかと思います。自然には地域特性があり、その答えは、地域によって異なるからです。ドイツでは、学校ビオトープを「自然との共存を考える野外の実験室」と称した例もあります。まずは、普段生活する場所で自然との共存を試み、思うようにいかないことに悩みながら、それ自体を学習の題材として追及していきましょう。

　また、地域の自然を深く知ることで、地域の特色を理解し、地域への誇りを醸成することにもつながると思います。

次回のコンクール

　現在、2年に一度開催される本コンクールに向けての準備が始まっています。このコンクールに参加する学校・園のメリットには、「現状の取り組みを見つめ直す」「子どもたちや関わる主体のより一層の関心を喚起する」「他校や審査委員である専門家との情報交流などの機会が得られる」などが挙げられます。過去には、コンクールでの審査委員への説明を授業の一環にした学校もありました。規模や進捗にかかわらず、活動をより発展させるために本コンクールをご利用いただければと思います。応募は4月から！　参加をお待ちしています。

全国学校・園庭ビオトープコンクール
https://www.biotopcon.org/

―登澤鈴子先生のプロフィール―
　幼児教育の分野で「子どもたちに日々自然体験のできる環境を」と願い、園庭ビオトープを手掛けたことをきっかけに、現在は学校や園を外から支える立場として、環境学習の支援や学校・園庭ビオトープの全国普及に邁進中。

用語索引

※ためしてみようの左ページに掲載されている場合は、右ページの語を省略しています。

191

用　語	形態	ページ	用　語	形態	ページ	用　語	形態	ページ
ササクサ	△	123	重曹	□	62	石炭紀	□	92
さなぎ	■	21	自由電子	△	108	積乱雲	■	37
蛹	△	118	重力	■	14		□	101
サムライアリ	△	117		△	111		△	133
サラダ油	□	60	種子	■	25	石灰岩	□	89
酸	■	17		■	26	瀬戸内海	□	99
	■	18		□	78	セミ	■	24
	□	64		□	80		□	76
	△	115		△	122		△	118
三畳紀	□	93		△	123		△	121
酸性	■	17	種子散布	■	25	ゼリー	■	18
	□	62		□	78		□	64
	△	114		□	80		△	115
	△	115		△	122	先カンブリア時代	□	92
散布型	△	122	受精卵	△	126	前線	■	37
散布体	△	122	ジュラ紀	□	93	像	■	6
	△	123	ショート回路	△	107	層雲	■	36
ＣＤ	■	34	触角	□	69		□	101
	□	96	シラン	△	122		△	133
ジェイムズ・ウェッブ宇宙望遠鏡	■	33	磁力	■	10	層積雲	■	36
	□	94	磁力線	■	10		□	101
	△	130		□	48		△	133
シオカラトンボ	■	21	シルル紀	□	93	創造の柱	■	33
磁界	■	10	深成岩	■	30	相利共生	△	123
	□	48		□	89	【た】		
指示薬	△	114	新生代	□	92	ターメリック	■	17
磁石	■	10	新第三紀	□	92		□	62
	□	48	水圧	■	23	堆積岩	■	30
	△	107		□	75		△	127
始生代	□	92	水蒸気	■	19	タイムラプス	△	112
十種雲形	■	36		■	37	太陽	■	16
	□	100		□	66	太陽光	■	7
	△	133		△	109		■	34
支点	■	8		△	116		□	42
	□	44	水様性卵白	■	29		□	96
	△	105		□	86		△	131
自動散布	△	122	スギ	■	34	第四紀	□	92
自動散布型	△	119		□	96	対流	■	16
霜	■	19		△	131		□	60
	□	66	すばる天体望遠鏡	□	95		△	113
	△	116	スローモーション動画	□	59	タコ	■	23
社会性昆虫	□	68		△	112		■	24
周食型	△	123	成虫	■	21		□	74
重心	■	8		△	118		△	120
	■	14	静電気	■	11	タツノオトシゴ	■	24
	□	44		△	108	タネ	△	119
	□	56	生物多様性	■	24	卵	■	29
	△	105	積雲	■	36		□	86
	△	111		□	101		△	126
ジュース	■	18		△	133	単極モーター	△	107
	□	65	石英	□	89	弾性力	■	13
	△	115	赤外線	■	33		□	54
重曹	■	17		□	94		△	109

194

タイトル索引

付録CD-ROMの使い方

　このCD-ROMには、①「総合索引」、②「ためしてみよう」PDF、③「実験・観察ミニ動画」、④「フォトアーカイブ」の4種類のコンテンツが収録されています。

1. CD-ROMを使用するためのパソコンの環境について

- ・CD-ROMドライブ、またはそれ以上のCD-ROMの読み込みができるドライブ。
- ・ウェブページを閲覧するためのウェブブラウザー。
- ・PDFファイルを開くことができるビューワーソフト、もしくはウェブブラウザー。
- ・Microsoft Excel形式（拡張子が～ .xlsx）のファイルを開くことができる表計算ソフト。
- ・MP4形式（拡張子が～ .mp4）の動画ファイルを視聴できるウェブブラウザーやメディアプレイヤーソフト。
- ・JPEG形式の画像ファイルを編集・加工できるソフト。配置して、文書を作成できるソフト。

※最低限必要なパソコンの機能です。高い性能のパソコンをお使いください。
※ Microsoft、Windows、Excel は、米国 Microsoft Corporation の米国およびその他の国における登録商標です。

2. CD-ROMの構成

　CD-ROMの中には、たくさんのファイルがあります。一番最初にウェブブラウザーで開くのは、「top.html」というHTMLファイルです。開くと、『理科総合大百科2024』の表紙の画像が出てくるので、その中のCD-ROMのイラストのところをクリックすると、①「総合索引」、②「ためしてみよう」PDF、③「実験・観察ミニ動画」、④「フォトアーカイブ」の4つのコンテンツの入り口のページ（index.html）が表示されます。

　データは前述の4つの項目で大きく分類されており、自分の希望する項目を選択してクリックすると、各項目へ移動することができます。

　top.htmlの「『理科総合大百科2024』」のタイトル文字が文字化けしてしまう場合には、文字のエンコードが合っていない可能性があります。このCD-ROM内のHTMLファイルの文字のエンコードは「UTF-8」なので、ブラウザーのエンコーディングの設定を「UTF-8」に変えてみてください。通常、プルダウンメニューの「表示」メニューの中に設定項目があります。

各項目をクリックすると、それぞれのページへ移動できます。

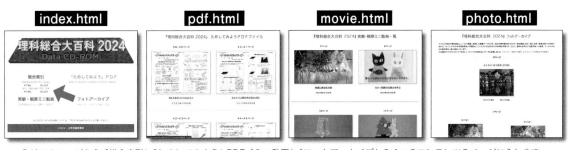

| index.html | pdf.html | movie.html | photo.html |

入り口のページから「総合索引」、「ためしてみよう」PDF、「ミニ動画」、「フォトアーカイブ」の4つのコンテンツのページに入れます。

3. 総合索引について

『理科総合大百科』のすべての索引が収められています。ウェブブラウザーで見られるHTMLファイル（〜.html）と、表計算ソフトのMicrosoft Excel形式のファイル（〜.xlsx）の2種類のデータに変換してCD−ROMに収めてあります。

HTML形式のデータは、「用語索引（yo.html）」と「タイトル索引（t.html）」の2つに分かれており、各アイコンをクリックすると、それぞれのページが見られます。ブラウザーの検索機能を利用すると、入力したキーワードが掲載されている

のかを調べることができます。Excel形式のファイルは、2つの項目を1つにまとめています。下のように、表計算ソフトで開くと、ソフトの機能を使って検索することができます。

また、既刊の『理科実験大百科第1〜20集』『理科実験大百科 ベストヒット集1〜2』の索引も収録しています。こちらは、「事項・用語別検索項目（jiyo_pb.html）」、「実験・観察別検索項目（jikkan_pb.html）」、「教材・試料別検索項目（kyoshi_pb.html）」の3つに分かれています。

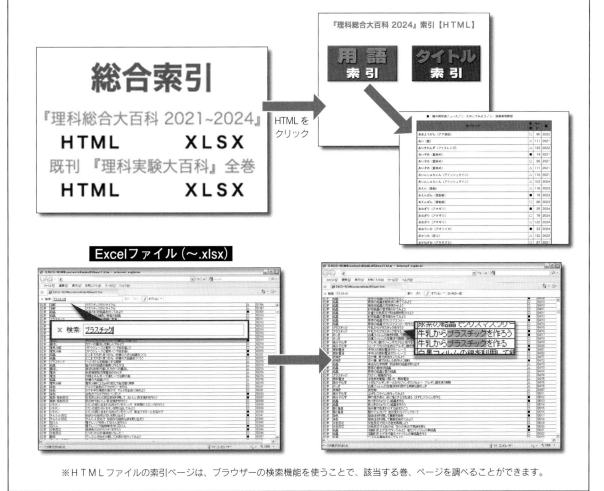

※HTMLファイルの索引ページは、ブラウザーの検索機能を使うことで、該当する巻、ページを調べることができます。

4.「ためしてみよう」PDFについて

index.htmlの「ためしてみよう」ＰＤＦをクリックすると、本巻掲載の子ども向けプリント教材の「ためしてみよう」の一覧ページ（pdf.html）に移動します。「ためしてみよう」のＰＤＦファイルは全部で32あり、一覧のページの使いたいファイルのサムネイル画像をクリックすると、該当するＰＤＦファイルを開くことができます。プリントしてお使いください。

ブラウザーがＰＤＦファイルの表示に対応していない場合や、ＰＤＦファイルを開くソフトがパソコンにインストールされていない場合には、ＰＤＦファイルの表示ができるブラウザーやビューワーソフトを、インストールしてください。

なお、ＰＤＦファイルは、Ｂ４サイズでプリントして使用できるように作られています。それより大きいサイズでプリントする際には、画質が落ちる場合がありますので、ご了承ください（縮小する場合には、問題はありません）。また、複数枚プリントして使用する場合には、後の「7. 著作権の取り扱いについて」をよくお読みください。

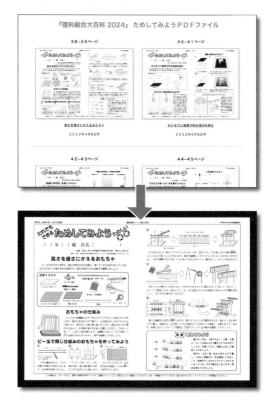

5. 実験・観察ミニ動画について

index.htmlの「実験・観察ミニ動画」をクリックすると、「実験・観察ミニ動画」の一覧ページ（movie.html）に移動します。

収録した12本の動画ファイルは、弊社の情報配信サイト「SeDoc（https://school.sedoc.ne.jp/）」で公開されていたもので、本巻に掲載されている実験・観察の動画ファイルです（「SeDoc」は、少年写真新聞社発行の掲示用写真ニュースご購読者向けのサービスです。無料登録することによって、最新ニュースの動画のダウンロードも可能です。ぜひ、アクセスしてみてください）。静止画では伝わりにくい内容のものを中心に動画にしているので、本巻の実験・観察を実際に行ううえでの参考にしてください。

ファイルは、ＭＰ４形式で収録されています。使用しているパソコンの環境によっては、動画再生に必要なコーデックをインストールしなければならない場合があります。

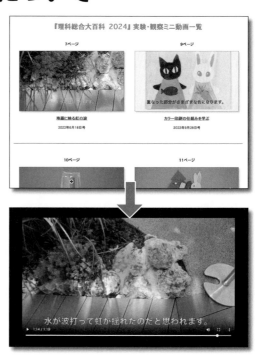

6. フォトアーカイブについて

本巻に掲載した『理科教育ニュース』で使用した画像データのうち、当社が著作権を持つものの一部（46カット）を、ＰＮＧ形式、ＪＰＥＧ形式でＣＤ－ＲＯＭに収めました。必要なサイズにトリミングができるように、クレジットを含めない画像データも用意し、１つの画像につき、①サムネイル用（300×200ピクセル）、②教材用クレジットあり（3000×2000ピクセル）、③教材用クレジットなし（3000×2000ピクセル）の３種類のデータがお使いいただけます。個人利用、教育目的利用で、クレジット（©少年写真新聞社）の明記をしていただければ、Ｗｅｂでの利用も可能とします。

なお、理科教育の教材用に提供する画像データなので、色味を大きく変更する（モノクロへの変換を除く）、別写真と合成するなど、弊社が想定する使用方法と異なる大きな「改変」を伴う場合には、7.に記した弊社理科教育ニュース編集部までご連絡ください。

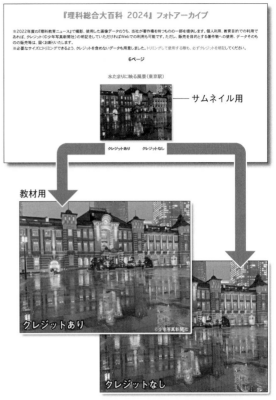

各画像データは、ダウンロードしてお使いください。

7. 著作権の取り扱いについて

・このＣＤ－ＲＯＭには、『理科総合大百科』の総合索引データファイル、『理科総合大百科2024』に収録された「ためしてみよう」ＰＤＦファイル、実験・観察ミニ動画ファイル、画像データファイルなどが収められています。

・お使いのパソコンの性能や、ＯＳ、ソフトウェアのバージョンや機能によっては、適切に表示できなかったり正しく動作しなかったりする場合がありますので、ご了承ください。

・収録されたファイルの著作権は、少年写真新聞社にあります。学校の授業や部活動、クラブ活動などでの利用については関連法を遵守し、「教育利用」の範囲内でお使いください。教育利用、個人の私的利用等の範囲内であり、営利目的で使用せず、弊社の企業活動に支障を来さない限り、原則としてＣＤ－ＲＯＭ内のファイルを複製したり、改変等を加えたりすることを認めます。

・収録したファイルについては、原則スタンドアローン環境での利用に限定します（LANやインターネットなどのネットワークを介した利用、サーバーコンピューター、ＮＡＳなどへのファイルの蓄積等はできません。よって、弊社の許可なく個人、企業、団体などのウェブサイトにＣＤ－ＲＯＭ内のファイルをアップロードして公開したり、ファイル共有ソフトで不特定多数の人が閲覧可能な状態においたりすることなどは認めておりません）。それ以外の利用（個人の私的利用を除く）を希望される方は、下記までご連絡ください。

株式会社少年写真新聞社 理科教育ニュース 編集部
TEL 03-3261-4001 FAX 03-3264-2674
e-mail rika@schoolpress.co.jp

・公共図書館・学校図書館で本を貸し出す際に、このＣＤ－ＲＯＭを図書館内・館外ともに貸し出しても構いません。

・ＣＤ－ＲＯＭの利用に伴うソフトウェア、ハードウェアのトラブル等については、弊社は一切責任を負いません。

※この縮刷活用版は、各著作者（執筆者、指導・協力・監修者、モデルなど）の許諾を得て制作しています。

※内容は原本を可能な限り忠実に再現していますが、使用許諾条件および記事内容により、修正や変更を
　している場合があります。

ためしてわかる **実験・観察** **理科総合大百科 2024**

2024年1月30日　初版第1刷発行

発　行　所　株式会社　少年写真新聞社　〒102-8232 東京都千代田区九段南 3 - 9 - 14
　　　　　　　　　　　　　　　　　　　　TEL 03-3264-2624　FAX 03-5276-7785
　　　　　　　　　　　　　　　　　　　　URL https://www.schoolpress.co.jp/

発　行　人　松本　恒
印　　　刷　図書印刷株式会社
©Shonen Shashin Shimbunsha 2024　Printed in Japan
ISBN978-4-87981-789-1　C0340　　　　　NDC 375